Víc

Los cinco minutos del Espíritu Santo

Un camino espiritual de vida y de paz

Editorial Claretiana

Fernández, Víctor Manuel
    Los cinco minutos del Espíritu Santo. – 1ª ed.-
30ª reimp. – Buenos Aires : Claretiana, 2016.

    400 p. ; 17x11 cm.

    ISBN 978-950-512-513-5

    1. Espiritualidad. I. Título
CDD 291.4CDD 268.4

EDITORIAL CLARETIANA
Lima 1360 - C1138ACD Buenos Aires
República Argentina
Tel: 4305-9510/9597 - Fax: 4305-6552
E-mail: contacto@claretiana.org
www.claretiana.org

Presentación

Cinco minutos diarios dedicados al Espíritu Santo pueden ser un verdadero bálsamo que vaya restaurando profundamente nuestra vida.

En estas meditaciones y oraciones el autor recoge muchos años de trayectoria en la comunicación espiritual.

Tanto en sus numerosos libros como en sus programas radiales y en su experiencia de acompañamiento pastoral, ha buscado ayudar a la gente a vivir mejor.

Aunque se expresa de un modo ágil y accesible, se puede advertir en esta obra la solidez y la profundidad de su investigación teológica sobre el Espíritu Santo, la gracia y la espiritualidad.

El libro ofrece al lector la posibilidad de recorrer a lo largo del año un sublime camino espiritual, para que su vida se llene del gozo, de la luz y de la libertad del Espíritu Santo.

Oct 2016

Mamá
Con mucho amor
para ti
Mamá

Enero

1 En estas páginas encontrarás cada día alguna meditación o una oración dedicada al Espíritu
Santo. Te propongo que, después de leer, te que-
des unos minutos en la presencia del Señor para
que él trabaje en tu interior. Así, día tras día, po-
drás intentar abrirle el corazón al *"dulce huésped
del alma"*.

Si cada día tratas de darle un lugar en tu vida,
darás tu pequeña colaboración al Espíritu Santo
para que tu vida se vaya transformando. Así, en tus
oscuridades entrará la luz, en tu frío se encenderá
un poco más el fuego, y renacerá la alegría.

Te sugiero que hagas ahora mismo un breve
momento de oración para ofrecerle al Espíritu Santo este año que comienza, de manera que cada día
de este año esté iluminado por su presencia santa.

2 Al Espíritu Santo se lo suele representar con una
llama de fuego. De hecho, el día de Pentecostés descendió sobre los Apóstoles de esa manera: *"Entonces
vieron aparecer unas lenguas de fuego, que descen-
dieron por separado sobre cada uno de ellos. Y todos
quedaron llenos del Espíritu Santo"* (Hech 2,3-4).

¿Por qué el fuego?

Porque cuando el Espíritu Santo se hace
presente de una manera especial, las personas

no quedan igual. Se produce un cambio. Nadie puede quedar indiferente si aparece una llama de fuego en su cabeza, si allí donde hacía frío y oscuridad repentinamente hay calor y luz. Todo cambia.

El Espíritu Santo nos permite ver las cosas de otra manera, y nos ilumina el camino para que no tengamos miedo. Él derrama calor, para que no nos quedemos acurrucados, apretando las manos y refugiándonos en un lugar cerrado. Por eso su presencia nos llena de confianza y de empuje.

Entonces, es bueno invocar al Espíritu Santo para que inunde de color y de vida nuestra existencia:

"Ven fuego santo, luz celestial, porque a veces me dominan las tinieblas y tengo frío por dentro. Ven, Espíritu, porque todo mi ser te necesita, porque solo no puedo, porque a veces se apaga mi esperanza.
Ven, Espíritu de amor, ven".

3 En la Palabra de Dios, el Espíritu Santo se nos presenta como un fuerte ruido, que resuena potente, que sorprende, que admira: "Al llegar el día de Pentecostés, estaban todos reunidos en un mismo lugar. De pronto, vino del cielo un ruido, como si fuera una fuerte ráfaga de viento, que resonó en toda la casa donde se encontraban" (Hech 2,1-2). ¿Por qué ese ruido estremecedor, porque ese viento atronador, ese inesperado trueno que descoloca a quienes lo escuchan?

Porque el Espíritu Santo es como un grito de amor que vuelve a despertar a los que están adormecidos, desganados, melancólicos. A esos que han perdido el entusiasmo en la vida y son como una vela que se apaga, el Espíritu Santo en algún momento les resuena en el corazón y les grita: "¡Despierten, salgan, vivan!".

Cuando parece que ya no podemos escuchar nada interesante, nada que nos anime, nada que nos estimule, el Espíritu Santo aparece como un grito en el alma: "¡No te sientas solo, aquí estoy, vamos!"

Por eso San Agustín, después de su conversión, decía: "Señor, has gritado, y has vencido mi sordera".

Pidamos al Espíritu Santo que nos despierte y nos devuelva las ganas de caminar, de avanzar, de luchar; que nos regale el santo entusiasmo de los que se dejan llevar por él.

4 El Espíritu Santo quiere regalarnos un mundo mejor. Pero más bien parece que nos hemos olvidado de buscarlo, que nuestro corazón cerrado no le deja espacio, que no nos decidimos a ponernos de rodillas e invocarlo con fe, con ansias. Él ya ha tomado la iniciativa de buscarnos. Ahora es necesario que le permitamos actuar. Te propongo que le abras el corazón y le digas con ternura:

"Ven Espíritu Santo,
ven padre de los pobres,
ven viento divino, ven.
Ven como lluvia deseada,
a regar lo que está seco en nuestras vidas, ven.
Ven a fortalecer lo que está débil,
a sanar lo que está enfermo, ven.
Ven a romper mis cadenas,
ven a iluminar mis tinieblas, ven.
Ven porque te necesito,
porque todo mi ser te reclama.
Espíritu Santo,
dulce huésped del alma, ven, ven Señor".

5 El Espíritu Santo es el que puede transformar nuestros corazones con su soplo, con su fuego, con su poder y su luz. Con su fuerza podemos cambiar poco a poco nuestras actitudes llegando a ser personas renovadas. Siempre es posible cambiar con el auxilio del Espíritu. Si no cambiamos no es porque él no puede, sino porque nos respeta delicadamente. No nos obliga ni nos invade. No actúa allí donde nosotros no se lo permitimos. Respeta nuestras decisiones, y también nuestra debilidad.

Pero si dejamos que el Espíritu Santo actúe en nosotros, si lo invocamos, si le permitimos que él nos impulse, entonces la vida se llena de actos de amor a Dios y a los hermanos, y así nos convertimos en seres *"espirituales"*, es decir, conducidos por la fuerza del Espíritu Santo. El Espíritu Santo nos va renovando, y así ya no nos amargamos el corazón con rencores, celos, envidias. Ya no estamos inmovilizados por la indiferencia y el egoísmo, y ya no somos esclavos de los vicios y los malos apegos. Al contrario, nos llenamos de esperanza, de fortaleza, de alegría en medio de las dificultades, y nos sentimos verdaderamente libres, "nuevas criaturas" (1 Cor 5,17).

La Biblia nos habla bellamente de los frutos que produce el Espíritu cuando lo dejamos actuar, y los resume en siete: "amor, alegría, paz, paciencia, afabilidad, bondad, fidelidad, mansedumbre y dominio de uno mismo" (Gál 5,22-23). No le pongamos obstáculos, para que él pueda producir esos frutos en nuestra vida.

6 En esta solemnidad de la Epifanía del Señor celebramos que Jesús se ha manifestado a nuestras vidas, que hemos podido conocerlo. Celebramos que Jesús quiere hacerse conocer por todos los seres humanos para llenarlos de su luz.

Pero toda la hermosura de Jesús es obra del Espíritu Santo. Por eso, no podemos conocer a Jesús y admirarlo si no nos dejamos iluminar y transformar por el Espíritu Santo.

El Espíritu llenó el corazón humano de Jesús desde su concepción, y conoce todos los secretos del corazón del Señor.

Pidámosle al Espíritu Santo que nos ayude a conocer profundamente a Jesús para amarlo con todo nuestro ser. Roguémosle también que nos haga cada vez más parecidos a Jesús en nuestra forma de vivir y de actuar.

7 Repitamos esta oración varias veces, lentamente, hasta que sintamos cómo el Espíritu Santo toca con su amor nuestro interior:

> *"¡Oh llama de amor viva*
> *que tiernamente hieres*
> *el más profundo centro*
> *de mi alma,*
> *tú que no eres esquiva*
> *acaba ya si quieres,*
> *rompe la tela*
> *de este dulce encuentro!"*

San Juan de la Cruz

8 *"Ven Espíritu Santo, entra en mi mente, en esa locura de mis pensamientos que me perturban. Pacifica este interior inquieto.*
Ayúdame a dominar y serenar mis pensamientos para que reine en mí tu paz.

*Ven Espíritu Santo a dominar mi mente con
tu santísima calma. Armoniza ese mundo de
mi mente y llévate lejos todo pensamiento
que provoque angustias o nerviosismos, tristezas o inquietudes inútiles.*

*Ven Espíritu Santo, toma esas imágenes aloca-
das que dan vueltas dentro de mí, para que pueda reflexionar serenamente, orar bien, y avanzar
sin preocupaciones que no valen la pena.*

*·Ven Espíritu Santo, y lléname de pensamien-
tos bellos, que me ayuden a vivir. Amén."*

9 A veces estamos disfrutando de algo bello, pero
sin darnos cuenta aparece en el corazón un temor
difuso que· empaña la alegría. ¿Temor a perder lo
que tenemos? ¿Temor de arruinarlo todo? ¿Temor a
que algo se acabe? ¿O será simplemente que experimentamos el sabor amargo de nuestros límites, el
recuerdo escondido de que todo se termina, de que
va llegando el desgaste, la vejez, la enfermedad?

Sólo el Espíritu Santo tiene poder para liberarnos de esas oscuridades del alma. Son las cosas que
no nos dejan libres para disfrutar de la existencia,
para amar con alegría, para trabajar con entusiasmo.

Hay una tristeza sutil que es contraria al
Espíritu Santo. Por eso dice la carta a los Efesios:
"No entristezcan al Espíritu Santo" (Ef 4,30).
El antiguo escrito del Pastor de Hermas también

advertía que la tristeza expulsa al Espíritu Santo. De manera que cuando nos encerramos en nuestras maquinaciones mentales, y fomentamos los recuerdos negativos, cuando rumiamos las faltas de amor de los demás, o lo que la vida no nos está dando, entonces comenzamos a ocupar con todo eso el espacio que debería llenar el Espíritu Santo. De ese modo lo vamos expulsando de nuestra vida.

10 No hace falta que te digan que estamos en una época difícil, que hoy no es fácil vivir, que muchas veces nos ataca el desaliento, que nos cuesta querernos, comunicarnos y ayudarnos, que cada uno piensa demasiado en sí mismo, que no reconocemos fácilmente el amor de Dios en nuestra propia vida. Además, hay viejos rencores y heridas que nos cuesta sanar, frecuentemente nos sentimos insatisfechos, y otras veces no sabemos para qué trabajamos, para qué nos estamos esforzando, para qué vivimos en realidad. O quizás en el fondo nos sentimos solos, con una oculta tristeza.

Nadie puede negar que algunas de estas cosas anidan en su corazón.

A veces nos va mal, la vida nos golpea duro, pero lo peor que nos puede pasar es si, además, perdemos la esperanza, la fe, la unidad con los seres queridos, las ganas de luchar.

Para solucionar este profundo problema, para vivir con ganas y con fortaleza, hay algo que necesitamos, algo que nos falta.

En definitiva, nos falta *espíritu*. A nuestras existencias les falta el fuego, la luz, la vitalidad, la fortaleza, el empuje, la paz del Espíritu Santo. Y en el fondo, todo tu ser está sediento de él, de su presencia, de su río de vida.

Por eso, recibamos una buena noticia:

"El Espíritu Santo viene en ayuda de nuestra debilidad" (Rom 8,26).

Él viene. Cuando lo invoques él se acerca a tu vida, para ofrecerte agua viva, paz, consuelo, esperanza. Él viene, siempre viene.

11 *"Ven Espíritu Santo, ven a sanar ese mundo de mis emociones.*
Mira ese dolor que a veces me carcome el alma, y sánalo.
A veces sufro por el amor que no me dan, por las desilusiones, por las agresiones ajenas, porque a veces no me comprenden, porque no pude comunicarme bien con alguien, porque no me agradecen o no tienen en cuenta mis esfuerzos.
No dejes que esos sentimientos me dominen y me quiten la alegría.

Ven Espíritu Santo, toca esas necesidades insatisfechas con tu amor, para que yo no dependa tanto del afecto de los demás.
Enséñame a gozar de tu ternura divina, Espíritu de amor, para que mi corazón sea más libre.
No dejes que me vuelva esclavo de mis sensaciones y sentimientos que me abruman.
Enséñame a disfrutar de tu amor en cada momento, para que la alegría ilumine mi rostro. Amén."

12 Hagamos memoria. Miremos lo que pudo hacer el Espíritu Santo en otra época, quizás mucho más difícil que la nuestra.

Después de la muerte de Cristo, aunque él había resucitado, los apóstoles no veían claro, no entendían bien lo que estaba sucediendo. Parecía que la fe cristiana no tenía futuro. Pero al menos dejaban que María los reuniera para orar (Hech 1,14).

Entonces, llegó el día de Pentecostés, y quedaron llenos del Espíritu Santo (Hech 2,1-4). A partir de ese día se acabaron los miedos, las tristezas, las quejas, y empezó a reinar el entusiasmo, la alegría. Salieron llenos de fuego, deseosos de llevar a Cristo a los demás y de cambiar el mundo. Era la época del Imperio Romano, cuando reinaban la injusticia, los abusos, el egoísmo; no se permitía a los cristianos vivir libremente la propia fe, se perseguía con crueldad

a los inocentes, muchos morían de hambre mientras otros se daban al desenfreno total. Sin embargo, en ese mundo, los cristianos que llevaban en sus corazones el impulso del Espíritu Santo pudieron resistir las tentaciones de la decadencia pagana, y llegaron a cambiar ese mundo en ruinas.

¿Acaso el Espíritu Santo ha perdido ese poder?

13 *"Ven Espíritu Santo, y penetra en todo mi cuerpo. Te doy gracias por el don de la vida, por cada uno de los órganos de mi cuerpo, que es una obra del amor divino.*
Ven Espíritu Santo, y pasa por todo mi cuerpo. Acaricia con tu cariño este cuerpo cansado y derrama en él la calma y la paz.
Penetra con tu soplo en cada parte débil o enferma. Restaura, sana, libera cada uno de mis órganos. Pasa por mi sangre, por mi piel, por mis huesos.
Ven, Espíritu Santo, y aplaca toda tensión con tu amor que todo lo penetra.
Sáname Señor. Amén."

14 En la Biblia se le da al Espíritu Santo el nombre de *Paráclito* (Jn 14,26). Este nombre ya nos indica algo, porque significa *llamado junto a*. Es decir, *el que yo invoco para que esté conmigo.*

Son distintos los sentidos que puedo darle a esta presencia. Por ejemplo, puede significar que lo invoco para que me defienda de los que me acusan o me persiguen, particularmente del poder del mal. Pero también puede entenderse que el Espíritu está a mi lado para darme consuelo en medio de las angustias, temores e insatisfacciones.

En realidad, no podemos limitar el sentido de ese nombre, y más bien tenemos que reunir en esa expresión todo lo que incluimos cuando llamamos a alguien para que esté con nosotros.

El Paráclito es el que se hace presente allí donde nadie puede acompañarnos, en esa dimensión más íntima de nuestro ser donde, sin él, siempre estamos desamparados, angustiados en una soledad profunda que nadie puede llenar. Él es ayuda, fuerza, consuelo, defensa, aliento. Sólo hay que decirle con ganas: *"Ven Espíritu Santo, ven Paráclito"*.

15 Nuestra oración debe ser comunitaria. Ninguno debería buscar al Espíritu Santo pensando sólo en sus problemas. Porque Jesús nos quiere unidos como hermanos.

Por eso, pensemos hoy en todos los que se sienten solos y abandonados. No nos olvidemos hoy de los que están sin trabajo, de los que son despreciados por su pobreza, de los que están olvidados por todos en una cama de hospital.

Entonces clamemos *"¡ven Espíritu Santo!"*, pidiéndole que llene de su consuelo y de su amor esos corazones lastimados que se sienten solos e ignorados.

Pero también invoquemos al Espíritu Santo para que entre bien profundo en nuestro corazón y en todos los que pueden dar una mano a los postergados, a los excluidos del mundo del placer y del consumo (1 Jn 3,17-24). Pidámosle que sane nuestro egoísmo y nos haga descubrir qué podemos aportar a los demás.

16 Algunos se confunden con la palabra espiritual, y creen que uno es más espiritual si vive alejado de las cosas de este mundo, si come poco, si no disfruta de la vida, si tiene poco trato con los demás.

Pero en la Palabra de Dios, *espiritual* es otra cosa. Una persona espiritual es alguien que se deja transformar por el Espíritu Santo, y entonces se convierte en un amigo de Dios y hace las cosas con amor. Espiritual es también el que sabe disfrutar de lo que Dios le regala y descubre a Dios en medio de las cosas lindas, tratando de vivirlas como a Dios le agrada. Dice la Biblia que *"Dios creó todo para que lo disfrutemos"* (1 Tim 6,17).

Por ejemplo, cuando celebramos el cumpleaños de un hijo o de un amigo, y nos alegramos de que esté vivo; y con lo poco que tenemos hacemos una linda fiesta para que se sienta feliz por lo menos un rato, eso es lo más espiritual que puede haber.

La persona espiritual sabe compartir y busca la felicidad de los demás. No se aleja de los otros, sino que sabe descubrir a Jesús en ellos. Hay personas que se creen espirituales, pero en realidad están llenas de rencores y de orgullo, o no son capaces de hacer feliz a nadie. Entonces, en realidad, están lejos de Dios, porque nuestro amor al Dios invisible se manifiesta en el trato con los hermanos visibles: *"El que no ama al hermano que ve, no puede amar a Dios, a quien no ve"* (1 Jn 4,20). Por eso San Pablo llamaba *"carnales"* a los que vivían en la envidia y la discordia (1 Cor 3,3).

17 *"Ven Espíritu Santo, y pasa por mi memoria. Mi memoria es un regalo tuyo, que me sirve para recordar tu amor y tus beneficios.*
Toma esa memoria para que no me inquieten los malos recuerdos. Quema con tu fuego toda angustia que venga de los recuerdos de mi pasado. Purifica todos mis recuerdos para que no me lastimen ni me torturen.
Ven Espíritu Santo, e ilumina todo mi pasado. Quita de mi interior todo recuerdo que ali-

mente mi tristeza o mis desánimos, y ali-
menta los recuerdos buenos, esos que me
impulsan a seguir adelante y me devuelven
la alegría. Ven Espíritu Santo. Amén."

18 Los cristianos creemos que toda esta maravilla de la amistad con Dios, de la presencia del Espíritu Santo, es algo que nos supera de tal manera que de ningún modo podemos merecerlo. Si nunca podemos merecer o comprar la amistad sincera de un ser humano, porque la amistad sólo puede ser un regalo que se da gratis y libremente, con mucha mayor razón es imposible que podamos merecer o comprar la amistad divina. Y cuando estamos en pecado y nuestro corazón se mueve con el deseo de buscar esa amistad, es porque la gracia de Dios ya está tocando el corazón, ya lo está atrayendo. Siempre es él quien tiene la iniciativa, siempre es él quien ama primero.

Sin embargo, una vez que el Espíritu Santo nos regala su amistad (la gracia santificante), una vez que él comienza a habitar en nosotros como amigo, al mismo tiempo comienza a producir una obra de renovación en nuestra vida. Es decir, nos toma tan en serio, que quiere que nosotros también participemos en nuestro propio crecimiento, que nos metamos por entero, con todas nuestras energías, en un camino de maduración. Y para eso nos capacita.

Pero nuestros méritos son en primer lugar de Cristo, que se entregó por nosotros, y nunca quieren decir que estamos mereciendo la amistad de Dios. Esa amistad será siempre un regalo totalmente gratuito de su ternura infinita, una iniciativa de amor y una obra gratuita del Espíritu Santo.

19 Dejemos que el Espíritu Santo se siga derramando cada vez más en nuestra vida. Supliquémosle, invoquémoslo con insistencia, dejemos que nos inunde como el agua, que riegue nuestro ser como agua viva, purificadora, y que haga renacer todo lo que está seco. Dejemos que nos penetre como el viento, y que arrastre todo lo que está de más en nuestras vidas; que nos impulse hacia adelante como el viento impetuoso y nos arranque de nuestras falsas seguridades. Dejemos que sea el fuego santo que queme todo lo que nos hace daño, que disipe nuestras oscuridades, que nos llene de calor. Dejemos que nos devuelva la vida, que nos haga recuperar nuestra más auténtica alegría.

Porque la alegría se siente cuando volvemos a sentirnos vivos, cuando valoramos la sangre que corre por las venas y el amor que se mueve en el corazón, cuando experimentamos que vivir vale la pena. El Espíritu Santo puede llenarnos de esa vida nueva también hoy:

"Y cuando venga él, el Espíritu de la verdad, él los llevará a la verdad completa...Y la tristeza se les convertirá en alegría" (Jn 16,13.20).

20 *"Ven Espíritu Santo, y ayúdame a perdonar. Porque a veces recuerdo el daño que me han hecho, y eso alimenta mis rencores y mis angustias.*
Ayúdame a comprender a esas personas que me lastimaron, enséñame a buscarles alguna excusa para que pueda perdonarlos.
Ven Espíritu Santo, y derrama dentro de mí el deseo de perdonar y la gracia del perdón, porque solo no puedo.
Ayúdame a descubrir que es mejor estar libre de esos rencores y ataduras, y dame tu gracia para liberarme de verdad.
Derrama tu paz en todas mis relaciones con otras personas, para que reine el amor y nunca el rencor. Amén."

21 ¿Quién es el Espíritu Santo? Estamos ante el Misterio de un amor infinito.

Si leemos la Biblia, allí Dios nos habla permanentemente de su amor por cada uno de nosotros, porque cada uno de nosotros es obra de sus manos, criatura amada: *"Tú eres precioso a mis ojos, y yo te amo"* (Is 43,4). Y nos habla de un *"amor eterno"* (Jer 31,3), de manera que, aun cuando nadie esperaba nuestro nacimiento, él desde siempre nos imaginó para darnos la vida. Y si los demás esperaban un niño de otro sexo, de otro color, con otro rostro, él nos esperaba tal como somos, porque él es el artista maravilloso que nos hizo, y él ama la obra de su amor. Mi existencia y la tuya tienen una sola explicación, que Dios nos ama:

"Aunque tu propia madre se olvidara de ti, yo no te olvidaré... Mira, te llevo tatuado en la palma de mis manos" (Is 49,15-16).

"Tu Dios está en ti, poderoso salvador. Él grita de gozo por ti, te renueva con su amor, y baila por ti con gritos de alegría" (Sof 3,17).

El mismo Dios es un Misterio de amor. Porque él no es un ser aislado, sino tres Personas que son un solo y único Dios. Este es un Misterio profundísimo que no podemos comprender en esta vida.

Pero nos hacemos una pregunta. Si las tres Personas, el Padre, el Hijo y el Espíritu Santo, nos aman con un mismo amor divino, ¿por qué se llama especialmente *Amor* al Espíritu Santo?

Porque el Espíritu Santo procede, como si fuera un fruto perfecto, del amor que se tienen el Padre y el Hijo. Es decir, el amor que se tienen el Padre Dios y su Hijo termina en una inclinación, en un movimiento de amor que los une como una llama infinita de amor, y esa llama es la Persona del Espíritu Santo. Él es el amor que une al Padre y al Hijo, y el regalo de amor que ellos dos derraman en nuestros corazones.

22 *"Ven Espíritu Santo, y ayúdame a mirarme a mí mismo con cariño y paciencia.*
Enséñame a descubrir todo lo bueno que sembraste en mí, y ayúdame a reconocer que en mí también hay belleza, porque soy obra de un Padre divino que me ama y me ha dado su Espíritu.
Sabes que a veces me duelen los recuerdos de errores que he cometido. Ayúdame a mirarme como Jesús me mira, para que pueda comprenderme y perdonarme a mí mismo.
Ven, Espíritu Santo, derrama en mí toda tu fuerza, para que pueda comenzar de nuevo y no me desprecie a mí mismo.
No permitas que me dominen los remordimientos, porque tu amor siempre me permite comenzar de nuevo. Ven Espíritu Santo. Amén."

23 Uno de los aspectos más fuertes de nuestra existencia es el deseo de vivir intensamente. Eso es lo que lleva a muchos jóvenes a tomar un auto y llevarlo a toda velocidad, o a buscar drogas excitantes, o a desbocarse en relaciones sexuales cada vez más desenfrenadas, etc.

Es mejor que no nos engañemos con esas falsas fuentes de vida. Cultivemos lo más grande y noble que tenemos, la vida interior. Si no lo hacemos, buscaremos cada vez más esas falsas experiencias que nos engañan, y cada vez nos sentiremos más muertos por dentro.

Algunos viven confundidos, creyendo que entregarse al Espíritu Santo es peligroso, como si él pudiera quitarles el entusiasmo por vivir. Nada más contrario a la realidad. Porque el Espíritu Santo es vida, vida pura, vida plena, vida divinamente intensa, vida total. Y si algo en este mundo tiene vida, es porque allí está el Espíritu Santo derramando una gota de su vida infinita. Leamos cómo lo dice la Biblia:

"El Espíritu es el que da la vida" (Jn 6,63).
"La letra mata, pero el Espíritu da vida" (2 Cor 3,6).

24 En lo más íntimo de nuestro ser, en la raíz de nuestra existencia, sólo el Espíritu Santo puede hacernos sentir vivos. Sólo él puede hacer que dejemos de sobrevivir o de soportar la vida, y que realmente vivamos, que experimentemos en todo nuestro ser los efectos de la gloriosa resurrección de Jesús, algo de esa deslumbrante intensidad de la vida divina.

La Palabra de Dios tiene una promesa de vida, no sólo de vida eterna, sino de vitalidad en esta tierra, de manera que si poco a poco dejamos que el Espíritu Santo invada nuestro ser, iremos experimentando que cada vez estamos más vivos. Veamos lo que nos asegura la Palabra de Dios y creamos en estas promesas:

"El hombre de Dios florece como una palmera, crece como un cedro del Líbano... En la vejez sigue dando fruto, se mantiene fresco y lleno de vida" (Sal 92,13.15).

"Bendito el que confía en el Señor, porque él no defraudará su confianza. Es como un árbol plantado a las orillas del agua... No temerá cuando llegue el calor, y su follaje estará frondoso. En año de sequía no se inquieta, y no deja de dar fruto" (Jer 17,7-8).

Notemos que esta promesa de vida incluye también el gozo de dar frutos, de ser útiles, de producir algo para el bien de los demás; porque nadie se siente vivo si no se siente también fecundo: en el servicio, en la paternidad espiritual, en el arte, en el trabajo, etc.

Pidamos al Espíritu Santo esa agradable fecundidad.

25 Hoy la Iglesia celebra la fiesta de la conversión de San Pablo. Esa conversión maravillosa ciertamente fue obra del Espíritu Santo, porque sin él un corazón cerrado no puede abrirse. Además, el Espíritu Santo impulsó a San Pablo a predicar el Evangelio con gran entusiasmo.

La predicación del Evangelio está al servicio de un mundo nuevo. Cuando esa predicación es entusiasta, convencida, valiente, confiada, entonces el poder de Jesucristo se manifiesta de maneras variadas, transformando la vida de las personas y de la sociedad.

Si hay un modelo de lo que significa una predicación con poder, ése es San Pablo. Su fervorosa misión apostólica es un modelo del entusiasmo que derrama el Espíritu Santo. Vale la pena leer la descripción que él mismo hace en 2 Cor 11,26. El libro de los Hechos recoge las tradiciones que se habían difundido sobre los prodigios "poco comunes" que Jesús hacía a través de Pablo (Hech 19,11-12). Y concluye: *"Así, por el poder del Señor, la Palabra se difundía y se afianzaba"* (Hech 19,20).

Recordando a San Pablo, pidamos al Espíritu Santo que nos ayude para que podamos convertirnos más profundamente y también para que no desgastemos inútilmente nuestras energías y vivamos con ese entusiasmo que experimentó San Pablo.

26 _"Ven Espíritu Santo, y entra en mi hogar. Hoy quiero entregarte a todos mis seres queridos para que hagas en cada uno de ellos tu obra maravillosa._

Te abro las puertas de mi familia. Entra, y derrama amor para que sepamos vivir juntos, para que aprendamos a valorarnos, a respetarnos, para que sepamos dialogar.

Protege mi casa de todo mal con tu presencia santa, y no permitas que allí reine la tristeza, el rencor o los miedos. Derrama seguridad, confianza, serenidad y alegría, para que todos los que entren en mi casa experimenten qué bueno es vivir en tu presencia. Ven Espíritu Santo. Amén".

27 _"Penetra mis entrañas con tu amor, Espíritu Santo, para que sienta que los demás son mi propia carne, para que me duela su dolor y me alegre con sus alegrías._

Ilumina mis ojos, Espíritu Santo, para que pueda reconocer a Jesús presente en cada uno de ellos.

Para que les ayude a llevar sus cargas.

Derrama en mi interior, Espíritu Santo, una gran disponibilidad, para que sea capaz de dar sin medida, para que aprenda a compartir lo que tengo buscando la felicidad de los demás.

Enséñame a aceptar con ternura y serenidad
que me quiten mi tiempo.
Muéstrame la grandeza de los que dan con
alegría.
Ayúdame a descubrir la hermosura del manantial que siempre da; la belleza del cántaro,
que existe para saciar la sed de los demás.
Ayúdame a reconocer la inmensa dignidad
de todas las personas, que tienen derecho a
ser parte de mi vida.
Dame un amor generoso y humilde, dispuesto a compartir con los demás mi propia vida,
mis talentos, mis bienes.
Que pueda entregarme sin resistirme ante sus
reclamos, amando a los demás con tu amor, y
mirándolos con tu mirada.
Ven Espíritu Santo. Amén."

28 "Ven Espíritu Santo. Hoy quiero entregarte
mi futuro, hasta el último día de mi vida.
Quiero caminar iluminado por tu divina luz,
para saber adónde voy, para no desgastar
energías en cosas que no valen la pena.
No quiero obsesionarme por el futuro. Y por
eso, prefiero entregarlo en tu presencia y dejarme llevar por tu impulso. Espíritu Santo,
sana mi ansiedad, para que acepte que cada
cosa llegue a su tiempo y en su momento.

*Y sana mis miedos, para que pueda confiar
en tu auxilio y me deje guiar siempre.
Tú que sabes lo que más me conviene, orién-
tame y condúceme cada día, y protégeme
de todo mal. Ven Espíritu Santo y toma mi
futuro. Amén."*

29 En la encíclica "Dominum et Vivificantem"
(57), Juan Pablo II invita a invocar al Espíritu
que da la vida, para poder enfrentar los signos de
muerte y las tentaciones de muerte que hay en el
mundo actual.

Hay variadas maneras de elegir la muerte: los
excesos, la venganza, la melancolía, el encierro,
evadirse con la televisión, con internet, y muchas
formas más.

Sería bueno preguntarme qué formas de
muerte se han ido metiendo en mi vida, qué esclavitudes me han ido ahogando y no me permiten
sentirme realmente alegre, feliz, vivo.

En un momento de oración ruego al Espíritu
que entre en esos sectores oscuros y enfermos de
mi existencia, le entrego esos lugares de mi ser
y de mi vida cotidiana, y trato de liberarme para
siempre de esos falsos dioses que no me dan la
vida, sino que me la consumen inútilmente.

30 *"Ven Espíritu Santo. Hoy quiero entregarte todo, para vivir con plena libertad interior, sin aferrarme a nada, sin apegos que me esclavicen. Muchas veces me hago esclavo de tantas cosas y no soy capaz de renunciar a ellas. Así me lleno de tristezas e insatisfacciones.*

Ven Espíritu Santo, toca mi corazón y regálame un santo desprendimiento, para que no pierda la paz cuando no logro conseguir algo, y para que no me angustie cuando algo se acaba.

Quiero caminar liviano, sin tanto peso en mis hombros. Quiero respirar libre, sin estar atado a tantas cosas y personas. Quítame esos apegos, Espíritu de libertad, para que pueda caminar alegre y sereno. Amén."

31 *"Espíritu Santo, tú eres Dios, abismo infinito de belleza donde se saciará toda mi sed de amor. Mira mi interior, donde a veces habitan egoísmos, impaciencias, rechazos.*

Regálame el don de la paciencia.

Quiero vivir el mandamiento del amor que me dejó Jesús, pero a veces me brotan malos sentimientos que se apoderan de mí.

A veces hago daño con mis palabras, con mis acciones, o con mi falta de amabilidad.

Ayúdame, Espíritu Santo, para que pueda mirar a los demás con tus ojos pacientes.

Quiero reconocer tu amor para todos los seres humanos, también para esas personas que yo no puedo amar con paciencia y compasión.

Todos son importantes para el corazón amante de Jesús, todos son sagrados y valiosos.

Nadie ha nacido por casualidad sino que es un proyecto eterno de tu amor.

Libérame de condenar y de prejuzgar a los demás.

Quisiera imaginar sus sufrimientos, sus angustias, esas debilidades que les cuesta superar.

Ayúdame a encontrar siempre alguna excusa para disculparlos y para no mirarlos más con malos ojos.

Derrama en mí toda la paciencia que necesito.

Ven Espíritu Santo. Amén."

Febrero

Febrero

1 *"Ven Espíritu Santo, quiero dejar que tu suave soplo me acaricie. A veces no me siento digno de descansar un momento, de gozar en tu presencia, de aliviar mis cansancios en tu amor que restaura. Pero tú no esperas que yo sea perfecto para amarme. Simplemente me amas. Por eso quiero dejarte entrar, Espíritu Santo, para disfrutar por un momento de tu presencia santa, y simplemente dejarme estar en tu presencia. En ti hay infinita paz. En tu presencia todo se aplaca, se apacigua, se aquieta. Todos mis nerviosismos y mis tensiones se van sanando, y me doy cuenta que no vale la pena alimentar el odio, la tristeza, las vanidades que me hacen sufrir.*

Ven Espíritu Santo, y trabaja silenciosamente en mi interior con tu gracia. Cura mi interior lastimado por tantas desilusiones, inquietudes y fracasos, por tantos sueños perdidos. Ven a sanar ese mundo inquieto que llevo dentro y regálame el descanso y la serenidad que necesito.

Sabes también que a veces te he fallado, te he rechazado, me he desviado. Pero rocíame y quedaré limpio, purifícame y quedaré más blanco que la nieve (Sal 51,9). Pasa por mi interior como agua de vida, que limpia, renueva, vivifica. Ven Espíritu Santo.

Amén."

2 El que se empeña en encontrar su fortaleza en lo exterior, se va vaciando cada vez más por dentro, y va creando una horrorosa debilidad interior. Eso le hará experimentar cada vez más el miedo, y la desesperación porque todo se le acaba. Al mismo tiempo, va creciendo un tremendo rechazo por todo lo que sea límite o dolor. Por eso, en realidad sufre mucho más por el miedo a la enfermedad que lo que sufriría por la enfermedad misma.

Pero el hombre lleno del Espíritu, que se deja llevar por la existencia con el impulso de vida del Espíritu Santo, está cada vez más vivo, y así pierde todo temor al desgaste y al paso del tiempo.

Cada vez experimenta una seguridad mayor, vive cada día más *"gozo y paz en el Espíritu Santo"* (Rom 14,17).

Por eso, el que ha ido creciendo con el poder del Espíritu Santo, cuando tiene cuarenta años no aceptaría jamás volver a los quince o a los veinte, porque no desea volver a la inseguridad, a los temores, a la fragilidad interior, a la inestabilidad afectiva de los años jóvenes. Prefiere la firme vitalidad que le ha ido dando el Espíritu Santo con el paso de los años, y *"en la vejez seguirá dando fruto, y estará frondoso y lleno de vida"* (Sal 92,15). Cada día que pasa es crecimiento, es adquirir una nueva riqueza que lo hace feliz. Por eso ya no le teme al paso del tiempo, al desgaste. Al contrario, el tiempo que pasa le va dejando un tesoro, y sabe que cada desafío lo hará crecer más todavía en una vida que nunca se acaba.

3 *"Ven Espíritu Santo. Hoy quiero pedirte que me ayudes a comunicarme con los demás. Enséñame a decir la palabra justa, a mirar a los demás como ellos necesitan ser mirados, a tener el gesto oportuno.*
Todo mi ser está hecho para la comunicación. Por eso te ruego que me liberes de todas las trabas que no me permiten comunicarme bien con los demás.
Con tu agua divina riega todas las cosas buenas que has puesto en mi vida, para que pueda hacer el bien. Enséñame a escuchar, para descubrir lo que los demás esperan de mí, y para que encuentren en mí generosidad y acogida.
Muéstrame la hermosura de abrir el corazón y la propia vida para encontrarme con los demás, y ayúdame a descubrir la belleza del diálogo. Dame la alegría de dar y recibir. Ven Espíritu Santo. Amén."

4 Es necesario convencerse: el Espíritu Santo es plenitud vital, fuerza, gozo. No hay nada más vivo, más real, más lleno de energía. Necesito convencerme de que él ama mi vida, que me desea rebosante de vitalidad, y de que él puede realmente lograrlo si se lo permito de corazón.

Si no estoy convencido de esto, mi vida espiritual, mi fe, mi cristianismo, serán sólo una especie de barniz. Por fuera pareceré cristiano, pero por dentro estaré buscando la vida en otras cosas, y nunca la alcanzaré verdaderamente.

Dentro de nuestros deseos de vida, está la necesidad de experimentar que no estamos solos, que tenemos con quien compartir nuestra capacidad de amor. Pero no nos engañemos. Por más que estemos rodeados de mucha gente, hay un lugar del corazón, el centro de nuestra intimidad, donde no llega ninguna compañía. Allí siempre nos sentimos solos, si no nos dejamos penetrar por el fuego de amor que es el Espíritu Santo.

5 *"Ven Espíritu Santo, porque a veces no entiendo qué sentido tienen las cosas que me pasan, y otras veces no sé para qué estoy viviendo.*
Ilumina cada momento con tu presencia, para que pueda descubrir qué me quieres enseñar, para que sepa valorar cada momento y pueda vivir con ganas.
Espíritu Santo, llena de claridad todo lo que hoy me toque vivir, cada una de mis experiencias, para que pueda reconocer la impor-

tancia de cada cosa y me entregue de corazón en cada instante.

No dejes que haya momentos vacíos, oscuros, sin sentido. No dejes que mi vida se me vaya escapando sin vivirla a fondo.

Hazte presente en cada momento de esta jornada, para que sienta que vale la pena estar en este mundo. Ven Espíritu Santo.

Amén."

6 Los que han dado su sangre por Cristo muestran hasta qué punto el Espíritu Santo puede fortalecernos. A veces pensamos que nunca seríamos capaces de soportar ciertas cosas, pero olvidamos que el Espíritu Santo puede fortalecernos de una manera maravillosa. Eso se ve claramente en los mártires.

Hoy la Iglesia celebra a San Pablo Miki y a otros 25 mártires, en su mayoría japoneses, que dieron su vida por Cristo el 5 de febrero de 1597. Son los primeros mártires de la época moderna. Hasta ese momento, la Iglesia veneraba sobre todo a los mártires de los primeros siglos, y cuando pensaba en el martirio recordaba a esos mártires de un pasado lejano. Pero cuando los cristianos se empeñaron decididamente en la evangelización de Asia, y se apasionaron por plantar la Iglesia en Japón y en otros países lejanos, entonces el martirio volvió a aparecer en abundancia, como semilla de nuevas comunidades. En 1597 dan la vida nueve misioneros jesuitas y franciscanos, junto con 17 laicos (un catequista, un médico, un soldado, tres monaguillos, etc.). Murieron crucificados a las afueras de Nagasaki sólo por pretender vivir públicamente su fe.

Los mártires que hoy celebramos, en su mayoría misioneros o predicadores, nos muestran hasta qué punto podemos entregarnos a la misión evangelizadora. Murieron dignamente, unos cantando, otros sonriendo, otros invocando a Jesús y a María, o exhortando a los testigos de la masacre a ser fieles al Evangelio.

Por otra parte, la multitud de creyentes que presenciaban el acto, los alentaba diciéndoles que pronto estarían en el paraíso.

En las Actas de los Santos se narra que Antonio, uno de los laicos crucificados, se puso a cantar un salmo "que había aprendido en la catequesis de Nagasaki". Pidamos al Espíritu Santo que nos haga capaces de entregarnos hasta el fin, cantando y orando.

7 *"Ven Espíritu Santo, dame un corazón simple que sea capaz de darlo todo, pero dejándote a ti la gloria y el honor.*
Sana ese desgaste que sufrí por haber pretendido complacer a todos.

Libérame de la ansiedad que me enferma, por querer lograr la aprobación de todos.

Quiero aceptar a Jesús como Señor de todo mi futuro y de todos mis planes.

Ven Espíritu Santo. Que todo suceda como te parezca mejor.

Muéstrame interiormente que yo no soy un dios y que no puedo construir el futuro sólo con mi mente pequeña y limitada, con mis pobres fuerzas.

Ayúdame a ver lo bello que es depender de ti, dejando cada cosa en tus manos.

En ti seré fuerte, Espíritu Santo.

Tú eres Dios. Tú me protegerás y en ti todo estará seguro y feliz.

Aunque no se cumplan mis proyectos, tú me ayudarás a lograr lo que los demás necesitan de mí.

Ven Espíritu Santo. No dejes que me llene de ansiedad detrás de proyectos obsesivos, porque nada de este mundo vale tanto, nada es absoluto.

Quiero trabajar bajo tu luz, sabiendo que comprendes mis errores, que yo no soy un ser divino, y que siempre puedo empezar de nuevo, sin ansiedades.

Porque tú tienes confianza en mí.

Ven Espíritu Santo.

Amén."

8 Para vivir bien es sumamente importante que pidamos la luz del Espíritu Santo y enfrentemos con coraje y sinceridad nuestros miedos, aunque precisamente nos cause terror encontrarnos con nuestros propios miedos. Porque cuando uno esconde sus temores, o pretende apagarlos sólo haciendo fuerza, pero sin mirarlos de frente, puede llegar a olvidar lo que le causaba miedo, pero ese temor no se va. Se convierte en un miedo etéreo, difuso, presente a cada momento, que se deposita en cualquier cosa; y así ya no sabe bien a qué le tiene miedo, y comienza a sentir temor por cualquier cosa, a perder la alegría de la vida sin saber bien por qué.

De ahí que sea muy sano ponernos en oración, invocar con deseos al Espíritu Santo, y decirle, en voz alta, a qué le tenemos miedo, reconocerlo sin vueltas.

Luego, tratar de ir despertando poco a poco la confianza en la acción del Espíritu, ofreciéndole cada área de nuestra vida, pidiéndole que él se apodere de todos los sectores de nuestra existencia con su poder infinito.

Imaginemos cómo el Espíritu Santo, con su luz, su potencia y su fuego, va dando firmeza a esas partes frágiles que quisimos sostener sólo con nuestras pobres fuerzas humanas.

9 *"Ven Espíritu Santo. Hoy te pido que sanes mi
miedo al fracaso. Quiero confiar en ti, sabiendo
que todas mis tareas de alguna manera terminan bien si dejo que las bendigas y las ilumines.
Bendice con tu infinito poder todos mis trabajos y tareas.*

*Dame claridad, habilidad, sabiduría, para ha-
cer las cosas bien, con toda mi atención, mis
capacidades y mi creatividad.*

*No dejes, Espíritu Santo, que descuide mis
trabajos, que me deje llevar por la comodidad
o el desaliento. Tómame para que pueda ver
qué hay que hacer en cada momento, y capa-
cítame con tu poder.*

*Quiero trabajar firme y seguro con tu gracia.
Sé que con tu ayuda todo terminará bien, y
que si cometo algún error, también de eso sacarás algo bueno para mi vida. Ven Espíritu
Santo. Amén."*

10 *"Te doy gracias, Espíritu Santo,
porque tú inspiraste la Palabra de Dios.
Porque esa Palabra ilumina mi camino
y me da vida.
Porque en esta Palabra
me estás diciendo
lo que más necesito.*

Derrámate en mí, Espíritu Santo
para que pueda comprenderla
y me deje transformar por ella.
Quiero ser un testigo
que anuncie la Palabra
con seguridad y convicción,
con amor y alegría.
Por eso, Espíritu Santo, dame tu gracia
para que pueda orar con esa Palabra,
para que se haga carne en mi vida.
Así podré anunciarla
con mis palabras y mis gestos,
con todo mi ser.
Tú que eres el maestro interior,
toca los corazones
de todos los que la escuchen,
para que encuentren en ella
la respuesta a sus inquietudes,
para que se enamoren del Evangelio
y lo vivan cada día.
Ven Espíritu Santo. Amén."

11 "Espíritu Santo, yo sé que eres más grande y más bello que todos mis sentimientos y emociones, que no te puedo abarcar con mi sensibilidad herida.

Tú no eres como yo te siento a veces, porque eres incapaz de hacerme daño, de absorberme

_o de dominarme a la fuerza. Eres una infinita
delicadeza._

_Espíritu Santo, a veces experimento mi pe-
queñez ante tanta grandeza, y escapo de ti
como si pudieras hacerme daño. Perdona esas
tonterías de mi corazón pequeño._

_Olvido que tu poder es el que me hace fuerte,
que me da la vida y me sostiene, y que todo
viene de tu amor divino._

_Dame la gracia de dejarte actuar, para que
pueda gozar de tus delicias, para que pueda
cantar de gozo en tu presencia. Ven Espíritu
Santo. Amén."_

12 Puede suceder que a lo largo de una oración
descubramos que la causa de nuestros miedos es
una mala experiencia que hemos tenido y que
está siempre reapareciendo en nuestros recuerdos.
Entonces, tendremos que detenernos cada día a
pedir al Espíritu Santo que sane ese recuerdo, que
derrame su poder, que nos regale una firme confianza para que esa herida sane y cicatrice. Algo
que puede ayudarnos, es atrevernos a revivir con
la imaginación la escena en que tuvimos un fuerte
dolor, y hacer presente a Cristo en ese momento
abrazándonos, rescatándonos, liberándonos de ese
problema, arrancándonos de ese lugar.

Y si no conocemos la raíz profunda, la causa de
nuestros temores, pidamos al Espíritu Santo que él se

apodere de nuestro grito interior que no sabe expresarse, que él se exprese de un modo liberador. Porque *"el Espíritu Santo viene en ayuda de nuestra debilidad, ya que nosotros no sabemos cómo pedir para orar como conviene, pero el Espíritu mismo intercede por nosotros con gemidos inefables"* (Rom 8).

13 Los hermanos de Oriente han desarrollado una profunda devoción al Espíritu Santo y nos han dejado hermosas oraciones. Oremos con una de ellas:

> *"Ven, Espíritu Santo,*
> *ven, luz verdadera.*
> *Ven, misterio escondido.*
> *Ven, realidad inexplicable.*
> *Ven, felicidad sin fin.*
> *Ven, esperanza infalible*
> *de los que serán salvados.*
> *Ven, tú que despiertas a los que duermen.*
> *Ven, vida eterna.*
> *Ven, tesoro sin nombre.*
> *Ven, persona inconcebible.*
> *Ven, luz sin ocaso.*
> *Ven, resurrección de los muertos.*
> *Ven, oh potente, tú que siempre haces y rehaces todo y todo lo transformas con tu solo poder.*
> *Ven, oh invisible, sutil.*
> *Ven, tú que permaneces inmóvil, y sin em-*

bargo en cada instante te mueves todo entero y vienes a nosotros que estamos en los infiernos, tú que estás por encima de los cielos.

Ven, oh nombre predilecto y repetido por todas partes, del cual nos es absolutamente imposible expresar su ser o conocer su naturaleza.

Ven, gozo eterno. Ven, corona incorruptible.

Ven, cinturón cristalino, adornado de joyas.

Ven, púrpura real, verdaderamente soberana.

Ven, tú que has deseado y deseas mi alma miserable.

Ven, tú el Solo en el solo, porque ya ves, yo estoy solo.

Ven, tú que has llegado a ser tu mismo deseo en mí, tú que me has hecho desearte, tú absolutamente inaccesible.

Ven, mi soplo y mi vida.

Ven, consolación de mi pobre corazón.

Ven, mi alegría, mi gloria y mi delicia para siempre."

Simeón, el Nuevo Teólogo

14 *"Espíritu Santo, yo no quiero desperdiciar tus dones, no quiero desaprovechar los impulsos de tu gracia.*

Tengo a mi disposición la vida nueva de la Resurrección y el poder de tus impulsos.

*No quisiera desgastarme en lamentos y quejas.
Tú me sostienes, tú me das vida, contigo
puedo correr sin fatigarme.*

*Pero a veces me desgastan mi desconfianza,
mi tristeza, mi melancolía, mis miedos, mis
fracasos, las contradicciones que encuentro,
mis insatisfacciones.*

*Ayúdame a renunciar a todo eso, Espíritu
de vida, para que despliegues en mí toda tu
gloria.*

*Late conmigo, Señor, vive conmigo, respira
conmigo, lléname de fervor y de entusiasmo.*

*Coloca en mi corazón el anhelo de ser fecun-
do para ti, de ser útil.*

*Dame el sueño de producir algo bueno para
este mundo, el deseo de dejarlo mejor que como
lo he encontrado.*

*Sana toda pereza, toda indiferencia, todo
desánimo, para que no te ofenda con pecados de omisión.*

*Que pueda levantarme cada mañana con in-
tensos deseos de hacer el bien a los demás.*

*Ayúdame a descubrir mejor mis talentos,
para gastar bien mis energías.*

*Dios, potente y fuerte, que todo lo sostienes,
mira mi debilidad y penetra todo mi ser con
ese poder que no tiene límites.*

*Ven Espíritu Santo, fortalece cada fibra de
mi cuerpo y de mi interior.*

Así yo sé que nada podrá derribarme, porque ningún poder humano, ninguna enfermedad y ninguna dificultad pueden ser más fuertes que tu amor.
Ven Espíritu Santo, infunde tu dinamismo en mis acciones, inunda de vitalidad todo mi ser.
Tómame Señor, una vez más, para derramar tu poder y tu luz en el mundo.
Ven Espíritu Santo.
Amén."

15 Cuando nos preguntamos por qué esta Persona divina se llama *Espíritu*, podríamos responder "porque no es material". Pero esa respuesta es muy pobre. En la Biblia ese nombre significa mucho más.

En el Antiguo Testamento la palabra *espíritu* (ruaj) es un sonido que imita el ruido de la respiración agitada. El sentido principal es el de aire. Pero hay que decir "aire en movimiento" porque el hebreo no conoce la idea de aire quieto, sino moviéndose o moviendo. Indica una vitalidad dinámica que depende de Dios (Sal 33,6; 104,29-30) y está ausente en los ídolos (Jer 10,14).

El *espíritu* tiene una gran movilidad: es comunicado, entra, sale, renueva, impulsa, abandona (Núm 11,24-29). Este aspecto dinámico es una característica inseparable de la noción de *espíritu*. De hecho, el Antiguo Testamento lo relaciona particularmente con la actividad profética, que orienta hacia adelante, hacia el futuro.

En el Antiguo Testamento traducido al griego, la palabra *espíritu* tiene también ese sentido dinámico. La raíz del término expresa un "movimiento de aire cargado de energía".

En el libro de la Sabiduría se describe al *"espíritu"* como ágil, que atraviesa y penetra, espejo de la actividad de Dios, que se despliega vigorosamente, etc. (7,22.24.26; 8,1).

Según los escritos de San Pablo el Espíritu moviliza, da fuerzas, y derrama dones en orden a actuar, para enriquecer la vida de la Iglesia (Rom 8,14-15.24-27; 1 Cor 12,1-11; 2 Cor 3,6.17-18; Gál 4,6-7; 5,22-25). Y esta concepción dinámica se expresa también en la invitación a "no apagar el Espíritu" (1 Tes 5,19).

En los Hechos de los Apóstoles, el derramamiento y la acción del Espíritu producen un permanente y fervoroso dinamismo (Hech 1,8; 2,2.41; 4,29-31; 8,39-40; 10,44-46; 13,4; 19,6; 20,22-23). Es bueno pedirle al Espíritu Santo que nos llene de ese dinamismo de vida.

16 Sabemos que en toda la Escritura la palabra *espíritu* habla de dinamismo. Y si el Espíritu Santo tiene ese nombre es porque él derrama vida en movimiento, impulsa hacia adelante, no nos deja estancados o inmóviles. Él sopla, mueve, arrastra, libera de todo acomodamiento y de toda inmovilidad. Por eso mismo también en el Nuevo Testamento se lo asocia con el simbolismo del viento: Se dice que así como el viento sopla donde quiere, así es el que nace del Espíritu (Jn 3,8). Cristo resucitado *sopla* cuando derrama el Espíritu en los discípulos (Jn 20,22) y los impulsa hacia una misión. Por eso no es casual que se asocie el derramamiento del Espíritu en Pentecostés, sacándolos del encierro, con una ráfaga de viento impetuoso (Hech 2,2).

El mismo impulso del Espíritu Santo nos lleva a buscar siempre más. En su carta sobre el tercer Milenio, el Papa atribuye particularmente al Espíritu la construcción del Reino de Dios "en el curso de la historia", preparando su "plena manifestación" y "haciendo germinar dentro de la vivencia humana las semillas de la salvación definitiva" (TMA 45b). Por eso no sólo esperamos llegar al cielo, sino que deseamos vivir en esta vida algo del cielo.

No podemos ignorar que el Nuevo Testamento no habla sólo del Reino que ya llegó con Cristo, o del Reino celestial que vendrá en la Parusía, sino también del Reino que va creciendo (Mc 4,26-28; Mt 13,31-33; Ef 2,22; 4,15-16; Col 2,19). Y si va creciendo, esperamos que el Espíritu Santo nos ayude para ir a crear un mundo cada vez mejor.

17 *"Ven Espíritu Santo, y mira todos los miedos que guardo dentro de mí. Te ruego que sanes todo temor, para que pueda caminar seguro en tu presencia.*

Mira a esta creatura que te suplica, no me abandones, fortaleza mía. Tú eres como un escudo protector, y si tu fuerza me rodea no tengo nada que temer.

Cúbreme con tu potencia, y no permitas que ningún violento me haga daño, no dejes que algún espíritu dominante pretenda adueñarse de mi vida. Aleja de mí a todos los que quieran aprovecharse de mí.

Tú me protegerás de los envidiosos y de los que no se alegran con mis éxitos y alegrías. Tú me protegerás de los peligros imprevistos. Deposito en ti toda mi confianza.

Yo acepto a Jesús como Señor de mi vida, todo mi ser es suyo. Por eso confío en tu protección, Espíritu Santo, y dejo ante ti todos mis temores. Ven Espíritu Santo. Amén".

Quiero luchar y caminar, pero lleno de paz y de confianza.

18 La esperanza tiene que ver con el amor de deseo, con ese interés profundo que alimenta la actividad cotidiana del hombre en camino.

El que cree que de esta historia nada puede esperarse, sólo puede desear que todo termine, y por eso mismo, no tiene ganas de nada.

Es cierto que cuando descubrimos que las cosas no son eternas, se despierta en nosotros el deseo de una vida que está más allá, la esperanza en el Reino celestial.

Pero la esperanza es mucho más que el sabor amargo que sentimos cuando captamos la insuficiencia y la contingencia de las cosas terrenas. Con la esperanza, ese gusto inquietante se convierte en deseo eficiente, en ilusión, en camino. Esperamos que todo pueda llegar a ser mejor también en esta tierra.

El paso del tiempo es vida que crece, porque está el Espíritu, asegurando con su presencia una permanente e inagotable vitalidad.

Los cristianos nunca podremos entender el paso de los años como un proceso degradante que cada vez se aleja más de los tiempos dorados. No podemos pensar que antes todo era bueno, y que fue perdiendo cada vez más su poder originario por un inevitable desgaste. Si fuera así, no habría esperanza.

La presencia del Espíritu es una primicia del triunfo definitivo, nos hace sentir que con pequeñas cosas vamos preparando algo mejor. Por eso, el Espíritu impide las visiones pesimistas. Él siempre nos lanza hacia adelante.

19 *"Espíritu Santo, quiero vivir en tu paz, gozar de tu amor cada día, y entregarme a la vida con entusiasmo.*

Pero tú sabes que guardo dentro de mí rencores y resentimientos que he tratado de ocultar.

Hoy te pido la gracia de liberarme, Espíritu Santo. Derrama en mí un profundo deseo de perdonar, de vivir en paz con todos y de comprender profundamente las agresiones y desprecios de algunas personas.

Ayúdame a descubrir sus sufrimientos y debilidades para poder mirarlos con ternura y no juzgarlos por lo que me hacen.

Regálame la gracia de comprender y bendecir a los que me ofenden, persiguen y desprecian, alabándote por ellos, que son tuyos.

Derrama en mí un espíritu de profunda tolerancia.

Ven Espíritu Santo. Amén."

20 *"Ven Espíritu de amor. Todo mi ser ha sido creado para amar, pero muchas veces elijo el egoísmo.*

Yo sé que todo lo que me regalas es para que lo comparta. Tú quieres llenarme de cosas bellas para que sea como un cántaro que sacie la sed de los demás. Me has elegido

_para que comunique un poco de felicidad a
los hermanos. Pero me cuesta compartir mis
cosas y dar mi tiempo a los hermanos.
Abre mi corazón egoísta, Espíritu de amor,
para que pueda disfrutar dándome a los demás. No dejes que me prive de esa alegría de
un corazón generoso. No dejes que me quede
encerrado sólo en mis propias preocupaciones y ayúdame a descubrir a Jesús en cada
hermano. Ven Espíritu Santo. Amén."_

21 _"Te doy gracias, Espíritu Santo, porque tengo
una misión que cumplir en este mundo.
Sé que por el solo hecho de existir en esta
tierra ya estoy cumpliendo un plan tuyo, un
proyecto que no alcanzo a descubrir pero que
tú conoces bien.
Mi sola existencia es un signo de tu amor y
de tu voluntad.
Pero tú has querido que también las cosas
que yo hago cada día tengan un valor profundo, en toda su simplicidad y pequeñez.
Yo no soy capaz de hacerlo todo, pero lo que
puedo hacer cada día es lo que tú has querido
que yo le regale a esta vida.
Tú, que conoces el por qué y el para qué de
cada cosa, ayúdame a verlo, Espíritu Santo.
Enséñame a valorarme, ayúdame a apreciar la_

misión que tú me has dado en este mundo,
para que me alegre de estar aquí, entregado
al servicio de Jesús.
Gracias por las personas que encuentro cada
día, por el bien que pueda hacer y por la
alegría de compartir.
¡Bendice al Señor, alma mía, y nunca olvides
sus beneficios! Amén."

22 Después de invocar la presencia del Espíritu, trato de imaginar ese fuego infinito de amor que se convierte en viento impetuoso. Quizás me provoque temor tanto dinamismo. Entonces pido al Espíritu que destruya ese temor que me paraliza. Todos buscamos tener algunas seguridades, y nos aferramos a esas costumbres que nos hacen sentir firmes. De ese modo renunciamos al cambio, a la esperanza, al futuro. El Espíritu quiere desinstalarnos porque nos quiere vivos, no muertos en vida. Por eso, en su presencia, me hago las siguientes preguntas:

¿No será que el Espíritu está queriendo cambiar algo en mi vida y yo me resisto?

¿No será que he renunciado a tener nuevos amigos, a iniciar cosas nuevas, a cambiar algo, porque tengo miedo de desinstalarme, de perder mi comodidad, porque me aferro a mis propios planes con uñas y dientes y no estoy disponible para la novedad del Espíritu?

¿Siento que el estilo de vida que estoy llevando me permite levantarme cada día como si fuese una nueva aventura en el Espíritu? ¿O me levanto simplemente para sobrevivir, para cumplir, para soportar la existencia?

Le digo al Espíritu Santo que quiero vivir de otra manera, y le pido su fuerza para lograrlo.

23 _"Ven Espíritu Santo. Porque yo fui creado para encontrar la felicidad, la verdadera paz, el gozo más profundo, pero todo eso sólo se encuentra en ti. Las cosas de este mundo me dan alguna felicidad, pero al final siempre me dejan vacío y necesitado. Por eso te ruego, Espíritu Santo, que me des la gracia de abrirte mi interior y de amarte con todo mi ser, para alcanzar el gozo que vale la pena._

Quiero gozar de tu amistad, tu cariño, tu abrazo de amor, tu fuego santo. No permitas que me absorban las cosas del mundo y tócame con la caricia suave y feliz de tu ternura.

Ven Espíritu Santo, para que pueda entrar en el corazón de Jesús, para que sienta el llamado del Padre Dios que siempre me espera.

Ven Espíritu Santo.

Amén."

24 Podemos decirle al Espíritu Santo, con todo el corazón, estas palabras del Salmo:

"Tú eres mi Señor, mi bien, no hay nada fuera de ti... Tú eres mi herencia, mi copa, un lugar de delicias, una promesa preciosa para mí... Por eso se me alegra el corazón, retozan mis entrañas y hasta mi carne descansa serena... Me enseñarás el sendero de la vida, me hartarás de alegría ante ti, lleno de alegría en tu presencia" (Sal 16,2.5-6.9.11).

25 El que se hace amigo del Espíritu Santo no le teme a la soledad, porque el Espíritu Santo le va dando una fuerza emotiva, una firmeza afectiva que le permite tener relaciones sanas, no posesivas ni absorbentes. Eso le va ganando el aprecio de muchos y amistades más bellas y satisfactorias, sin angustias enfermizas.

Por algo dice la Biblia: *"Busquen primero el Reino de Dios, y todo lo demás se les dará por añadidura"* (Mt 6,33).

El amor nos llena el corazón cuando no nos obsesionamos por alcanzarlo. Lo importante es permitir que el Espíritu Santo nos regale el amor como él quiera, y no tanto como nosotros lo imaginamos.

Muchas veces no somos felices porque nos empecinamos en alcanzar una forma de felicidad, porque nos empeñamos en vivir la felicidad de una determinada manera. Pero hay muchas formas de ser felices. Hay que aceptar la que nos toque y vivirla con ganas.

Si dejamos que el Espíritu Santo nos haga vivir el amor como a él le parezca, entonces no existirá la soledad en nuestras vidas. Él es capaz de saciar nuestra sed de amor y de cariño.

26 *"Sin el Espíritu Santo,*
Dios queda lejos del mundo,
Cristo pertenece al pasado,
el Evangelio son palabras muertas,
la Iglesia, una organización más,
la autoridad, una tiranía,
la misión, pura propaganda,
el culto, un simple recuerdo,
el obrar cristiano, una moral de esclavos.
Con el Espíritu Santo,
Dios late en un mundo que se eleva
y gime en la infancia del Reino,
Cristo ha resucitado y vive hoy
el Evangelio es potencia de vida,
la Iglesia, comunión trinitaria,
la autoridad, servicio liberador,
la misión, permanente Pentecostés,
el culto, celebración y anticipo del Reino,
el obrar humano, realidad divina".

Consejo mundial de las Iglesias, Uppsala 1968

27 El Espíritu Santo es Dios. Por eso podemos dirigirnos a él con estas hermosas palabras de los Salmos:

> *"Señor, qué precioso es tu amor. Por eso los humanos se cobijan a la sombra de tus alas, se sacian con tu hermosura y calman la sed en el torrente de tus delicias" (Sal 36,8-9).*
>
> *"Dios mío, yo te busco, mi alma tiene sed de ti, mi carne te anhela como una tierra reseca y sedienta... Tu amor vale más que la vida, mis labios te adoran. Yo quiero bendecirte en mi vida y levantar mis manos en tu nombre. Y mi alma se empapará de delicias y te alabará mi boca con cantos jubilosos... Me lleno de alegría a la sombra de tus alas. Mi alma se aprieta contra ti, y tú me sostienes"* (Sal 63,2-9).
>
> *"Señor, en ti me cobijo, no dejes que me quede confundido. Recóbrame con tu amor, líbrame"* (Sal 31,2).
>
> *"Es bueno darte gracias, Señor, y cantar a tu nombre, anunciar tu amor por la mañana y tu fidelidad cada noche"* (Sal 92,2-3).

28 El ser humano tiene también la capacidad de hacer cosas, de prolongarse en una obra, y también allí puede derramarse el Espíritu Santo para que lo vivamos de otra manera.

El Espíritu, que infunde dinamismo, también influye en nuestras actividades, en nuestro trabajo, en todo lo que hacemos, no sólo para que podamos hacerlo bien, sino para que esas actividades enriquezcan nuestra vida, para que no sean un peso o una simple obligación. Es decir, el Espíritu Santo puede hacer que esas actividades tengan un sentido, un "para qué" profundo que nos permita hacerlas con interés, con cierto gusto, y que nos sintamos fecundos en esa actividad. Podemos hacer algo por necesidad, o "porque sí", pero también podemos hacerlo como una ofrenda de amor al Señor, o como un acto de amor a los hermanos, a la Iglesia, a la sociedad, o podemos ofrecerlo al Señor por nuestra santificación, o pidiéndole algo que deseamos alcanzar, o uniéndonos con ternura a la Pasión de Cristo, etc. Esto permite que no sólo nos sintamos bien cuando descansamos, sino también cuando trabajamos.

29 _"Cada vez que en la oración nos dirigimos a Jesús, es el Espíritu Santo quien, con su gracia preveniente, nos atrae al camino de la oración. Y ya que él nos enseña a orar recordándonos a Cristo, ¿cómo no dirigirnos también a él orando? Por eso, la Iglesia nos invita a implorar todos los días al Espíritu Santo, especialmente al comenzar y terminar cualquier acción importante... El Es-_

píritu Santo, cuya unción impregna todo nuestro ser, es el Maestro interior de la oración cristiana" (Catecismo de la Iglesia Católica, 2670.2672).

Por todo esto, si no sabemos orar, lo mejor es pedirle al Espíritu Santo que nos enseñe, que nos estimule, que nos impulse y nos llene de deseos de orar. Él puede poner en nuestra boca lo que tenemos que decir, y a veces ni siquiera hacen falta palabras. Muchas veces el Espíritu Santo nos mueve a expresarnos con el llanto, con una melodía, con un lamento, con un suspiro. Dejemos que sea él quien nos enseñe a orar.

Marzo

1   Hay un trabajo donde el Espíritu Santo actúa de una manera especialísima: es la tarea evangelizadora. Cuando alguien trata de llevar a otros el mensaje de Cristo, en una visita casa por casa, en una tarea en la parroquia, en la oficina, etc., allí el Espíritu Santo quiere hacerse presente con su luz y su poder para plantar el Evangelio, para que Cristo habite en los corazones.

Por eso, el que dedica parte de su vida, o todas sus energías a anunciar el Evangelio, experimenta de una forma especial la vitalidad, la profundidad, el fuego que el Espíritu Santo nos puede regalar. Pero hay que dejar la cómoda orilla y arrojarse "mar adentro" (Lc 5,1-11), venciendo los miedos (Mc 4,35-41) y con la mirada en Cristo (Mt 14,22-33). Así se prueba el gozo de decir a los demás que "hemos encontrado al Mesías" (Jn 1,41.45).

2   La acción del Espíritu Santo se caracteriza por la alegría, el entusiasmo. Es el gozo de los discípulos de Emaús que sintieron "arder su corazón" junto a Cristo y por eso salieron a comunicarlo a los demás: *"Es verdad, ¡el Señor resucitó!"* (Lc 24,34).

Todo el libro de los Hechos muestra con abundantes ejemplos lo que es esa poderosa evangelización "en el Espíritu Santo". Vale la pena leerlo y dejarnos contagiar por ese entusiasmo evangelizador.

Allí vemos cómo los evangelizadores estaban llenos de los dones del Espíritu para poder llegar a los demás.

Porque para la obra evangelizadora, y para cualquier otra tarea, el Espíritu derrama admirablemente multitud de dones que nos enriquecen para prestar un buen servicio a los hermanos: son los carismas (1 Cor 12).

Hay muchos y distintos carismas en cada uno de nosotros, y todos tenemos el derecho y el deber de ejercitar nuestros carismas, cualesquiera sean. Pero el discernimiento de los pastores permite descubrir si el carisma es auténtico y si se lo está ejercitando sanamente (Gál 2,2).

Es bueno pedirle al Espíritu Santo que nos haga descubrir nuestros propios carismas, todo lo que él nos ha regalado para servir a los demás. Porque sería una pena desaprovechar esa riqueza.

3 Repitamos dulcemente esta oración, que se utiliza en la Liturgia oriental para invocar al Espíritu Santo:

"Rey celeste,
Espíritu consolador,
Espíritu de verdad,
que estás presente en todas partes
y lo llenas todo.

Tesoro de todo bien
y fuente de vida, ven.
Habita en nosotros,
purifícanos y sálvanos,
tú que eres bueno.
Amén."

Liturgia bizantina

4 _"Espíritu Santo, que eres la fuente inago-_
table de todo lo que existe, hoy quiero darte
gracias.
Gracias ante todo por la vida, por el fas-
cinante misterio de existir. Porque respiro,
me muevo, corre sangre por mi cuerpo, mi
corazón late. Hay vida en mí. Gracias.
Gracias porque a través de mi piel y mis
sentidos puedo tomar contacto con el mun-
do, porque puedo percibir los seres que has
creado a mi alrededor. Porque el aire roza
mi piel, siento el calor y el frío, percibo el
contacto con las cosas que toco.
Gracias porque mi pequeño mundo está re-
pleto de pequeñas maravillas que no alcanzo
a descubrir.
Me rodeas y me envuelves con tu luz.
Gracias, Espíritu Santo.
Amén."

5 Para que el Espíritu Santo pueda hacer maravillas en nuestra vida, es necesario que estemos de verdad abiertos a su acción. Pero, ¿qué significa estar abiertos a la acción del Espíritu Santo?

Significa dejar que nos cambie los planes, que nos lleve donde quiera, y sobre todo significa desearlo, buscarlo siempre más, no estar nunca conformes, no creer que ya lo hemos conocido suficiente.

No hay que pensar que ya no puede haber novedades en nuestra relación con él, que ya lo hemos probado todo. No es así. Él es siempre nuevo, siempre deslumbrante, siempre sorprendente.

Nunca podemos decir que ya sabemos encontrarnos con él, porque él supera infinitamente todas nuestras experiencias. Él es siempre mucho más rico y lleno de hermosura de lo que nosotros podemos llegar a imaginar. Por eso cada día somos mendigos de su amor y de su presencia.

Él está indicándonos un nuevo camino para encontrarnos con él. Y a través de las nuevas experiencias de la vida, también de las crisis, él nos va abriendo los senderos para descubrir algo que nunca habíamos experimentado. Él siempre está insinuando en el corazón una nueva invitación de amor. Vale la pena escucharlo.

6 Recuerdo los momentos en que no disfruto algo que tengo entre manos porque estoy acelerado, pensando en otras cosas, y me imagino cómo sería un día de mi vida si me detuviera a vivir plenamente cada momento. Pido al Espíritu Santo que me libere de la ansiedad, y me detengo a vivir este momento, como si fuera el último de mi vida, sabiendo que es tan importante como lo que pueda hacer después. Entonces, me pongo a hacer una tarea con todo mi ser, ofreciéndola al Señor.

Pido al Espíritu Santo que me impulse a evangelizar, que me quite el miedo y la vergüenza, y le ruego que se manifieste con poder a través de mí, que me regale valentía para reconocer mi fe, para hablar de Cristo a los demás, para expresar la alegría de haberlo encontrado. Y me imagino concretamente alguna situación en la que podré hacerlo.

Hago una lista de los carismas que puedo descubrir en mi persona, todas las capacidades que el Espíritu puso en mí para brindar algo a los demás. Doy gracias al Espíritu Santo, que sembró en mí esos carismas, e intento ver cómo podría ejercitarlos mejor para bien de los demás.

Es importante incluir aquí todo tipo de carismas, aun los que parecen más insignificantes: la capacidad de dar alegría con una sonrisa, la capacidad de tocar un instrumento musical, de dibujar, etc. Entonces, tomo la decisión de ejercitar esos carismas hoy mismo, para gloria del Espíritu Santo que me los ha regalado.

7 *"Cuando imaginamos al Espíritu como viento, dejemos espacio a la fantasía.*

El viento hincha las velas y empuja la barca; juega con las arenas del desierto derribando y remodelando dunas; encrespa y hace retumbar las olas del mar; transporta nubes y polen; ruge, silva, se calla... Dejémonos conducir o arrebatar por el Espíritu como por un viento" (L. Alonso Schökel).

A veces queremos estar demasiado cómodos, y por eso preferimos que el Espíritu Santo no se meta demasiado en nuestra vida; queremos que todo se quede como está y que no haya sobresaltos. Pero eso es elegir la muerte.

Mejor dejemos que el Espíritu Santo nos lleve donde él quiera, y la vida tendrá mucho más sabor. Dejémonos llevar por el viento del Espíritu, y todo será mucho más interesante que resistirnos y defendernos.

8 Si hago un repaso de las distintas tareas que realizo, o de las cosas que hago y vivo durante la semana, puedo descubrir que algunos de esos momentos están llenos de *espíritu*. ¿Qué significa esto?

Tener _espíritu_ no es simplemente hacer algo con ganas o con gusto; el asunto es que podamos vivir las cosas con profundidad, con un sentido. Por ejemplo, una enfermedad a nadie le gusta, pero se puede vivir sin sentido, o se puede vivir con profundidad.

Por eso es bueno detenerse cada tanto a descubrir si en la propia vida hay algunas cosas que no tienen _espíritu_, porque las hago sólo por obligación, porque no les encuentro sentido, porque me parece que no valen la pena, y sobre todo porque las hago sin amor. Entonces, habrá que pedirle al Espíritu Santo que se haga presente allí para derramar su luz. Porque cuando lo dejamos entrar, él se hace presente y todas las cosas tienen sentido. Así, la vida deja de ser un conjunto de cosas que toleramos, y empezamos a vivirla a fondo.

9 San Isidoro es uno de los Padres de la Iglesia, que la enriquecieron en los primeros siglos del cristianismo. Él nos dejó una hermosa oración, que podemos repetir para alimentar la confianza en el Espíritu Santo y comprometernos por un mundo más justo:

> _"Aquí estamos Señor, Espíritu Santo._
> _Aquí estamos en tu presencia._
> _Ven, y quédate con nosotros. Dígnate infundirte en lo más íntimo de nuestros corazones._
> _Enséñanos en qué tenemos que ocuparnos, hacia dónde tenemos que dirigir nuestros esfuerzos._

*Haznos saber lo que tenemos que realizar,
para que con tu ayuda podamos agradarte
en todo.*

*Sé tú solo quien inspires y lleves a feliz térmi-
no nuestras decisiones.*

*Tú solo, con Dios Padre y su Hijo, posees el
nombre glorioso.*

*No permitas que seamos perturbadores de la
justicia, Tú que amas la equidad en sumo
grado.*

*Que la ignorancia no nos arrastre al mal, ni
nos desvíe el aplauso, ni nos corrompa el interés del lucro, o la preferencia de personas.*

*Antes bien, únenos a ti de modo eficaz por el
don de tu gracia.*

*Que seamos uno en ti y en nada nos aparte-
mos de la verdad.*

*Y por hallarnos reunidos en tu nombre po-
damos mantener en todo la justicia, guiados
por el amor, para que aquí y ahora no nos
separemos en nada de ti..."*

San Isidoro

10 Podemos decir que en la Revelación de las
riquezas de Cristo hay una plenitud infinitamente más grande que los conceptos y esquemas de
todos los teólogos y que la conciencia cristiana de
cualquier época; sin embargo el Espíritu tiene la

función de administrar y desplegar cada vez más esa plenitud del Resucitado.

En este sentido, la Iglesia está llamada a acoger las novedades con las que el Espíritu la impulsa a un futuro más rico. Pero para ello debe asumir una actitud de pobreza receptiva, más que una actitud de ostentación, por más que se sepa administradora de un depósito recibido de Cristo.

Lo que cuentan los Evangelios no abarca todo lo que dijo al hombre el Misterio insondable del Verbo encarnado, ya que él se reveló con miles de gestos y palabras que no han podido ser recogidos por escrito (Jn 21,25), aunque en el Evangelio escrito se diga lo esencial.

Además, hay cosas no dichas por Cristo, porque los discípulos *"no podían con ellas"* (Jn 16,12-13), pero que se expresaron plenamente en el acontecimiento de la Pascua, más que en las palabras. Es el Espíritu quien, tomando de la plenitud de ese Misterio, todavía no captada por nosotros, asombra constantemente a la Iglesia. Siempre nos quedamos cortos frente al Misterio inagotable de Jesús resucitado. Y el Espíritu Santo nos conduce dentro de ese Misterio del Resucitado que siempre nos supera. Por eso, nunca podemos decir *basta*. Y no es necesario que nos alejemos de Cristo para buscar novedades o riquezas desconocidas, ya que nunca lograremos agotar la interminable riqueza del Señor Jesús resucitado.

11 Es maravilloso pensar que el corazón humano del Señor Jesús está lleno, repleto de la luz, del fuego, del agua del Espíritu Santo. Y de ese Corazón sagrado, abierto por la lanza, brota para nosotros el manantial sublime del Espíritu. Si leemos el Evangelio de Juan, allí nos encontramos a Cristo prometiendo saciar nuestra sed con el agua del Espíritu que brota de su ser (Jn 7,37-39). Y luego, en la cruz, vemos que es el costado herido del Señor la fuente del agua viva (Jn 19,34). Pero a la vez, el Espíritu que brota de ese Corazón, nos envuelve y nos hace entrar en el misterio de amor de ese Corazón que quema. San Buenaventura lo expresaba con intensa belleza:

> *"Tu corazón fue herido Señor, para que tuviéramos una entrada libre...*
> *Y fue herido también para que por esa llaga visible pudiéramos ver la herida invisible del amor. Porque quien arde de amor, de amor está herido...*
> *Abracémonos a nuestro amado...*
> *Roguémosle que encienda nuestro corazón y lo ate con los dulces lazos de su amor, y que se digne herirlo con sus dardos quemantes...*
> *Esto es algo misterioso y secretísimo, que sólo puede conocer quien lo recibe; y nadie lo recibe sino el que lo desea, y nadie lo desea si no lo inflama en su intimidad el Espíritu Santo"*

Vida Mística 4,5-6; Itin. 7,2

12 En el movimiento de atracción que realiza el Espíritu Santo, él va reformando nuestro ser enfermo y nos va haciendo cada vez más parecidos a Jesús; va logrando que nuestra forma de pensar, de actuar, de reaccionar, de mirar, sea cada vez más parecida a la de Jesús, hasta que podamos decir: *"ya no soy yo el que vive, es Cristo quien vive en mí"* (Gál 2,20).

Y si esto es así, el Espíritu va despertando en mi corazón la fascinación que tenía Jesús por el Padre Dios, su amor y su admiración por el Padre. Por eso, el Espíritu nos hace clamar *Padre* junto con Jesús (Gál 4,6; Rom 8,15).

El Espíritu Santo, que es inseparable del Padre y del Hijo, y que todo lo recibe de ellos, está siempre pendiente de ellos dos como un infinito enamorado; por eso, no nos hace quedar en su Persona, sino que desea imperiosamente llevarnos a Jesús y al Padre.

13 ¿Le falta Espíritu a tu familia? ¿Le falta Espíritu a tu lugar de trabajo? ¿Le falta Espíritu a tu barrio?

Entonces estás llamado a realizar dos cosas: En primer lugar, a invocar insistentemente al Espíritu Santo para que se haga presente allí, en cada persona y en cada tarea, de manera que vuelva a reinar el diálogo, el entusiasmo, la paz y la alegría.

Pero no basta orar, porque el Espíritu Santo no quiere que seamos pasivos. Es necesario que le ofrezcamos alguna cooperación de nuestra parte, porque él nos regaló muchas capacidades que podemos utilizar para cambiar las cosas: nuestra imaginación, nuestros intentos, los gestos que podamos realizar, las palabras que podamos decir.

El Espíritu Santo quiere que seas su instrumento para que, como decía Francisco de Asís, allí donde haya odio pongas el amor, donde haya ofensa pongas el perdón, donde haya tristeza pongas alegría, y donde haya tinieblas pongas su luz divina.

14 *"Ven Espíritu Santo, para que aprenda a vivir con libertad interior.*

Ayúdame a desprenderme de mis planes cuando la vida me los modifique.

Toca mi corazón para que confíe en tu protección amorosa.

Serás mi poderoso salvador en medio de toda dificultad.

Derrama en mí tu vida, intensa y armoniosa, para que no me resista al cansancio, al desgaste, a los cambios, y para que no busque falsas seguridades.

Enséñame a aceptar con serenidad y fortaleza los límites variados de cada día y las cosas imprevistas.

Libérame de toda resistencia interior contra la realidad.

Ayúdame a confiar, Espíritu Santo, sabiendo que también de los males puedes sacar algo bueno.

Enséñame a vencer mis nerviosismos y tensiones, para enfrentar con calma y seguridad interior todo lo que me suceda.

Destruye toda desconfianza para que pueda descansar en tu presencia, entregarme en tus brazos, sin pretender escapar de tu mirada de amor.

Vive conmigo Señor, enfrenta conmigo los desafíos y las dificultades que ahora tengo que resolver.

Porque contigo todo terminará bien.

Ven Espíritu Santo. Amén."

15 Me pregunto si en mi oración personal están realmente incorporadas las tres Personas de la Trinidad, si invoco al Espíritu y me dejo llevar por él hacia Jesús y hacia el Padre.

Puedo hacerlo así: Imaginar a Cristo y detenerme a contemplar la herida de su corazón. Reconocer el amor inmenso que se expresa en esa herida: _"Me amó y se entregó por mí"_ (Gál 2,20). Así, le pido que desde ese corazón abierto derrame en mi vida el fuego del Espíritu Santo.

Imagino al Espíritu que brota para mí, y penetra en mí, desde el corazón de Jesús resucitado.

Luego, poco a poco, le entrego al Espíritu Santo todas las áreas de mi ser: mis pensamientos, mi cuerpo, mi imaginación, mis deseos, mis planes, etc. Pido que derrame su luz y su fuego purificador en todos los detalles de mi existencia y que me haga más parecido a Jesús en mis reacciones, palabras, actitudes, etc.

Después le pido la gracia de entrar con confianza en el corazón de Cristo para que allí se sanen todas mis heridas, se sacie mi necesidad de amor, se llenen de luz y de vida todas las cosas buenas que pueda haber en mí y se quemen todas las semillas del mal.

Sintiéndome profundamente unido a Jesús, digo la oración que Jesús nos enseñó, el Padrenuestro, tratando de expresarla con los mismos sentimientos que tiene Jesús hacia el Padre, y dejando que el Espíritu grite en mí "¡Padre!".

16 El Espíritu Santo quiere hacerse presente en todos los momentos de nuestra vida, no sólo en los instantes de gozo y bienestar, sino también cuando las cosas no van bien, cuando nos sentimos inquietos, inseguros, tristes o perturbados por los problemas que tenemos con los demás o por las cosas que no nos gustan en las actitudes ajenas.

Porque en la vida de todos los días también hay oscuridad y vacío, no todos los momentos ni todas las experiencias son luminosas y felices. Cuando vemos en el mundo tantas pequeñeces humanas, intereses egoístas, falsedades, incomprensión y envidias, se hace muy difícil reconocer allí una presencia de Dios que sea alimento y luz. Muchas veces tenemos esa sensación de que todo es falso, superficial, pura apariencia, engaño y vanidad.

Pero tenemos que recordar que Dios creó este universo, que el Espíritu Santo está en todas partes, que él actúa en medio de la debilidad de los seres humanos, que nos llamó a vivir como hermanos y no a despreciarnos; que tenemos una misión que cumplir para el bien de los demás en lugar de escapar del mundo.

Podemos convencernos de eso, para no aislarnos del mundo. Pero al mismo tiempo, todo eso que nos deja sensación de vacío, nos invita a buscar algo más profundo, a tratar de no caer en la superficialidad. Tenemos que estar en el mundo sin ser del mundo, y poner en el mundo el amor, la entrega, la fidelidad y la honestidad que no encontramos. Eso no significa dejarnos llevar por la negatividad; porque si vivimos mirando lo malo, nos convertiremos en seres impacientes, incapaces de comprender, y entonces tampoco le aportaremos algo bueno a la sociedad. Para eso necesitamos invocar al Espíritu Santo, de manera que no nos dejemos llevar por la negatividad y siempre actuemos en positivo.

17 Te propongo que hagas un pequeño instante de profunda oración para que trates de reconocer al Espíritu Santo en tu interior y así descubras que la soledad no existe, porque él está.

Es importante que intentes hacer un hondo silencio, que te sientes en la serenidad de un lugar tranquilo, respires profundo varias veces, y dejes a un lado todo recuerdo, todo razonamiento, toda inquietud. Vale la pena que le dediques un instante sólo al Espíritu Santo, porque él es Dios, y es el sentido último de tu vida.

Trata de reconocer en el silencio que él te ama, que él te está haciendo existir con tu poder y te sostiene, que él te valora.

Siente por un instante que su presencia infinita y tierna es realmente lo más importante. Y quédate así por un momento, dejando que todo repose en su presencia.

18 *"Me regocijo en ti, infinito y glorioso Espíritu.*
Tú que penetras en lo más íntimo de mi ser,
sana las raíces de mi tristeza profunda.
Llega hasta el fondo de mis males para que
pueda recuperar la verdadera alegría.
Eso espero de tu amor, mi Señor poderoso.
No dejes que me entregue en los brazos enfer-
mos de la melancolía, no permitas que beba

*del veneno de los lamentos, las quejas, el
desaliento. No valen la pena.
Dame una mirada positiva y optimista.
Convénceme, con un toque de tu gracia, de
que la entrega generosa es el mejor camino.
Hazme probar el júbilo de Jesús resucitado.
Dame la potencia de tu gracia para que todo
mi ser sea un testimonio del gozo cristiano.
Me entrego nuevamente a ti, Espíritu Santo,
para servir a Jesús en los hermanos. Quiero
estar bien dispuesto para lo que tú quieras
y como tú quieras, para enfrentar cualquier
desafío e iniciar nuevas etapas.
Ven Espíritu Santo. Amén."*

19 Hoy la Iglesia celebra lo que el Espíritu Santo
hizo en San José, porque toda la belleza de los santos es obra del Espíritu Santo.

San José nos muestra cómo el Espíritu Santo
puede transformar la sencillez de nuestra existencia
cotidiana y hacer algo grande en medio de lo oculto y de lo pequeño.

En el texto de Lc 2,39-51, la familia de Jesús
aparece como una familia piadosa. Luego de explicar que *"cumplieron todas las cosas según la Ley
del Señor"* (2,39), dice también que *"iban todos
los años a Jerusalén a la fiesta de la Pascua"*
(v. 41). Ellos son un símbolo de los pobres de Yahvé,

ese resto fiel que Dios usa como instrumento para hacer llegar la salvación a su pueblo.

José es la figura masculina, reflejo de la paternidad de Dios, inseparable del signo femenino y materno de María. Por eso, la Virgen María no se entendería adecuadamente sin José.

Por otra parte, celebrar a San José es sumamente importante para advertir hasta qué punto Jesús quiso compartir nuestras vidas. Él no quiso vivir entre nosotros como un ser extraño, aislado de la vida de la gente. Prefirió tener una familia, depender como todo niño y adolescente de un varón que hizo de padre, y someterse a él. De ese modo, también se integraba en una familia más grande y en su pueblo. Es interesante notar que el Jesús adolescente podía ir y venir entre la caravana de su pueblo un día entero (2,44). Nada de aislamiento de los demás. Era uno más, *"el hijo del carpintero"* (Mt 13,55).

Pidámosle al Espíritu Santo que nos enseñe a vivir con profundidad la sencillez de la vida de todos los días, como la vivió San José.

20 *"Espíritu Santo, toma mis ojos. Mis ojos tentados por la curiosidad. Mis ojos que juzgan y condenan, que controlan, que envidian. Incapaces de contemplar la verdad sin* *miedo. Toma mis ojos, y conviértelos en admiración, ternura, disculpa, compasión. Coloca en ellos la mirada de Cristo.*

Espíritu, toma mis oídos, que sólo escuchan lo que les conviene, o que se atontan escuchando todos los ruidos del mundo. Mis oídos cerrados al hermano, incapaces de escuchar la Palabra que invita al cambio. Toma mis oídos y conviértelos, para que sean acogedores, y escuchen con amor al hermano; llenos de sensibilidad, de apertura, atentos a la voz del buen Pastor, sensibles al susurro amable de Cristo.

Espíritu Santo, toma mi boca, usada muchas veces para reprochar, ironizar, criticar, mentir, para quejarse, para murmurar. Tómala Espíritu, y conviértela en un lugar de canción, de aliento, de perdón. Hazla capaz de decir la palabra justa, el consejo justo, las palabras fecundas de amor sincero, las palabras que diría Cristo. Y ábrela en un himno de alabanza al Resucitado."

21 *"Espíritu Santo, toma mis manos, que buscan poseer, dominar, que se cierran egoístas, que se aferran a los ídolos. Tómalas Espíritu, y conviértelas en caricia, servicio, sanación. Extendidas en ofrenda, abiertas para dar, elevadas para adorar, como las manos de Cristo.*

Espíritu, toma mis piernas, a veces parali-
zadas, otras veces en camino hacia el mal,
trepando hacia el poder y la gloria vana, o
dando vueltas y vueltas, incapaces de avan-
zar. Conviértelas en valentía, en marcha de-
cidida, en camino hacia el otro, en búsqueda,
como las piernas de Cristo.

Espíritu, toma mi corazón, que se deja enga-
ñar y atrapar por tantos afectos torcidos, que
se asfixia entre tantos deseos que lo dejan
vacío y ansioso, que se endurece para que no
le quiten nada, que se llena de criterios mun-
danos, que se vuelve negativo, duro, calcu-
lador. Tómalo Espíritu Santo, y conviértelo
en ternura, en compasión, en libertad. Hazlo
hambriento de Cristo, sediento de su amor, y
capaz de amar como él al más pequeño, al
más simple, al más pobre."

22 El Espíritu Santo es el amor que une al Padre y
al Hijo, y por eso es el que realiza también la unidad
entre nosotros. Él es quien derrama el amor en nuestros corazones (Rom 5,5) para que podamos amar
de verdad, construir puentes sobre los ríos que nos
separan, destruir las barreras que nos dividen.

Es importante darse cuenta de la relación
tan íntima que hay entre el Espíritu Santo y cada

acto de amor que nosotros hacemos. Cuando estoy amando a un hermano estoy haciendo una experiencia de la Persona del Espíritu, estoy poseyéndolo y gozando de un modo particular a ese Amor que es el término infinito de esa inclinación de amor que hay entre el Padre Dios y su Hijo.

Es difícil entenderlo, pero es maravilloso tratar de vivirlo, reconocer la proyección infinita que tiene un solo acto de amor sincero.

23 El Espíritu Santo no sólo habita en la intimidad de cada ser humano. Él habita en la Iglesia entera. El amor es el vínculo perfecto de la unidad del cuerpo místico, y es el dinamismo del amor el que crea esos lazos misteriosos que hacen de un conjunto de individuos un solo cuerpo místico. La obra del Espíritu en el corazón de los hombres, a través del don del amor, posee un dinamismo eclesial, comunitario, popular. Por eso la Escritura pone en estrecha relación al Espíritu con el cuerpo místico fecundado por él (1 Cor 12,13), o con la Iglesia-esposa (Apoc 22,17). Pero además, la Escritura relaciona explícitamente al Espíritu con la "comunión" fraterna (2 Cor 13,13) y con la unidad (Flp 2,1; 1 Cor 12,3; Ef 4,3-4).

El Espíritu, modelo ejemplar de nuestro amor, es el término del amor de dos Personas, es la inclinación en que culmina el amor del Padre y del Hijo.

Por eso, el dinamismo del amor en el corazón del hombre, necesariamente mueve a buscar la comunión con los demás.

Pero si nosotros nos resistimos al encuentro con los demás y nos aislamos en nuestros propios intereses, terminaremos expulsando al Espíritu Santo de nuestras vidas, y nos quedaremos terriblemente solos por dentro.

24 El Espíritu Santo también nos ayuda a descubrir que no somos dioses, que no somos el centro del mundo, que no vale la pena vivir cuidando la imagen y alimentando el orgullo. La verdad es que somos muy pequeños y pasajeros, y que no vale la pena gastar energías detrás de la vanidad o de la apariencia. Nuestro valor está en ser amados por Dios, no en la opinión de los otros.

Por eso los sabios son humildes, los que se dejan llenar por el Espíritu Santo son sencillos y no se dan demasiada importancia: los verdaderos santos son humildes.

Porque el Espíritu Santo no puede trabajar en los corazones dominados por el orgullo. Están tan llenos de sí mismos que allí no hay espacio para el Espíritu Santo; están tan ocupados cuidando su imagen que no tienen tiempo para abrirse a la acción divina.

Pero la humildad que infunde el Espíritu Santo no es la tristeza de las personas que se desprecian a sí mismas. Es la sencillez de quien se ha liberado del orgullo, y entonces sufre mucho menos. No tiene que preocuparse tanto por lo que digan los demás, y eso se traduce en una agradable paz, en una sensación interior de grata libertad.

25 Hoy celebramos la anunciación del ángel a María. Esto significa que estamos celebrando el momento en que el Hijo de Dios se hizo hombre en el vientre de la Virgen santa.

Pero eso es obra del Espíritu Santo (Lc 1,35).

Por eso, hoy festejamos esa acción maravillosa del Espíritu Santo que fue formando a Jesús dentro de María. La encarnación del Hijo de Dios debería llevarnos a una tierna gratitud y a una profunda alabanza al Espíritu Santo por esa obra tan preciosa.

Es bueno recordar que toda la belleza de Jesús, de su mirada, de sus palabras y de sus acciones, ha sido obra del Espíritu Santo, que lo formó admirablemente.

Por eso, nosotros podemos pedirle al Espíritu Santo nos forme de nuevo en el seno de María, para renacer a una vida mejor, transformados, embellecidos, y liberados de todo lo que arruina nuestra existencia. De esa manera, él nos hará nacer de nuevo, más parecidos a Jesús.

26 *"Ven Espíritu Santo, entra en mi pequeño corazón para que pueda reconocer la grandeza del Padre Dios, y no le dé tanta importancia a mi imagen. Regálame una gran sencillez, para que reconozca claramente que yo no soy, ni puedo ser, el centro del universo. Entonces, los demás no tienen la obligación de estar pendientes de mí, girando a mi alrededor.*

Prefiero girar alrededor del Padre Dios, para adorarlo, y alrededor de los demás, para servirlos. Dame la gracia de ser más sencillo para vivir feliz cada momento sin estar pendiente de mí mismo y de la mirada ajena.

Toma, Espíritu Santo, todos mis orgullos y vanidades, y quema todo eso con tu fuego divino. Dame la sencillez de los santos, la alegría humilde de Francisco de Asís, la generosidad desinteresada de Teresa de Calcuta.

Ven Espíritu Santo, y regálame esa profunda sabiduría de la sencillez interior. Amén."

27 Sería bueno que estuviéramos más atentos a todo lo que el Espíritu Santo siembra en el mundo, en todas partes, aun en aquellos que no tienen fe. El Señor nos invita a un diálogo con el mundo, y nos propone también descubrir los signos de esperanza que hay a nuestro alrededor. No todo está perdido, porque el Espíritu Santo actúa siempre y en todas partes; y aun a pesar del rechazo de los hombres, él logra penetrar con sutiles rayos de luz en medio de las peores tinieblas.

Entonces, la actitud del hombre del Espíritu no es la de señalar permanentemente lo corrupto, sino también la de descubrir y alentar los signos de esperanza.

Ojalá cada uno de nosotros pueda dar un paso maravilloso: salir de la tristeza, de la queja amarga, del rencor, y tratar de descubrir qué ha sembrado el Espíritu Santo en sus amigos, en sus vecinos, en su lugar de trabajo, en su comunidad. Y dedicarse a fomentar, a alentar esos signos de esperanza.

¡Cuánto bien hacen esas personas que son capaces de descubrir y de estimular las cosas buenas que hay a su alrededor! Más que luchar por destruir las sombras, se desviven por alimentar la luz. Y a través de ellos el Espíritu Santo se derrama como lenguas de fuego.

28 *"Ven Espíritu Santo, y toca mi interior con tu divina luz para que pueda descubrir que no todo es negro, porque existes tú, hermosura infinita. No puedo verte con los ojos de mi cuerpo pero tu gracia me permite reconocerte con la mirada del corazón.*

Tú eres maravilloso, Espíritu de vida. Quiero adorarte con todo el corazón por la multitud de tus maravillas, porque todo lo que hay de bello y de bueno en este mundo es obra tuya. Te adoro, porque en ti hay belleza y amor sin confines. Bendito seas. Gloria a ti, que estás en todos los lugares y en cada cosa, que todo lo superas por encima del tiempo y espacio, y todo lo penetras con tu poder invisible. Te alabo porque por todas partes se refleja tu hermosura, porque tú eres un abismo ilimitado de gracia y de esplendor. Pero vives sobre todo en los corazones simples que saben amar. Ven Espíritu Santo. Amén."

29 *"Una vez más quiero llegar ante ti, Espíritu Santo.*

Aquí estoy, pequeño, pero importante porque tú me amas.

Débil, pero firme en la esperanza.

Preocupado por el sufrimiento de muchos hermanos, pero ofreciéndome para acompañarlos en su camino.

Inmerso en un mundo competitivo, pero dispuesto a la comunión y al perdón.

Conmocionado por la pérdida de valores, pero anunciando un mensaje que cambia los corazones.

Aquí estoy invocándote, Espíritu Santo.
Sopla, para que se desplieguen las velas de
mi barca y me atreva a remar mar adentro.
Ven Espíritu Santo. Amén."

30 Una vez más, intento contemplar con una mirada positiva a la gente que hay a mi alrededor, para descubrir los carismas que hay en mis compañeros, familiares, amigos. Es necesario repetir frecuentemente este ejercicio, para que la mirada no se nos vuelva demasiado negativa.

Doy gracias al Espíritu Santo por cada uno de esos carismas que él derrama en los hermanos, y me pregunto cómo puedo ayudarlos para que esos carismas den mejores frutos para bien de todos. Es hermoso dedicarse a regar las semillas buenas que hay en los demás, y ser como el jardinero del Espíritu Santo.

Me detengo a pedir al Espíritu Santo que me libere de los egoísmos y me ayude a hacer un acto de amor sincero y generoso hacia alguna persona. Trato de pensar en alguien que no me despierta simpatía a flor de piel, y me propongo regalarle un momento de felicidad, algo que lo haga sentir bien. Recuerdo que en esa experiencia de amor tendré un encuentro íntimo y profundo con un amor que me impulsa hacia el infinito, con el Espíritu Santo. Vale la pena intentarlo.

31 El Espíritu Santo es el término, el fruto del amor entre el Padre y el Hijo, y por eso es el gran regalo que nos hacen el Padre y el Hijo, derramándolo en nuestros corazones.

El Espíritu que el Padre y el Hijo nos regalan es también el principio de nuestra santificación. Por eso San Buenaventura considera que el Espíritu Santo es la Persona que se relaciona más directamente con nosotros, y de algún modo es el "más inmediato" a nosotros, el más íntimo (I Sent., 18,5, ad 3). Él es quien, poco a poco, puede hacernos verdaderamente santos.

Por eso la Escritura habla del *"Espíritu de la gracia"* (Heb 10,29), o de *"la acción santificadora del Espíritu"* (2 Tes 2,13; 1 Pe 1,2). Él es quien nos va convirtiendo en nuevas creaturas, y va reformando poco a poco los aspectos enfermos de nuestra limitada existencia.

¿Qué es lo que quisieras que el Espíritu Santo cambiara en tu vida?

¿Qué tipo de santidad te gustaría alcanzar?

_____*Abril*

1 El Espíritu Santo es mi santificador, que se acerca a mí, a lo más íntimo, para derramar su santidad. Pero lo más íntimo es el _corazón_. En realidad la palabra _corazón_ está muy desgastada, confundida con un romanticismo barato. Cuando decimos esta palabra pensamos en los sentimientos, pero el corazón es mucho más que las emociones y los afectos superficiales, es cosa seria. ¿A qué se refiere la Palabra de Dios cuando habla del corazón? No olvidemos que es el mismo Dios el que nos prometió: _"les daré un corazón nuevo"_ (Ez 36,26).

El corazón son esas intenciones más escondidas, las decisiones ocultas que no compartimos con nadie, los verdaderos proyectos que nos movilizan, lo que en realidad andamos buscando cuando decimos cosas, cuando tomamos decisiones. Allí quiere entrar el Espíritu Santo para transformarnos. Allí quiere derramarse para que todas nuestras decisiones profundas sean buenas y sanas. Pero sólo puede entrar poco a poco, en la medida en que se lo permitimos realmente. Porque a veces lo invocamos de la boca para afuera, pero hay una parte nuestra donde en el fondo no queremos que toque algunas cosas; creemos que allí estamos mejor solos. Es falso. Allí también lo necesitamos a él para poder ser realmente felices.

2 Hay personas que aparentemente son cristianas, oran, van a Misa, hablan muy bien del Señor, pero en su corazón, en la verdad secreta de su interior, en realidad no buscan a Dios, y al mismo tiempo que rezan, pueden estar planeando destruir a alguien, o maquinando la manera de dominar a los demás, o alimentando odios, o pensando sólo en su propio bien.

Es allí, en esas intenciones escondidas, donde quiere entrar el Espíritu Santo; eso es precisamente lo que más le interesa, porque todo lo demás puede ser cáscara, apariencia, mentira; porque muchas veces la porquería del corazón se disfraza de buenas obras y de bellas palabras: "Satanás se viste de ángel de luz" (2 Cor 11,14).

Ya decían los Proverbios que *"lo que más hay que cuidar es el corazón"* (Prov 4,23). Y por eso mismo afirmaba San Pablo que puedo entregar mi cuerpo a las llamas, o repartir mis bienes, o hacer maravillas, pero que todo eso de nada sirve si no hay amor en el corazón (1 Cor 13,1-3). Nada vale si mi intención más profunda no es el amor al hermano.

Pídele al Espíritu Santo que destruya todas las intenciones torcidas de tu interior y que te llene de su presencia, para que, entonces, puedas hacer todo por amor. Eso le dará un sentido precioso a todo lo que hagas.

3 Me pregunto si de verdad estoy permitiendo que el Espíritu Santo me lleve por un camino de santificación, si realmente he aceptado que la santidad también es para mí, y si he podido descubrir el tipo de santo que el Espíritu Santo quiere hacer de mí. Porque él no destruye mi personalidad, sólo quiere perfeccionarla y liberarla de sus oscuridades. No quiere que yo sea como San Francisco si eso no es lo que me va a hacer feliz. Él ama mi felicidad, y me dará la santidad que me permita ser plenamente feliz, liberado de mis tristezas, miedos, amarguras e insatisfacciones. Pero para eso necesita llegar al fondo, al corazón, y lograr que mis intenciones más profundas sean claras, generosas, sanas y liberadoras.

Por eso, me hago íntimamente las siguientes preguntas, pidiendo la luz del Espíritu:

¿Para qué me levanté esta mañana: para sobrevivir, para cumplir, para alcanzar placeres, para obtener éxito o fama, para ser bien visto, para demostrar quién soy, o para la gloria de Dios y la felicidad de los demás?

¿Cuáles son las segundas intenciones o las intenciones ocultas, no tan santas, que suelen moverme a decir ciertas cosas, a tomar ciertas decisiones, a hacer algunas cosas?

¿Cómo cambiaría mi vida si las verdaderas intenciones de mi corazón fueran siempre buscar la gloria de Dios y el bien de los demás?

4 *"Te adoro Trinidad santísima, Padre, Hijo y Espíritu Santo. Te adoro aunque mi mente no puede alcanzar tu misterio de amor. Te alabo y te bendigo Dios mío, y deseo entrar en esa maravillosa intimidad de tres Personas. Gloria, gloria, gloria. Toda la adoración de mi corazón se eleva a ti, Dios mío. Gloria al Padre, gloria al Hijo, gloria al Espíritu Santo, ahora y por toda la eternidad.*

Ven Espíritu Santo. Te ruego que eleves mi corazón para adorar al Padre Dios, para descubrir con gratitud que él es el Padre de Jesús, pero que también es mi Padre. Te pido que me sostengas, Espíritu Santo, para que me quede en sus brazos paternos y me deje amar por él, reposando en su santa presencia. Amén."

5 *"Ven Espíritu Santo.*
Sin ti no hay vida que valga la pena.
Por eso, desde mis dudas, temores, cansancios y debilidades quiero invocarte.
Ven, Espíritu Santo, a regar lo que está seco, ven a fortalecer lo que está débil, ven a sanar lo que está enfermo.
Transfórmame, restáurame, renuévame con tu acción íntima y fecunda.
Desde mi pequeñez me convierto en mendigo confiado de su auxilio.

Te suplico que vengas a sanarme del egoísmo, de la comodidad, del individualismo.
Libérame de las esclavitudes que enfrían el entusiasmo misionero, para que pueda evangelizar con alegría y coraje inagotable. Amén."

6 La libertad es un sueño y un proyecto, es algo que debe ser conquistado, alcanzado poco a poco con la gracia del Espíritu Santo.

Dice San Pablo que *"donde está el Espíritu del Señor, allí está la libertad"* (2 Cor 3,17).

Santo Tomás de Aquino lo explicaba así:

"Cuanto más uno tiene la caridad tanto más tiene la libertad, porque donde está el Espíritu del Señor está la libertad. Quien tiene la perfecta caridad tiene en grado eminente la libertad" (In II Corint., 3,17; Lect. 3).

¿Qué significa esto?

Nosotros no tenemos que comprar la amistad divina con nuestro buen comportamiento (Gál 2,21; 5,4). Porque esa amistad es infinitamente más grande que nuestras fuerzas. Es un regalo. Además, en el fondo, aunque no cometamos ningún pecado, no podemos liberarnos del egocentrismo del corazón con nuestras propias fuerzas (1 Cor 4,4-5). Por lo tanto, no es tan importante el esfuerzo por cumplir cosas como el dejarse llevar por el Espíritu Santo. Si él nos llena con su gracia, el corazón se reforma, y se nos hace espontáneo hacer obras de amor; ya no hacemos las cosas buenas por obligación, o para sentirnos importantes, sino porque surgen de modo espontáneo del corazón transformado por el Espíritu. Es bello poder amar así, libremente, bajo el impulso del Espíritu Santo.

7 Mi libertad sin el Espíritu Santo es pura apariencia, porque él es la libertad plena. Donde está él presente hay vida, y si él se retira todo desaparece. Pero además, mientras más esté él presente con su gracia, con su impulso, con su amor, más libre soy. Porque él es pura libertad. Si no dejo que él me impulse, entonces me dejo impulsar por mis deseos, mis insatisfacciones, mi necesidad de poseer, y así cada vez necesito más cosas para sentirme bien, y nada me conforma.

Por eso, en lugar de ser libre, me vuelvo un triste esclavo de mis impulsos naturales, y me convierto en una veleta descontrolada que se mueve donde la lleva el viento. Termino perdiendo mi libertad. ¿Quién puede decir que tiene un corazón libre si está infectado y ahogado por los rencores, las tristezas, los deseos egoístas, el orgullo, y nunca se siente satisfecho, y va perdiendo la alegría en ese dolor de la insatisfacción? Mejor busquemos la libertad del Espíritu.

8   Para alcanzar la verdadera libertad tengo que ser completamente sincero ante el Señor, reconocer que estoy atado a diversas esclavitudes, desenmascararlas con toda claridad, y reconocer también que todavía no estoy dispuesto a entregar esos venenos. Sólo debo comenzar pidiendo al Espíritu Santo la gracia de desear la verdadera libertad interior. Así, poco a poco irá surgiendo el deseo profundo y sincero de entregar esas esclavitudes. Entonces el Espíritu podrá hacerme libre, para que recupere la alegría, el dinamismo, la paz. Aunque yo todavía no sepa cómo, y aunque le tenga miedo a la novedad, el Espíritu Santo se encargará de hacerme alcanzar los mejores momentos de mi vida. Porque sólo el que tiene la libertad del Espíritu puede ser auténticamente feliz.

9   _"Espíritu Santo, creo en ti, espero en ti, te amo. Sólo tú mereces la adoración del corazón humano y sólo ante ti debo postrarme. Sólo tú eres el Señor, glorioso, con una hermosura que ni siquiera se puede imaginar. Por eso Señor, no permitas que yo adore cualquier cosa como si fuera un dios, porque ningún ser y nada de este mundo vale tanto._
Te reconozco a ti como dueño, Señor de mi vida. No permitas que pierda la serenidad y la alegría por cosas que no valen tanto.

Sólo abandonándome a ti podré sanar mis angustias, sabiendo que nada de este mundo es absoluto. Señor mío, dame un corazón humilde y libre, que no esté atado a las vanidades, reconocimientos, aplausos. Dame un corazón simple que sea capaz de darlo todo, pero dejándote a ti la gloria y el honor.

Dame ese desprendimiento Espíritu Santo, libérame del orgullo, para que pueda trabajar buscando tu gloria.

Ven Espíritu Santo, para que pueda proclamar a Jesús como único Señor y dueño de todas mis cosas, de todo lo que vivo, de todo lo que soy y de todo mi futuro. Ven Espíritu Santo. Amén."

10 "Espíritu Santo, te doy gracias por tu llamado de amor, porque me permites colaborar con tu obra y me das fuerzas para servirte.

Acepto la misión que me has confiado para extender el Reino de Jesús.

Quiero mirar el mundo con los ojos de Jesús, con la luz del Evangelio.

Ayúdame Espíritu Santo, a reconocer los desafíos del mundo de hoy, para que pueda ofrecer mi humilde aporte.

En un mundo que está perdiendo muchos valores preciosos, enséñame a comunicar el estilo de vida de tu Evangelio.

En un mundo donde muchos te buscan pero equivocan el camino, ayúdame a mostrar la belleza de tu Palabra con todas sus exigencias. En un mundo donde muchos hermanos sufren injustamente la miseria y son excluidos de la vida social, transfórmame en un instrumento de solidaridad y de justicia. En un mundo donde crecen el individualismo, la competencia y las divisiones, conviérteme en un instrumento de diálogo, de unidad y de paz. Ven Espíritu Santo. Amén."

11 El Espíritu Santo es amor, y por eso siembra la unidad, motiva la fraternidad, impulsa al encuentro y al diálogo. Pero para aprender a dialogar es necesario ejercitar los dones que nos regala el Espíritu Santo.

Nunca perdemos el tiempo si nos detenemos a dialogar con alguien, por más superficial que nos parezca. Siempre nos ayudará a no encerrarnos en nuestras propias ideas e intereses, nos exigirá abrir la mente y el corazón. Dialogar con los demás es una gran ayuda para nuestro crecimiento espiritual, para mantenernos psicológicamente sanos, para no evadirnos de la realidad que nos supera.

Los que vivimos en el mundo estamos llamados a encontrar a Dios en el encuentro con los demás. Porque Dios habla y ofrece su amor también en medio de la gente a la cual él mismo nos envía.

El Espíritu Santo otorga permanentemente luces e impulsos en medio de una conversación; la presencia de Cristo resucitado es tan real en medio de un encuentro fraterno como en los momentos de silencio y quietud.

Pidamos al Espíritu Santo que él nos enseñe el arte de dialogar.

12 Pido la luz al Espíritu Santo para descubrir cuáles son mis profundas esclavitudes, qué cosas me hacen sufrir inútilmente, qué cosas me quitan la alegría de vivir, de dónde vienen las tristezas, los rencores, las insatisfacciones que llevo dentro.

Trato de enfrentar con claridad esas esclavitudes ante la mirada de Cristo, y tomo conciencia de mis planes: ¿realmente quiero liberarme de esas esclavitudes, o en el fondo prefiero seguir así?

Pido al Espíritu Santo la gracia de descubrir que él es la verdadera libertad, y me detengo a pedir con insistencia el deseo de liberarme y de recuperar el aire, el entusiasmo por vivir, las ganas de crecer y de amar, el gozo de ser amigo de Jesús.

Me imagino cómo sería mi vida cotidiana, mi trabajo, mi encuentro con los demás, si dejara que el Espíritu Santo me diera la verdadera libertad.

Trato de salir de la oración dispuesto a vivir así en cada momento.

13 *"Ven Espíritu Santo. Te ruego que me en-
señes a orar, que me ayudes a destruir las
falsas imágenes que tengo de ti. Quiero cambiar todas las costumbres y estructuras que
ya no me sirvan para encontrarme contigo.*

*Que todo mi ser entre en tu presencia, que
pueda adorarte con todo lo que soy y te permita entrar en todas las dimensiones de mi
ser: en mi mente, en mi imaginación, en mis
afectos, en mi cuerpo.*

*Entra también en mi vida cotidiana, para que
te reconozca en medio de mis trabajos, mis
relaciones, mis proyectos, mis límites, mis
angustias, mis alegrías, mis sueños. Despierta
en mi corazón el deseo de ti, alimenta con tu
fuego las ansias de ti, el hambre de tu amor, el
anhelo de tu amistad y de tu presencia.*

*Atráeme, Espíritu Santo, hacia el amor sin
límites, hacia ese abismo de vida que eres tú.
Llévame contigo hasta las cumbres de la vida
mística, para que conozca todo lo que eres
capaz de hacerme probar. Dame audacia y
valentía para atreverme a esa aventura, para
que puedas penetrarlo todo. Quiero entrar en
tu amistad con toda mi sinceridad, para que
bañes con tu luz todo lo que vivo.*

*Toca mi interior, mi Dios, para que viva de ti,
para que sepa de verdad que en ti está la fuente de la vida. Ven Espíritu Santo. Amén."*

14 Podemos imaginar al Espíritu Santo como si fuera agua que se derrama, que inunda, que penetra. Jesús prometió derramar torrentes de agua viva, y dice el Evangelio que se refería al Espíritu Santo (Jn 7,37-39).

En la Biblia el agua no aparece sólo con la función de limpiar o purificar, sino sobre todo con la misión de dar vida, de regar lo que está seco para que puedan brotar las semillas, crecer las hojas verdes, producir frutos en abundancia: *"A la orilla del río, en los dos lados, crecerá toda clase de frutales; no se marchitarán sus hojas, ni sus frutos se acabarán; darán cosecha cada luna, porque los riegan aguas que manan del santuario"* (Ez 47,12). Los profetas lo habían anunciado:

"Brotará un manantial en el templo del Señor" (Joel 4,18; Zac 14,8).

"Voy a derramar agua sobre la tierra seca, y torrentes en el desierto" (Is 44,3).

"Sacarás agua con alegría del manantial de la salvación" (Is 12,3).

El agua prometida es el Espíritu Santo, que brota para nosotros del costado de Jesús resucitado. Es agua para regar esa tierra reseca y agrietada de nuestra vida, para que podamos dar fruto abundante, para que nos alegremos en la cosecha.

15 *"Ven Espíritu Santo, como río de fuego,*
ven como un torbellino de luz.
Ven a derramarte
como un manantial de vida desbordante.
Tú conviertes mi interior
en una pradera verde y serena
donde habita la paz.
Espíritu Santo, ven,
como un impulso de viento que renueva.
Porque eres fuerza joven,
empuje saludable de vitalidad.
Déjame entrar en tu abismo luminoso,
y bailar de alegría, y nadar
entre una multitud chispeante de estrellas.
Acaríciame con tu soplo cálido que es amor.
Ven, Espíritu Santo,
Espíritu, libertad.
Ven, no te detengas, ven..."

16 Nosotros somos templos del Espíritu Santo.
Por eso San Pablo reprochaba con preocupación:
"¿No saben que son templos de Dios y que el Espí-
ritu de Dios habita en ustedes?" (1 Cor 3,16).

Muchas veces nos sentimos indignos porque
dentro de nosotros habitan muchas cosas oscuras:
rencores, malas intenciones, recuerdos dolorosos,
egoísmos, etc. Entonces de alguna manera nos

despreciamos a nosotros mismos. Sin embargo, la Palabra de Dios nos invita a reconocer nuestra dignidad, porque el mismo Espíritu Santo quiere habitar en nosotros. En realidad, él ya vive en nosotros, pero quiere penetrar más y más hasta transformar e iluminar el más escondido rincón de nuestra vida. Eso a veces nos da un poco de temor, porque no queremos ser invadidos. Sin embargo, nada malo puede hacernos el Espíritu de vida. Al contrario, donde él entra abunda la paz, la alegría, la libertad. Es bello descubrir que él mismo, el infinito, el bellísimo, el poderoso, la pura luz, quiere habitar cada vez más dentro de mí. Yo soy pequeño, soy pobre, soy limitado, pero el Espíritu divino desea habitar en mí. ¡Gracias Señor!

17 *"Hoy quiero contemplarte, Espíritu Santo, junto al Padre y al Hijo, en esa Trinidad santísima.*

Dame tu gracia para reconocer tu hermosura, ese misterio profundo de Dios.

Porque tú vives junto al Padre y al Hijo en una infinita comunicación de amor.

Así descubro que Dios es comunidad, y que cada uno de nosotros ha sido creado según ese modelo divino.

Por eso, Señor, cuando te contemplo, reconozco que no puedo vivir solo, que en lo más

*profundo de mi ser está el llamado a vivir
con otros, en unidad y amor.*

*Puedo ver una vez más que nadie vive con dig-
nidad si escapa de los demás, o si es excluido
de la vida social.*

*Y así, Dios mío, contemplo tu misterio de
amor y de unidad que puede sanar las divisiones, los egoísmos y el individualismo.*

*Tómame como instrumento de tu amor infi-
nito, Espíritu Santo, para que pueda evangelizar sembrando comunión fraterna, justicia
y solidaridad. Amén."*

18 Al Espíritu Santo se lo suele representar como una paloma: *"Contemplé al Espíritu, que bajaba del cielo como una paloma, y se posaba sobre él"* (Jn 1,32).

¿Por qué una paloma?

Podríamos pensar en su suavidad, en la blan-
cura, en la delicadeza. También podríamos decir simplemente que viene del cielo, de la presencia de Dios. Pero en realidad, la primera vez que aparece una paloma en la Biblia es para anunciar el fin del diluvio (Gen 8,11), para traer el gozo de la liberación y de la vida nueva.

El Espíritu Santo sólo trae buenas noticias. Es enviado por el Padre como mensajero de paz y de esperanza. Por eso, al posarse sobre Jesús, está diciendo: *"Ésta es la buena noticia, aquí está el Salvador; éste es el que viene a liberar, a sanar, a devolver la paz y la justicia"*.

Cuando el Espíritu Santo aletea y se asienta en nuestro interior, nos hace experimentar el consuelo y la esperanza, nos hace levantar los ojos, nos ilumina la mirada, nos permite descubrir que en medio de tantas miserias hay algo sobrenatural que puede cambiar las cosas. Es la paloma que trae noticias de esperanza.

19 Cuando entre nosotros nos unimos con un amor sincero y generoso, estamos reflejando el Misterio del Espíritu Santo, que es al Amor que une al Padre y al Hijo. Recordemos que, cuando nos queremos entre nosotros, estamos haciendo una profunda experiencia de lo que es el Espíritu Santo:

"El amor de Dios ha sido derramado en nuestros corazones con el Espíritu Santo que se nos ha dado" (Rom 5,5).

Pero eso se realiza cuando nos amamos de verdad, respetando la diversidad, aceptando que los demás sean diferentes. Compartimos con ellos toda nuestra vida, pero no les exigimos que sean todos iguales.

Esa unidad en la diversidad es un reflejo del Espíritu Santo, porque él une al Padre y al Hijo, que son distintas Personas, pero que comparten todo lo que son en un amor infinito.

Cuando vivimos unidos en el amor, respetándonos y valorándonos, estamos reflejando ese Misterio infinito de las tres Personas divinas.

20 Tenemos que decir que las tres Personas de la Trinidad habitan en nosotros porque están permanentemente dándonos la vida. Así viven en nosotros como el Creador en su criatura amada. Pero cuando estamos en gracia de Dios esa presencia es mucho más maravillosa, porque habitan en nosotros como Amigos, y todo lo bueno que podamos hacer nos va acercando cada vez más a una intimidad amorosa con Dios, a un conocimiento profundo, a la vida eterna.

Además, cuando estamos en gracia de Dios, podemos decir que de un modo especial habita en nosotros el Espíritu Santo, que es el "dulce huésped del alma". Porque cuando estamos transformados por la gracia, el Padre y el Hijo están derramando en nuestra intimidad el Espíritu Santo, que experimentamos en la vivencia del amor.

Por ejemplo, cada vez que confesamos nuestros pecados, o recibimos la Eucaristía, lo más importante que se derrama en nosotros junto con la gracia es el amor, y así, movidos por la gracia, podemos hacer actos de amor cada vez más bellos. Ese amor está particularmente unido al Espíritu Santo, y es un reflejo de lo que es él puro amor. Por eso podemos decir que el Espíritu Santo habita en nosotros de un modo especial, y que en los Sacramentos lo recibimos a él de una forma particular.

21 *"Ven Espíritu Santo, ven Señor, glorioso, con una hermosura que ni siquiera se puede imaginar. No permitas que yo adore cualquier cosa de la tierra. No dejes que me llene de ansiedad detrás de las cosas de este mundo, porque ningún ser de este mundo vale tanto, nada es absoluto.*

Espíritu Santo, cura mi ansiedad con tu mirada. Tú eres armonía pura. En ti no hay aburrimiento ni ansiedad. Tú eres vida intensa y plena, pero al mismo tiempo eres una inmensa serenidad. Por eso, si tú invadieras mi vida, mi ansiedad se sanaría por completo. Libérame, Espíritu Santo, de todas las ataduras interiores que me llevan a la inquietud interior, al activismo enfermizo y al desorden. Dios de paz, armoniza mis pensamientos y mis energías. Ordena mi vida para que pueda vivir mejor en tu presencia.

Sana la ansiedad que me enferma, por querer lograr la aprobación de todos.

Derrama en mí tu gracia para que pueda trabajar intensamente, pero sin ansiedades y nerviosismos. Ven Espíritu Santo. Amén."

22 *"Espíritu Santo, todo mi ser está hecho para el encuentro con los hermanos.*
Has puesto dentro de mí el llamado a caminar con los demás. Por eso estoy aquí, en tu presencia, para pedirte que alimentes mi sentido comunitario.
Quiero aprender a trabajar con los demás.
Quiero evangelizar en unión con toda la Iglesia que camina.
Enséñame, Espíritu Santo, a buscar caminos de diálogo y de unidad con los demás cristianos que luchan por tu Reino.
Que nuestra santidad sea comprometida y comunitaria, y no busquemos salvarnos solos.
Tampoco permitas que nos encerremos en pequeños grupos que se sienten superiores.
Toca nuestros corazones y nuestra mirada para que aprendamos a abrirnos a todos, para que podamos llegar a todos.
Y danos la sensibilidad del amor para adaptarnos a lo que ellos viven, a sus inquietudes y necesidades.
Así caminaremos con ellos para extender juntos el Reino de Dios.
Ven Espíritu Santo. Amén."

23 Algunos dicen que el Espíritu Santo es solamente una energía. Pero nosotros creemos que la Biblia no dice eso, sino que es una Persona.

En la Biblia, *Espíritu* es el impulso de Dios, que interviene en el mundo y particularmente en el hombre. En ese sentido, se aplica a la actividad de las tres Personas de la Trinidad que obran unidas.

Pero hay textos donde la expresión *Espíritu* se refiere a *alguien*, indica una Persona distinta del Padre y del Hijo. Así lo vemos, por ejemplo, en el Evangelio de Juan. Allí se le da también el nombre de Paráclito, y se le llama el *otro* Paráclito, para distinguirlo de Cristo; y se le atribuye la misión de *recordarnos* lo que Cristo enseñó. Se dice, por otra parte, que el Padre lo envía. Se le menciona con el pronombre *aquél*, que no se utiliza para referirse sólo a una energía o a un impulso impersonal, sino para hablar de una Persona (Jn 14,26; 16,7-15).

También podríamos mencionar 1 Cor 12,11 donde se le atribuye un poder de decisión personal: reparte los dones como él quiere. Finalmente, mencionemos Gál 4,6, donde se dice que el Espíritu clama "Padre", lo cual remarca que se distingue del Padre.

Sin embargo, aunque es una Persona distinta, el Espíritu no permite que nos detengamos en él, porque siempre nos orienta a Cristo, y al Padre. Lo que él nos comunica es lo que recibe de Cristo (Jn 16,14-15), y lo que nos recuerda son las enseñanzas de Cristo. Pero además, él nos hace clamar: "Padre" (Gál 4,6; Rom 8,15). Él, con la seducción sublime de su gracia, hace que nos enamoremos de Cristo y que nos dejemos atraer por Dios Padre.

Pidamos al Padre Dios que derrame en nosotros ese magnífico regalo del Espíritu Santo, porque su Palabra lo ha prometido:

"Y si ustedes, que son malos, saben dar cosas buenas a sus hijos, cuánto más el Padre del cielo dará el Espíritu Santo a los que se lo pidan" (Lc 11,13).

24 Quisiéramos vivir con más profundidad, ser personas más espirituales, realmente transformados por el Espíritu Santo. Pero no vemos grandes cambios en nuestra vida.

Si nos miramos a nosotros mismos con sinceridad podremos descubrir que en nuestro interior no está la profundidad que deseamos. Allí también hay límites e incoherencias. Posiblemente encontremos mucho egoísmo allí adentro, y lo que llamamos "amor al prójimo" quizás sea sólo una necesidad de satisfacciones afectivas, quizás sea sólo una forma de egoísmo, de estar encerrados en nuestras propias necesidades y de buscar a los demás sólo para que nos hagan sentir bien. Por eso parece que ese amor se acaba cuando los demás contradicen nuestros proyectos, cuando no nos dan la razón, no nos elogian, o no dicen lo que nos interesa escuchar.

Entonces, la incoherencia y el vacío también están dentro de nosotros mismos.

Por eso, cuando buscamos la soledad y nos encontramos con nosotros mismos a veces sólo estamos escarbando en el vacío. Porque nuestra interioridad sólo tiene vida y hermosura si allí está presente el Espíritu Santo, y si nos dejamos cambiar por él.

Sin esa luz del Espíritu Santo, terminamos confundiendo a Dios con nuestros pensamientos, con nuestra confusión mental, con nuestros sentimientos tan cambiantes. Y Dios es mucho más que todo eso, mucho más.

Si queremos ser verdaderamente profundos, busquemos al Espíritu Santo.

25 *"Aquí estoy, Espíritu Santo,*
dispuesto a ofrecerte parte de mi tiempo.
Escuché tu llamado al servicio
y estoy intentando seguir a Jesús
en esta misión que me confías.
Necesito tu compañía y
la fuerza de tu gracia.
Dame un profundo gusto por mis tareas,
un intenso fervor y una profunda alegría.
No confío en mis fuerzas

ni en mis capacidades
sino en tu constante ayuda.
Pero te ofrezco todo lo que soy,
todas mis capacidades y talentos,
mi imaginación y mi creatividad,
mi inteligencia y mis energías,
mi emotividad y mi capacidad de amor.
Quiero que todo esté al servicio de tu gloria,
para que el bien y la verdad
puedan triunfar en esta tierra.
Ven Espíritu Santo. Amén."

26 La profundidad está en Dios, que es la perfección acabada de todo ideal humano. El Espíritu Santo es Dios, y él tiene la capacidad de tocarlo todo con su luz. Por eso puede hacernos capaces de reconocerlo también en los demás.

Si en los otros sólo vemos miseria, porque tenemos los ojos heridos, el Espíritu Santo puede manifestarse y hacernos descubrir muchas cosas preciosas que hay en los hermanos.

Con el Espíritu Santo, además, podemos liberarnos poco a poco de la superficialidad y de la incoherencia, y volvernos comprensivos, generosos, amables, sinceros, disponibles.

Su Palabra nos enseña que *"quien dice que está en la luz pero no ama a su hermano, está todavía en las tinieblas"* (1 Jn 2,9), y que *"el que no ama permanece en la muerte"* (1 Jn 3,14). Entonces, estamos descubriendo lo más importante: Si alguien quiere salir de la superficialidad y ser profundo, su camino es el amor a los hermanos.

Si yo no me encuentro con los demás, si no los amo, si no busco su felicidad, entonces nunca alcanzaré la profundidad y me engañaré a mí mismo con falsos misticismos. En cambio, si soy capaz de salir de la queja, de la crítica inútil, del egoísmo, y doy el salto del amor para encontrarme con los demás así como son, entonces se disipan las tinieblas y puedo ver con claridad. Sólo así puedo alcanzar la verdadera profundidad espiritual. Un acto de amor es lo más profundo y noble que puede vivir un ser humano.

El Espíritu Santo puede derramar ese amor en nuestros corazones y hacerlo crecer.

27 Junto con la Persona del Espíritu Santo, está la esperanza. Porque donde está presente el Espíritu Santo siempre hay un futuro posible, siempre renacen los sueños, siempre se nos abre algún camino.

El Espíritu es como una fuerza que nos lanza hacia adelante, que no nos deja vivir sólo del pasado ni permite que nos anclemos en lo que ya hemos conseguido.

Él impulsa, pero hace que nosotros caminemos; no nos arrastra como a muñecos, sino que nos lleva a tomar decisiones, a usar nuestros talentos, a organizarnos, a trabajar juntos por un futuro mejor, a buscar la justicia y la solidaridad:

"El Espíritu construye el reino de Dios en el curso de la historia... animando a los hombres en su corazón y haciendo germinar dentro de la vivencia humana las semillas de la salvación definitiva" (Juan Pablo II, TMA 45).

Y aunque no podamos lograr ahora todo lo que desearíamos, sabemos que el Señor le prepara a sus amigos una felicidad que no tiene fin, allí donde rebosaremos de gozo en su presencia gloriosa (Apoc 21,1-5). Hacia esa Ciudad celestial, que no podemos ni siquiera imaginar, nos quiere llevar el Espíritu Santo, y él nos hace caminar con seguridad hacia esa feliz plenitud:

"La esperanza no falla, porque el amor de Dios ha sido derramado en nuestros corazones con el Espíritu Santo que se nos ha dado" (Rom 5,5).

28 Un manco puede ser feliz sin una mano. Lo será si acepta que eso que le falta es sólo una parte, porque la vida es mucho más que eso. Si lo piensa bien, reconocerá que, si no le faltara eso, le faltaría otra cosa, porque nunca podemos tenerlo todo.

Porque nuestra vida será siempre algo limitado, pero no por eso deja de ser bella, a su manera. Que no se te escape.

Esto no significa no tener objetivos, no tratar de alcanzar cosas nuevas, o dejar de proponerse algo más. Porque eso también es parte de la felicidad. Pero siempre que uno ame y valore más lo que tiene y no tanto lo que no tiene. Porque si uno ama mucho lo que no tiene, y poco lo que sí tiene, siempre estará tristemente insatisfecho, con una especie de vacío en el corazón.

El Espíritu Santo quiere abrirnos los ojos para que aprendamos a vivir nuestra vida así como es, con sus valores y sus límites, sin estar envidiando la vida ajena y comparándonos con los demás.

Cada uno tiene que hacer su propio camino y recorrerlo con todo el corazón, porque tiene que vivir su vida, no la de los demás.

A veces hay que detenerse a mirar la propia vida bajo la luz del Espíritu Santo, hasta que podamos reconocer que también nuestra vida es bella, con todas sus imperfecciones, carencias y límites. Dejemos que el Espíritu Santo nos ayude a aceptarnos a nosotros mismos y a aceptar la vida, para emprender el viaje de cada día con un corazón abierto.

29 Hoy contemplamos lo que hizo el Espíritu en la vida de Santa Catalina de Siena. Por una parte, en ella vemos realizada la sabiduría de los sencillos, porque Catalina era una mujer analfabeta, sin formación, que llegó a explicar misterios profundos de la vida espiritual y fue capaz de sacar de sus errores a muchos pretendidos sabios de su época. La acción del Espíritu en quien se deja enseñar por él, produce la más alta sabiduría, e infunde en los aparentemente débiles un arrojo incomprensible. La humilde e inculta Catalina era capaz de dirigirse al Papa dándole consejos y de reprochar de frente las debilidades de los obispos.

Además, el hombre o la mujer donde obra el Espíritu, que se deja llevar en la existencia por el impulso de vida del Espíritu Santo, pierde el temor al desgaste que pueda ocasionarle su misión; ya no le tiene miedo al paso del tiempo, a la pérdida de energías, y cada vez experimenta una seguridad mayor, prueba *"gozo y paz en el Espíritu Santo"* (Rom 14,17). Por la firme vitalidad que le ha ido dando el Espíritu con el paso de los años, *"en la vejez seguirá dando fruto, y estará frondoso y lleno de vida"* (Sal 92,15).

La vida de Dios en nosotros nos hace experimentar, cuando una parte de nosotros se va desgastando, que hay otro nivel de vida que va creciendo: *"Al cansado da vigor, y al que no tiene fuerzas le acrecienta la energía"* (Is 40,29-31).

Es bueno que hoy pidamos al Espíritu Santo que derrame en nosotros esa sabiduría de los humildes y esa fortaleza de los santos que se dejan conducir por él.

30 *"Ven Espíritu Santo. Ilumíname para que sepa decir las mejores palabras, esas que puedan hacer bien a los demás.*

Tómame Espíritu Santo, para que a través de mis gestos se exprese el amor de Jesús y los demás puedan crecer en la amistad que les ofreces.

Dame flexibilidad y apertura, para que me adapte con sencillez a las necesidades de los otros.

Dame un oído atento, para escuchar lo que tú me digas a través de ellos.

Fecunde y reaviva los carismas que derramaste en mi vida para cumplir mi misión en el mundo.

Guíame, Espíritu Santo. No dejes que confunda el camino.

Enséñame a discernir, para que no me desgaste cuidando la apariencia o buscando fama.

No dejes que ponga mi apoyo en falsas seguridades que me alejan de ti.

Toca mi interior, Espíritu Santo, para que viva de ti, para que me deje llevar por ti don-

de quieras, como quieras, cuando quieras.
Para que mi camino me oriente siempre a
ti, para que siempre esté contigo, para que
sepa de verdad que sólo en ti está la fuente
de la vida.
Gracias, Espíritu Santo, porque puedo parti-
cipar en la construcción del Reino de Dios, y
así puedo crecer en tu amor.
Amén."

_____ *Mayo*

1 El Espíritu Santo es el silencioso artista del mundo.

Los que queremos vivir en su presencia no podemos ignorar su obra. Tenemos que contemplar lo que el Espíritu Santo siembra en nuestra familia, en nuestro barrio, en el mundo, en todas partes, aun en aquellos que no tienen fe. ¿Qué aportamos con nuestro pesimismo? Mejor aportemos ideas y acciones positivas, sabiendo que nada es inútil. Pero si permanentemente estamos mirando y destacando lo negativo, llega un momento en que se nos cierran los ojos y somos incapaces de valorar las cosas buenas que hace Dios.

El Espíritu Santo nos invita también a descubrir los signos de esperanza que hay a nuestro alrededor. No todo está podrido, porque el Espíritu Santo actúa siempre y en todas partes. Aun a pesar del rechazo de los hombres, él siempre se las ingenia para provocar algo bueno donde todo parece perdido.

Una persona llena del Espíritu ayuda a los demás a descubrir y alentar los signos de esperanza. De hecho, eso es lo que hizo Juan Pablo II en su carta sobre el tercer Milenio:

"Es necesario que se estimen y profundicen los signos de esperanza... a pesar de las sombras que frecuentemente los esconden a nuestros ojos" (TMA 46).

Ojalá cada uno de nosotros pueda reconocer lo que ha sembrado el Espíritu Santo en sus amigos, en sus vecinos, en su lugar de trabajo, en su comunidad; y sea capaz de fomentar esos signos de esperanza con palabras de aliento y de estímulo.

Podemos hacer mucho bien si somos capaces de descubrir y de estimular las cosas buenas que hay a nuestro alrededor. Nadie nos ha pedido que gastemos la vida mirando las sombras, sino que nos desvivamos por alimentar la luz.

2 El fuego del Espíritu Santo puede quemar y sanar los malos recuerdos que a veces nos atormentan. Veamos algunos ejemplos:

Pueden ser momentos de soledad o de abandono en la infancia, haber sido insultado, ignorado o despreciado; puede ser falta de cariño de los padres, desprecios y celos de los hermanos o compañeros, momentos de vergüenza, experiencias sexuales molestas, haber sido rechazado por alguien que yo amaba, sufrimientos por no tener cosas que los otros tenían, accidentes, muertes de seres queridos, sustos, enfermedades dolorosas, prolongadas o repetidas, fracasos, etc.

Ahora hagamos una pequeña oración para sanar nuestros recuerdos enfermizos:

"Ven Espíritu Santo, aquí estoy, con todo mi pasado dentro de mí, para pedirte la paz.

Mira Señor que las cosas que he vivido están lastimándome por dentro. Mira esas angustias y dolores que aparecen a causa de ese pasado que no me deja ser feliz.

Ven, Espíritu Santo, a invadir todo mi pasado para transfigurarlo y renovarlo. Pasa por todo mi ser iluminando, sanando y liberando.

Toca todos mis recuerdos y cura todo el dolor y la inquietud que producen en mi existencia.

Pasa, Espíritu de amor, y sáname por todos los momentos tristes y dolorosos, por aquellos días en que no me sentí amado, o fui despreciado, maltratado, lastimado, utilizado, calumniado, olvidado, ignorado. Cura mis recuerdos.

Pasa con tu amor y restaura todo lo que se ha dañado en mi corazón. Cura mi interior y mi cuerpo por todas las malas experiencias que viví. Deja sólo tu inmensa paz y tu ternura.

Como si fuera una herida que se cierra y desaparece, así se sana todo mi ser de esos recuerdos. Y aquello que me hizo sufrir ya no existe. Pasa Espíritu Santo, alivia, cicatriza, restaura.

Amén."

3   *"Espíritu Santo, quiero dejar en tu presencia los frutos de mi trabajo.*

Dame un corazón humilde y libre, que no esté atado a las vanidades, reconocimientos y aplausos.

Dame un corazón simple que sea capaz de darlo todo, pero dejándole a Jesús la gloria y el honor.

Derrama en mí tu gracia para que pueda vivir desprendido de los frutos de mis esfuerzos, para que en mi trabajo busque tu gloria, sin obsesionarme por determinados resultados.

Dame ese desprendimiento, Espíritu Santo, libérame del orgullo, para que pueda trabajar intensamente, pero con la santa paz y la inmensa felicidad de un corazón desprendido.

También te ruego que sanes todo sabor amargo, todo resentimiento, y todo lo que hubo de egoísmo o de vanidad en mi trabajo.

Ayúdame Señor, para que la próxima vez pueda vivirlo con más generosidad, sencillez y alegría.

Permíteme descansar un momento en tu presencia.

Amén."

4 En Mc 3,22-30 se habla de un pecado contra el Espíritu Santo. ¿A qué se refiere?

Esta *blasfemia* contra el Espíritu Santo es la actitud de quien se cierra a la acción del Espíritu poniendo excusas; es ver los signos que Dios nos regala para que creamos, pero hacer callar a Dios con excusas blasfemas con tal de no cambiar los propios planes. Evidentemente, cuando el corazón se cierra de esa manera, el Espíritu Santo no puede actuar.

Este pecado contra el Espíritu Santo se refiere entonces al corazón cerrado que rechaza la Palabra de Dios, rechaza los signos de su amor, y en definitiva rechaza el perdón de Dios. Por eso no puede ser perdonado mientras persevere en esa actitud, ya que Dios no actúa en contra de las decisiones de la libertad humana.

La nuestra es una libertad enferma y débil, pero que nos permite hacer una historia, caer y volver a levantarnos. También nos permite decir que si seguimos el camino de Dios no es porque él nos haya forzado. La iniciativa siempre es suya, y él nos da su gracia para que podamos responderle; pero hay una respuesta que debe brotar de nuestra libre aceptación. El Espíritu Santo es infinitamente respetuoso. Pero no vale la pena cerrarle las puertas y elegir la muerte. Elijamos su amor y su vida, también hoy.

5 *"Ven Espíritu Santo. Quiero decirte que he tenido muchos ideales y muchos sueños, pero con el paso del tiempo se fueron apoderando de mí muchas cosas que me enferman por dentro: rencores, egoísmos, nerviosismos, celos, envidias, tristezas, ambiciones, cansancios o desilusiones.*

Todo eso, poco a poco, me fue quitando la alegría de soñar, de amar, de servir.

Ahora, en lugar de luchar por un mundo mejor, lo que busco es estar tranquilo, que no me molesten, disfrutar de la vida. Yo sé que eso también es bueno, pero me duele haber enfriado mis sueños más hermosos.

Por eso te pido que vengas Espíritu Santo. Ven a devolverme las ganas de hacer el bien, de cambiar algo en este mundo; renueva en mí el sueño de una vida fraterna y solidaria, la alegría de servir y de trabajar con los demás.

Ven Espíritu Santo, para que deje de sobrevivir y vuelva a vivir.

Ven, para que pueda recuperar la alegría y el deseo de luchar por grandes ideales.

Ven Espíritu Santo.

Amén."

6 Para iniciarnos en la vida cristiana, tenemos un tesoro de tres Sacramentos: el Bautismo, la Confirmación y la Eucaristía. A través de estos tres Sacramentos, el Espíritu Santo nos introduce en un precioso camino de fe, de esperanza y de amor.

En los países más cristianos, casi todos han sido bautizados. Una gran mayoría ha recibido la Comunión, al menos una vez. Pero son menos los que han recibido la Confirmación.

¿Será que no es muy importante?

Sí que lo es. Imaginemos un niño, que es bueno, feliz, pero que siempre sigue siendo niño. ¿No será mejor que se anime a enfrentar los desafíos de la vida, que deje de ser niño, y que vaya creciendo como joven y como adulto, para que sea cada vez más parecido a Jesús?

El Espíritu Santo quiere que vivamos con la confianza de un niño, pero no que tengamos una vida infantil. Él espera que seamos espiritualmente adultos, más allá de los años que tengamos. Por eso, aunque ya lo recibimos en el Bautismo, se derrama de un modo nuevo en la Confirmación. Entonces, es un Sacramento necesario para el desarrollo cristiano. Si cuando lo recibimos no estábamos bien dispuestos, tratemos de renovarlo interiormente, invocando al Espíritu Santo que nos marcó como un sello espiritual.

7   Ya los Apóstoles de Jesús acostumbraban imponer las manos a los que habían sido bautizados para que recibieran de un modo especial el Espíritu Santo (Hech 8,15-17).

La Confirmación es el Sacramento que necesitamos no simplemente para salvarnos, sino para alcanzar la plenitud de la gracia del Bautismo:

"A los bautizados el Sacramento de la Confirmación los une más íntimamente a la Iglesia, y los enriquece con una fortaleza especial del Espíritu Santo. De esta forma se comprometen mucho más, como auténticos testigos de Cristo, a extender y defender la fe con sus palabras y sus obras" (Lumen Gentium 11).

Pero eso no significa que sólo un adulto o una persona madura puedan recibirlo, sino que es precisamente el regalo de la Confirmación lo que nos lleva a la madurez espiritual (CCE 1.308).

Demos gracias al Espíritu Santo, porque él se derramó en nosotros en ese hermoso Sacramento.

8   Cuando le pedimos al Espíritu Santo que sane nuestros recuerdos, no tenemos que pensar sólo en lo que nos han hecho los demás. A veces sufrimos más por lo que hemos hecho nosotros mismos. Los remordimientos son recuerdos dolorosos de errores que hemos cometido; errores que nos llevan a despreciarnos a nosotros mismos, y así nos hacen sentir indignos de vivir.

Si no los curamos, los remordimientos no desaparecerán con el paso del tiempo. Podremos disimularnos con la actividad o las distracciones; pero ni bien tengamos un momento de soledad o de silencio, volverán a torturarnos. Y si escapamos de la soledad, aparecerán igualmente, en medio de una conversación o de un pasatiempo, impidiéndonos disfrutar de lo que estamos viviendo. O aparecerán en medio del trabajo y nos harán sentir que lo que hacemos no vale la pena, porque ya no es posible modificar el pasado.

Esos sentimientos quitan la alegría, el entusiasmo, la iniciativa. Son como una mancha que parece arruinarlo todo. Pero no se puede volver atrás para borrar lo que pasó.

Lo mejor es pedirle al Espíritu Santo que nos ayude a reconciliarnos con nosotros mismos, que nos dé su amor para comprendernos y perdonarnos a nosotros mismos con ternura. Porque de nada nos sirve odiarnos y despreciarnos. Dios no quiere eso. Sólo quiere que entreguemos nuestro pasado y marchemos hacia adelante con alegría y con ganas.

A veces es necesario pedir durante un tiempo al Espíritu Santo, la gracia de perdonarnos a nosotros mismos, porque sólo él puede tocar y sanar nuestras angustias más profundas y él nos va liberando poco a poco, a medida que le abrimos nuestro corazón.

9 *"Espíritu Santo, vengo a buscar tu ayuda, en un momento difícil.*

Las dificultades y las desilusiones han apagado mi fervor y la alegría de mi entrega.

Por eso te presento mis cansancios, mis angustias, y todo mal recuerdo.

Quiero unir mi dolor a Jesús en su pasión, para resucitar con él en gozo y esperanza.

Mi Dios. En ti hay infinita alegría.

Alegría que desborda y se derrama luminosa en cada criatura.

El mundo entero es un canto de gozo que brota de tu exceso de amor.

Muéstrame, Señor, la belleza y la bondad de las cosas pequeñas, allí donde habita un remedio para mis tristezas.

Te doy gracias por el agua, la luz, los colores, la voz de mis amigos, las manos, el cielo, la sangre que corre intensamente y me mantiene vivo, el aire y cada simple regalo cotidiano.

Te doy gracias porque de alguna manera siempre puedo hacer algo bueno por este mundo.

Ayúdame a vivir el gozo de la generosidad, la alegría de hacer feliz a otro, el sueño de hacer el bien.

Dame el don de la magnanimidad para buscar siempre algo más en la vida.

Despierta en mi interior, Espíritu Santo, un intenso amor al Padre Dios, para que busque tu gloria con el corazón ardiente, para que me goce en su amistad, y repose en tus brazos cada noche.

Muéstrame las maravillas de tu amor, para que seas mi lugar de delicias, mi tesoro, mi banquete feliz.

Ven Espíritu Santo. Amén."

10 El Espíritu Santo nos lleva a adorar al Padre Dios, y le ofende que adoremos las cosas del mundo. Pero sobre todo le ofende que estemos demasiado pendientes de nosotros mismos, como si fuéramos dioses.

Para no sufrir tanto, y para que mis errores y caídas no me paralicen, tengo que reconocer algo: que yo no soy Dios. Para eso, lo mejor es adorar a Dios, el único que merece ser adorado. Yo no puedo pretender la adoración de los demás, ni pretender adorarme a mí mismo. Sólo él es el Absoluto, sin manchas ni imperfecciones. Todos los seres creados de este mundo somos limitados, y es inevitable que cometamos errores. Y aunque no los cometamos, es imposible que todos estén conformes con nuestra forma de ser y de actuar.

Hay muchas cosas que no sabemos, y no podemos medir todas las consecuencias de todos nuestros actos y palabras. Ignoramos todo lo que hay en el corazón de los demás, no podemos enterarnos de todo, y ni siquiera nos conocemos bien a nosotros mismos. Nuestra forma de ser necesariamente tiene límites. Por lo tanto, reconozcamos que no somos dioses, ni podemos serlo. Nuestras capacidades son tremendamente limitadas. Hay que aceptar esto con serenidad y realismo, y destruir el falso ideal de ser absolutamente perfectos.

Es bueno detenerse algunas veces a pedirle al Espíritu Santo esa sencillez que nos ayuda a aceptar nuestros límites con serenidad. Sólo así podemos tratar de mejorar, pero sin obsesionarnos ni entristecernos demasiado por nuestras debilidades.

Los errores pueden darnos la gran sabiduría de la humildad, la bella virtud de la misericordia, la serena paciencia con los errores ajenos, la capacidad de depender de Dios con sencillez, etc.

Así tenemos que amarnos, como somos: como seres limitados llamados a un permanente crecimiento. Somos una mezcla, una combinación de cosas buenas, de errores y de nuevas posibilidades de cambio. Tenemos que aceptar y amar esa combinación que nos proyecta hacia un futuro mejor.

11 El Espíritu Santo ha hecho en los seres humanos una obra maravillosa. Tenemos muchos y bellísimos ejemplos. Son los seres humanos que han dejado que el Espíritu los transformara. Entonces, él los hizo parecidos a Jesús, puso en sus vidas algo de la hermosura del Salvador, los fue tallando como una piedra preciosa, y ahora son para nosotros como un regalo de amor. Son los santos.

Ellos fueron seres humanos de carne y hueso como nosotros; llenos de debilidades y defectos, como nosotros. Pero también, como nosotros, tenían dentro cosas lindas que el Señor les había regalado. Cuando ellos se dejaron transformar por el Espíritu Santo, él fue purificando todo lo malo y negativo, y regó con el agua de su gracia todas las buenas semillas que llevaban dentro. Por eso fueron santos.

Lo mismo puede hacer en nuestras vidas. Pero nada cambiará si confiamos sólo en nuestras fuerzas y capacidades. Podremos cambiar por fuera, pero por dentro no habrá cambios profundos sin el fuego del Espíritu Santo.

12 El Espíritu Santo me lanza hacia el futuro y me invita a crecer. Pero en realidad, lo que más le interesa es que yo viva la vida con todas mis ganas, que me entregue ahora a lo que me toque vivir. El deseo de ser mejores es importante, pero no tiene que llevarnos a estar siempre pendientes del futuro. Eso nos llena de ansiedad y hace que el presente se vuelva insoportable.

Tengo que optar en primer lugar por el presente, porque es lo que Dios me está regalando, y por eso tengo derecho a vivirlo lo mejor posible. Es Dios quien me da la vida, y eso me otorga todo el derecho a vivir feliz en este mundo.

Más allá de mis errores yo soy amado por Él, que no puede rechazar su propia obra.

Entonces, hoy es un día valioso y estoy llamado a vivirlo. El pasado ya sucedió. No lo puedo borrar, pero ya terminó. Y ese pasado no tiene derecho a arruinar mi vida presente que Dios me está ofreciendo generosamente.

Tengo que vivir hoy de tal manera que pueda sentir que vale la pena que yo exista. Y eso es dejarme llevar por el Espíritu Santo, sabiéndome amado, y entregándome a su amor y a su proyecto, dando lo mejor de mí y disfrutando de lo que pueda vivir en este día.

Ahora mismo me dejo llevar por el Espíritu Santo, y me entrego a vivir esta jornada con paz, confianza, dignidad y creatividad.

13 *"Ven Espíritu Santo, mira todas esas emociones que a veces se sublevan en mi interior. Mira mis nerviosismos, mis arranques de ira, mis reacciones de agresividad, todas las veces que me indigno y me resiento por las* _cosas que me dicen, o por los errores y las imperfecciones de los demás. Ven como lluvia mansa a refrescar mi interior, para que no me queme y me enferme a causa de esas tensiones. Ven como brisa tibia que acaricia y devuelve la calma, ven como música suave que me relaja por dentro, ven como amor y ternura que me ayuda a comprender a los demás._

¿Para qué quiero esos nerviosismos y resentimientos? Ayúdame a usar mis energías para cosas buenas, porque no quiero desgastarme en lamentos y angustias sin sentido. Ven Espíritu de armonía y de serenidad. Ven, para que siempre elija el amor, el diálogo y la amistad. Ven, para que sepa reaccionar con amor, para que pueda vencer el mal con el bien. Porque el amor es siempre el mejor camino. Ven Espíritu Santo. Amén."

14 El Espíritu Santo actúa como quiere y muchas veces nos sorprende con esa libertad divina. Hoy, que celebramos al apóstol San Matías, podemos descubrirlo especialmente. Porque la elección de San Matías se realizó echando suertes (Hech 2,23-26). Ese procedimiento sirvió para conocer la decisión de Dios. Por eso, en la oración los apóstoles dicen: _"muéstranos a cuál has elegido"_ (v. 24). La elección de Matías era una cuestión del amor de Dios, que va más allá de todos los criterios humanos.

Si ellos descubrieron la voluntad de Dios echando suertes, no esperemos que el Espíritu Santo nos ilumine siempre de una manera maravillosa, porque él nos hablará de miles de maneras sencillas y nos ayudará a descubrir lo que él quiere de formas muy ordinarias y poco llamativas.

No sólo Matías fue elegido con ternura. Cada uno de nosotros fue elegido para vivir en amistad con Jesús, y es llamado a cumplir una misión que dé muchos frutos de amor, hasta dar la vida en respuesta a esa elección. Es bello sentirse agraciado, haber sido elegido gratuitamente, sin que uno lo haya merecido o comprado con algo, sin que pueda adquirirlo, exigirlo o esperarlo por algún título u obra personal.

El Espíritu Santo viene muchas veces a nuestra vida para que cumplamos determinadas misiones, no porque seamos perfectos, o porque lo merezcamos, sino por un amor gratuito y libre. Él actúa donde quiere y como quiere. Dejémonos conducir por él.

15 En la historia de la Iglesia tenemos un tesoro de miles de santos diferentes que han reflejado, cada uno a su modo, la belleza de Jesús. Ellos se dejaron tocar por el Espíritu Santo, y él hizo maravillas en sus vidas.

San Francisco de Asís reflejó la pobreza y la alegría del Señor, Santa Rita nos mostró la fortaleza y la entrega de Cristo, San Cayetano nos mostró su predilección por los pobres y su preocupación por los que sufren.

Por eso, cuando nos ponemos a rezar frente a la imagen de un santo, San José por ejemplo, en esa imagen simple de José el Espíritu Santo nos hace descubrir un reflejo de la inmensa ternura de Jesús, nos hace sentir la caricia de su amor que nos dice: "Yo estoy a tu lado, yo no te abandono, yo te quiero".

Pero cada uno tendría que preguntarse ahora: ¿Y yo? ¿Qué querrá hacer de mí el Espíritu Santo? Ninguno de nosotros tiene que repetir lo que fue Santa Rosa, ni San Francisco, ni la Beata Teresa de Calcuta. Cada uno llega a ser santo de un modo particular, porque Dios lo ha hecho distinto, y el Espíritu Santo quiere poner en tu vida un reflejo de Jesús que no había puesto en los demás. Entreguémonos al Espíritu Santo para que haga su obra:

> *"Los exhorto, hermanos, a que se entreguen a Dios como una ofrenda viva, santa, agradable a Él. Ése será el culto espiritual de ustedes"* (Rom 12,1).

16 *"Hoy dejo en tu presencia, Espíritu Santo, a todos mis seres queridos. Porque sólo están seguros si tú te apoderas de sus vidas.*

Penetra en ellos con tu fuerza, cúralos de toda enfermedad y de toda debilidad.

Sana también todo lo que esté herido en su interior, todo mal recuerdo, toda angustia, todo mal sentimiento.

Tú conoces sus perturbaciones interiores y sólo tú puedes liberarlos de sus males más profundos.

Bendice a mis seres queridos, Espíritu Santo. Concédeles éxito en lo que emprendan. Ilumínalos para que acierten en sus decisiones y concédeles que se cumplan sus sueños más preciosos.

Muéstrales el camino para alcanzar su felicidad. Derrama en ellos tu paz, tu alegría, tu amor. Llénalos de esperanza, de luz, de consuelo.

Y transfórmalos cada día, Espíritu de vida, para que puedan madurar y crecer, para que sean cada vez más bellos por dentro. Corrige sus defectos y sus vicios y muéstrales la hermosura de las virtudes.

Derrama en ellos tu amor para que se parezcan cada vez más a Jesús y sigan sus pasos. Llénalos de ti, Espíritu Santo. Fortalécelos, libéralos, inúndalos. Amén."

17 La súplica nos alivia por dentro, porque cuando le pedimos ayuda al Espíritu Santo sentimos que la carga que estamos llevando ya no es tan pesada. Seguro él nos ayudará de alguna manera para que encontremos una salida, y sobre todo para que sepamos cómo enfrentar esa dificultad.

El Espíritu Santo es como un maestro interior, como un médico del alma, como un especialista en masajes interiores que sabe poner las cosas en su lugar. Así, las dificultades no te enferman, no te derriban, no te lastiman tanto, porque él derrama una fuerza, un perfume, un bálsamo que te alivia en medio de los problemas. Por eso, nada mejor que pedirle ayuda al Espíritu Santo.

La misma Biblia nos dice que tenemos que suplicar y pedir ayuda:

"Confía tu suerte al Señor, y él te sostendrá" (Sal 55,23).

"No se angustien por nada, y en cualquier circunstancia recurran a la oración y a la súplica" (Flp 4,6).

"Si alguien está afligido, que ore" (Sant 5,13).

La súplica es descargar las inquietudes en el Señor, sabiendo que él se ocupa de nosotros cuando se lo permitimos realmente (1 Pe 5,7).

Detengámonos un momento a pedirle ayuda al Espíritu Santo, a suplicarle por aquellas cosas que nos preocupan en este momento de nuestra vida.

18 El Espíritu Santo es un manantial generoso, una fuente desbordante que siempre da. Y por eso, siempre nos invita a dar con generosidad. A veces no nos damos cuenta de la verdad de aquello que decía San Francisco de Asís: "Es dando como se recibe".

Si damos con generosidad, en lugar de despojarnos nos enriquecemos, en lugar de vaciarnos, nos vamos llenando de una riqueza superior, que no se ve con los ojos del cuerpo. Lo dice con claridad la Palabra de Dios: *"Hay más felicidad en dar que en recibir"* (Hech 20,35). Creamos en esa enseñanza de la Biblia.

Eso sucede cuando aprendemos a dar con un corazón generoso y sincero, verdaderamente desprendidos de lo que damos. El corazón se llena de fuerza cuando uno da *"no de mala gana ni forzado, porque Dios ama al que da con alegría"* (2 Cor 9,7).

Es muy bello convertirse en un instrumento del Espíritu Santo, para que a través de nosotros él pueda dar, y dar, y dar. Dar sin esperar recompensa, dar sin exigir agradecimientos ni reconocimientos, dar por el solo gusto de dar. Dar sin medida, y sin tristeza.

19 Te propongo que hagas esta oración, que es parte de una antigua plegaria de la Iglesia, que se reza en todo el mundo el domingo de Pentecostés:

"Ven, Espíritu Santo,
y envía desde el cielo,
un rayo de tu luz.
Ven, padre de los pobres,
ven a darnos tus dones,
ven a darnos tu luz.
Consolador,
lleno de bondad,
dulce huésped del alma.
Penetra con tu santa luz
en lo más íntimo
del corazón de tus fieles.
Sin tu ayuda divina
no hay nada en el hombre,
nada que sea inocente.
Lava nuestras manchas,
riega nuestra aridez,
cura nuestras heridas."

Fragmentos de la Secuencia de Pentecostés

20 Ahora te invito a meditar parte por parte, durante varios días, algunos trozos de la hermosa secuencia de Pentecostés, que comienza diciendo: *"Ven Espíritu Santo, y envía desde el cielo un rayo de tu luz"*.

Cuando le pedimos que envíe su luz desde el cielo, esto no significa que él esté allá arriba, lejos de nosotros que estamos aquí abajo

Siempre imaginamos al Espíritu Santo llegando desde arriba, y levantamos nuestras manos a lo alto para invocarlo. Pero en realidad él ya está en nosotros, más cerca que nadie. Lo que hace falta es que nos transforme con esa presencia.

Sin embargo, nosotros miramos hacia el cielo, como si fuera a descender desde allí. Eso en realidad es un símbolo que nos recuerda que él nos supera, que está por encima de todo, que es Dios. Así como el cielo está por encima de nosotros y no podemos abarcarlo, eso vale con más razón para el Espíritu Santo, que es Dios. Nosotros no podemos pretender que ya lo conocemos, que lo podemos dominar, que lo podemos apresar y tenerlo bajo nuestro dominio. Aunque él habita en nosotros, al mismo tiempo nos supera, nos trasciende infinitamente. Si no podemos abarcar el cielo infinito, menos podremos abarcarlo a él. Por eso miramos hacia lo alto invocándolo, y por eso le pedimos que envíe desde el cielo un rayo de su luz.

21 *"Ven padre de los pobres."*

Al Espíritu Santo lo llamamos padre de los pobres, porque él sólo puede actuar en un corazón humilde y sencillo, en los que tienen alma de pobres. Eso no significa que tengamos que despreciarnos o sentirnos inútiles. Sólo significa que reconozcamos de verdad que lo necesitamos, que sin él no podemos nada, que nuestra debilidad necesita su fuerza.

Con él estamos seguros, llenos de confianza y arrojo. Pero al que tiene un corazón pobre no se le ocurriría enorgullecerse por eso, porque sabe bien que todo lo debe al auxilio del Espíritu Santo.

Él muestra su gloria en nosotros cuando de verdad reconocemos nuestra pequeñez y nuestras carencias, cuando no nos aferramos a nuestras riquezas, logros y capacidades, cuando descubrimos que no tenemos nada donde apoyarnos, porque todo es frágil y pasajero.

Los pobres no se sienten tristes por descubrirse pequeños. Al contrario, viven la alegría de depender del Espíritu Santo. Liberados de la vanidad y de la autosuficiencia, están realmente abiertos a la fuerza del Espíritu, y se gozan en su presencia salvadora.

22 _"Consolador lleno de bondad, dulce huésped del alma."_

Es bueno repetir muchas veces estas palabras, lentamente, para que sean como gotas de paz que calmen nuestras perturbaciones.

Porque estas palabras nos ayudan a dejar de resistirnos al amor del Espíritu Santo, ya que no hay nada que temer. En lugar de traernos dificultades y preocupaciones, él viene a consolarnos, viene a ayudarnos a enfrentar todo lo que nos da miedo, viene a darnos calma en medio de las tormentas, viene a decirnos que siempre es posible empezar de nuevo.

En lugar de ser alguien que necesite hacernos daño, él sólo puede desear nuestro bien, porque es amor puro, amor sin mezcla de odios o rencores. Él simplemente está lleno de bondad.

Y en lugar de ser una fuerza que viene a perturbar nuestro interior, o que viene a hacernos sentir la amargura de nuestra pequeñez, él viene a reposar en nosotros con una inmensa dulzura. Nos cuesta reconocerlo, porque nosotros le prestamos mucha atención a los sentimientos negativos que dan vueltas en nuestro interior, pero él es el *dulce* huésped del alma. Si pudiéramos descubrirlo, sabríamos que no hay nada más dulce que su presencia.

23 *"Sin tu ayuda divina no hay nada en el hombre, nada que sea inocente."*

Estas palabras parecen un poco negativas, pero lo que dicen es completamente cierto. Sin la acción del Espíritu Santo no hay nada inocente en nuestras vidas.

Es verdad que sin el Espíritu Santo podemos construir una casa, o ganar dinero, o dar un buen examen; también podemos hacer cosas que en apariencia son virtuosas, como ahorrar dinero, o evitar las drogas, etc. Pero nada de eso es en verdad santo y bello sin la acción del Espíritu Santo. Porque sin él en realidad estamos siempre buscando nuestro interés sin preocuparnos con sinceridad por el bien de los otros. Sin él tampoco nos interesa de verdad la gloria de Dios.

Nosotros podríamos decir que hay personas que no son cristianas, o que son ateas, pero que verdaderamente dan la vida por los demás. Es posible; pero si eso de verdad es sincero y generoso, es porque en ellos está actuando el Espíritu Santo.

Muchas veces él está invitándonos a hacer el bien, pero su impulso no obtiene resultados porque nosotros lo ignoramos o nos resistimos.

Pero si en algún momento lo dejamos actuar, y brota en nosotros un sentimiento verdadero de bondad, o una decisión realmente generosa, tenemos que darle gracias a él. Porque eso sería imposible sin su impulso, sin su invitación, sin su gracia que nos eleva.

24 *"Lava nuestras manchas."*

Imaginemos un valle lleno de basura y suciedad, atravesado por un pequeño río que baja de los cerros, donde nadie se atreve a colocar sus pies desnudos por temor a ensuciarse. Pero de pronto el río empieza a crecer, y su caudal es cada vez mayor. El río crecido, con su fuerza, arrastra todas las basuras y limpia completamente el valle. Al día siguiente, todo está en calma, y corren aguas limpias, que sirven para beber y para bañarse.

Imaginemos todas las manchas y suciedades de nuestro interior. Pensemos no sólo en nuestros pecados, sino en las inclinaciones que han dejado esos pecados; pensemos también en las tristezas y perturbaciones interiores que han quedado por nuestras malas acciones. Y roguémosle al Espíritu Santo que pase como un río caudaloso, que lave, que limpie todo, que se lleve toda suciedad y nos deje blancos, relucientes, verdaderamente liberados.

25 *"Riega nuestra aridez."*

El Espíritu Santo también es como una lluvia, agua que penetra la tierra seca. Somos tierra que cruje y que llora, seca y agrietada. Pero cuando llueve la gracia, nuestro desierto reverdece y se llena de flores, rebosa de vida.

Nosotros hemos regalado nuestra vida a tantas cosas de este mundo, hemos desgastado nuestras energías en tantas tonterías que nos han dejado secos por dentro, sin vida, sin amor, sin hermosura.

Invoquemos al Espíritu Santo para que se derrame como lluvia fecunda, para que haga brotar las semillas buenas que él mismo puso en nosotros.

Él lo ha prometido: *"Derramaré agua sobre el suelo sediento, raudales sobre la tierra seca"* (Is 44,3).

Pidámosle que riegue, que refresque, que renueve con sus gotas divinas, que nos devuelva la vitalidad y la energía, que resucite nuestros sueños y nuestra esperanza. Así se cumplirá la promesa del profeta Oseas:

"Seré como rocío para Israel. Él florecerá como el lirio, y hundirá sus raíces como el Líbano. Sus ramas se desplegarán y su esplendor será como el olivo. Estará perfumado como el Líbano, volverán a sentarse a su sombra, harán crecer el trigo, florecerán como la vid" (Os 14,6-8).

26 *"Cura nuestras heridas."*

¡Cuántas heridas llevamos dentro! Grandes o pequeñas, viejas o recientes, esas heridas están allí adentro, por los recuerdos dolorosos, por las experiencias traumáticas de nuestro pasado, por nuestros fracasos, por nuestros errores, por el amor que nos negaron, por lo que no pudo ser.

Quizá con nuestra mente le quitamos importancia a esas cosas, pero nuestra afectividad sigue sufriendo por esas heridas.

El Espíritu Santo puede entrar en nuestro interior y es capaz de sanar esas heridas. Mostrémosle lo que nos duele, digámosle lo que sentimos, e imaginemos que se derrama como bálsamo que cura y cicatriza, que pasa como caricia suave que cierra las heridas con cuidado y con ternura. Él te lo está diciendo: *"Yo, yo soy el que te consuela"* (Is 51, 2). *"Las colinas se moverán, pero mi amor no se apartará de tu lado"* (Is 54,10). "Yo mismo apacentaré mis ovejas... Curaré a la herida y reconfortaré a la enferma" (Ez 34,15.16).

27 *"Ven Espíritu Santo. Libérame, para que no alimente la impaciencia y el desprecio hacia otras personas.*

Toma mi mirada para que pueda mirar a los demás como Jesús, con inmensa paciencia.

Contemplo a Jesús, tan comprensivo con los pecadores, tan paciente y compasivo con las debilidades de sus discípulos, tan cercano a todos.

Quiero aprender de Jesús, paciente y humilde, para encontrar descanso y alivio en mis impaciencias.

Bendigo a todas las personas que me molestan, que me desagradan, que me cansan, que me perturban, que me interrumpen.

Las bendigo para que sean cada día más bellas y santas, para que reflejen tu amor y tu hermosura.

Pasa tu mano por sus vidas para que sean felices.

Ven Espíritu Santo a mi vida, penetra en mi interior, acaríciame con tu divina calma. Cura las heridas de mi intimidad que me llevan a rechazar a los demás.
Sana la raíz de mi intolerancia, de mis malas reacciones, y regálame el don de la paciencia. Amén."

28 El Espíritu Santo derrama en nosotros el fuego del amor, para que amar no sea una obligación, sino una necesidad, un gusto, una elección verdaderamente libre.

Cuando dejamos que el Espíritu Santo nos impulse al amor, entonces ya no somos esclavos de miles de cosas que tenemos que *cumplir.* Somos libres, porque nos brotan espontáneamente las obras que agradan al Señor.

Cuando el Espíritu nos ha transformado, la libertad cristiana es convertirse en esclavos de los demás (Gál 5,13), porque el Espíritu Santo nos libera de nosotros mismos para hacernos uno con el hermano y ganarlo para Cristo: *"Siendo libre, me hice esclavo de todos"* (1 Cor 9,19). Y así, en lugar de perderla, ganamos la más preciosa libertad, la liberación que produce el amor. Porque un corazón generoso es un corazón liberado del peor de los males: la indiferencia.

29 *"Ven Espíritu Santo, limpia mi interior de todo residuo de resentimiento y de malos recuerdos.*

Concédeme recordar el pasado con serenidad, sin rencores ni tristezas, sin angustias ni temores.

Mi seguridad está en tu amor y en tu fuerza que me abraza.

No permitas que me debilite y me desgaste con faltas de perdón y resquemores.

Arranca de mi interior todo deseo de venganza.

Muéstrame, Espíritu Santo, que la venganza termina cayendo sobre mi propia vida y matando mi alegría y mi paz.

Ayúdame a declarar libres a esas personas que de alguna manera me hicieron sufrir.

Que yo no necesite hacerlos sufrir para sentirme bien.

Derrama en mi interior tu compasión, coloca en mis ojos tu mirada compasiva, para que pueda recordarlos sin rencor y sin angustia.

Libérame Dios mío, para que pueda respirar feliz y caminar sin ataduras interiores.

Muéstrame que hay más felicidad en dar que en recibir, y que siempre es mejor vencer el mal con el bien.

Ven Espíritu Santo.

Amén."

30 Para aprender la libertad del Espíritu Santo hay que dejarse iluminar por la Palabra de Dios.

El Espíritu Santo es quien ha inspirado la Palabra de Dios. Por eso, él puede iluminarnos para comprender esa Palabra. No sólo para que alcancemos una comprensión intelectual de ella, sino para que le abramos el corazón y nos dejemos mover por su exhortación a la conversión.

Porque si el Espíritu no toca los corazones con su gracia, el solo hecho de escuchar la Palabra o de leerla, no llega a producir ningún cambio en nuestra vida. Pero si invocamos al Espíritu y nos dejamos inundar por él antes de leer la Palabra, seremos capaces de ser sinceros ante ella, aceptaremos quedar al descubierto, y así esa Palabra le hablará concretamente a la propia vida, nos hará ver claro el camino, y el Espíritu nos dará la fuerza para seguirlo. Ese es un secreto de los verdaderos cambios.

31 Algunos, ya desde niños, abrieron su corazón a la gracia del Espíritu Santo. Pero otros se resistieron mucho tiempo. Veamos el ejemplo del apasionado y mundano San Agustín. Él mismo nos cuenta cómo gastó muchos años de su vida esclavizado en muchos pecados:

"Ardía en el deseo de saciar mis bajos apetitos, y me convertí en una selva de amores oscuros...

Me excedí en todo... Le concedí a la lujuria todo poder sobre mi vida y con todas mis fuerzas me entregué a ella" (Confesiones 2,1-2).

Pero a pesar de haber conocido de cerca los vicios y todo tipo de placeres, cuando abrió el corazón al amor de Dios, se lamentó de haber gastado sus energías en esas vanidades, se lamentó de no haber encontrado antes el cautivante amor divino: *"¡Qué tarde te amé, hermosura tan antigua y tan nueva!"* (Confesiones 10,27).

Muchos de nosotros no hemos tenido nunca una vida muy desenfrenada, o no hemos experimentado una maravillosa liberación como Agustín. Pero todos estamos llamados a una vida mejor, más santa, más buena (Flp 3,12-14). Invoquemos al Espíritu Santo para poder lograrlo. Él es capaz de transformarlo todo si le damos espacio en nuestra existencia.

Junio

1 Cuando algún problema te agobia, tienes que detenerte a contárselo al Espíritu Santo. Nadie te pide que enfrentes tus dificultades solo. Lo tienes a él. Pero no le cuentes sólo lo que te sucede, sino lo que sientes en tu interior a causa de ese problema. Porque a veces lo peor no son las cosas que nos pasan, sino lo que nos hacen sentir por dentro. Si has discutido con un hijo o con un amigo, quizás no sufras tanto por la discusión, sino porque esa discusión te hace sentir que todos te abandonan, que nadie es fiel, o que eres desagradable y por eso nadie te ama. Quizás eso despierte tu temor a quedar solo y abandonado.

Las cosas que nos pasan despiertan todos nuestros monstruos interiores.

Por eso, es necesario que le cuentes todo al Espíritu Santo, todo eso que da vueltas en tu interior. Porque él puede ayudarte a resolver tu problema, pero sobre todo puede curarte interiormente, para que no te sientas tan débil, para que no te sientas tan solo, para que puedas sacar lo mejor de tu ser y salgas adelante.

Es mejor que derrames todo en su presencia sin ocultarle nada, y que dejes que él te consuele. Porque el Espíritu Santo es el verdadero "Consolador".

2 *"Espíritu Santo, una vez más te pido la gracia de liberarme, Señor. Derrama en mí un profundo deseo de perdonar, de vivir en paz con todos y de comprender profundamente las agresiones y desprecios de algunas personas. Ayúdame a descubrir sus sufrimientos y debilidades más hondas para poder mirarlos con ternura y no juzgarlos por lo que me han hecho. Limpia mi interior, Espíritu Santo, de todo resto de resentimiento y de malos recuerdos. Mi seguridad está en tu amor y en tu fuerza que me abraza. No permitas que me debilite con faltas de perdón.*

Arranca de mi interior todo deseo de hacerles daño y de pagarles con la misma moneda. Es posible reaccionar con el perdón y elevarse por encima de los resentimientos.

Elévame, Espíritu Santo, para que yo no necesite hacerlos sufrir de alguna manera para sentirme bien.

Derrama en mi interior tu compasión, para que pueda recordarlos sin rencor y sin angustia.

Son hijos de Dios, Jesús los salvó con su sangre, son mis hermanos, están llamados a la vida eterna, y tú, Espíritu Santo, vives en ellos. Dame la gracia de perdonarlos sinceramente.

Libérame, Espíritu Santo, para que pueda respirar feliz y caminar por la vida sin ataduras interiores. Amén."

3   Con el Espíritu Santo se derraman en nosotros sus dones más preciosos, que nos hacen más dóciles para seguir sus impulsos, para ser menos esclavos de lo que nos hace daño y dejarnos impulsar hacia las cosas buenas y bellas. Los siete dones son: sabiduría, inteligencia, consejo, fortaleza, ciencia, piedad y temor de Dios (Is 11,1-2).

Si ya has recibido la Confirmación, sería bueno que renovaras la gracia de este Sacramento. Y si no lo has recibido, sería hermoso que lo pensaras.

El rito es muy simple. Consiste en una unción con aceite perfumado (Crisma) que hace el Obispo en la frente, diciendo las siguientes palabras: *"Recibe por esta señal el Don del Espíritu Santo".* Esta unción imprime como un sello permanente en el interior de la persona, y por eso sólo se recibe una vez. Pero una vez recibido, podemos invocar al Espíritu Santo, pedir perdón por nuestros pecados, alimentarnos con la lectura de la Biblia y con la Eucaristía, para que esa gracia de la Confirmación reviva y crezca cada día más, para que el Espíritu Santo pueda reformar plenamente nuestras vidas.

4 Cuando algo se termina en nuestras vidas, el Espíritu Santo quiere aprovechar para hacer nacer algo nuevo, para ayudarnos a iniciar una nueva etapa.

Si nos hemos equivocado, si hemos fracasado, si hemos sido humillados, eso no es la muerte. Tampoco es el fin del mundo. Sólo es el fin de *un* mundo. Pero con el poder y el amor de Dios podemos crear otra vida nueva; otro mundo puede nacer. En medio de una humillación Dios nos invita a amar la vida, a asumir nuevos desafíos. Pero no se trata de conformarnos con cosas insignificantes. Aunque nos hayamos equivocado tenemos derecho a iniciar cosas grandes, que valgan la pena. ¿Por qué no? Quizás la humillación que hemos sufrido sea una purificación que nos prepara para algo más hermoso. No hay que dejar de confiar en las posibilidades que Dios ha sembrado dentro nuestro; hay que atreverse a más, ir por más, buscar algo más.

Cuando empequeñecemos nuestra vida, atrofiamos nuestras capacidades, y no es eso lo que quiere hacer el Espíritu Santo en nosotros.

Nunca hay que dejarse morir, porque creemos en un Dios de la vida, que no nos quiere medio muertos. Ninguna humillación tiene el derecho de arrasar con esa vida que Dios ama. Al contrario, de las cenizas, el Espíritu Santo puede hacer surgir maravillas, si nosotros aceptamos el desafío.

5   Jesús fue bautizado, y el Espíritu Santo descendió sobre él como una paloma (Lc 3,21-22). Pero no fue bautizado porque necesitaba la gracia divina, ya que Jesús siempre tuvo una santidad perfecta.

El Espíritu que desciende sobre él no está significando que Jesús no poseía el Espíritu antes del bautismo, sino que Jesús lo recibe de un modo nuevo, en orden a la misión que tiene que comenzar. El Espíritu que Jesús ya poseía, ahora se manifiesta capacitándolo para salir a predicar y hacer presente el Reino de Dios.

En ese sentido se entienden las distintas "venidas del Espíritu" en la Escritura. Cuando los Apóstoles recibieron el Espíritu Santo en Pentecostés (Hech 2,1-11), eso no significa que antes no lo tuvieran, sino que lo recibían para salir a evangelizar al mundo, capacitándolos para cumplir una misión. Lo mismo vale para el bautismo de Jesús, que desde su concepción ya estaba lleno del Espíritu Santo.

Efectivamente, habiendo recibido una vez más el Espíritu Santo, y luego de cuarenta días de preparación en el desierto Jesús se dirige a Galilea a proclamar la buena noticia, porque *"se ha cumplido el plazo"* (Mc 1,15). Así, en este relato del bautismo de Jesús aparece el cumplimiento de Is 1,11; 64,1.

Podríamos preguntarnos si cada vez que tenemos que comenzar una nueva misión, o una tarea delicada, nos detenemos con fe a invocar el auxilio del Espíritu Santo. Porque cada vez que recibimos una nueva misión o comenzamos algo nuevo en la vida, necesitamos la fuerza del Espíritu Santo para poder hacerlo bien.

6   ¿Qué es lo que no me gusta de mi ser? ¿Qué parte de mi vida siento que está desorientada o desubicada? ¿Qué es lo que trato de ocultar a los ojos de los demás? ¿Qué es lo que me cuesta reconocer de mi propio ser, eso que ni siquiera me gusta recordar?

El primer paso es invocar al Espíritu Santo para poder verlo, y tratar de reconocerlo, mirarlo de frente. Luego, poco a poco, aceptarlo como parte de tu vida y conversar con el Espíritu Santo sobre eso. Si conversando con él realmente puedes decirle que quisieras liberarte de eso, entonces ya has comenzado el camino de liberación. Sólo es necesario que sigas pidiéndoselo cada día y que comiences a intentar dar pequeños pasos para cambiar.

Se trata de ejercitar lo que sería la virtud opuesta a eso que te desagrada. No te desanimes si vuelves a caer, si por cada paso hacia adelante das uno para atrás. Eso sucederá hasta que te convenzas de que es mejor vivir de una nueva manera y estés cómodo con esa nueva vida. Para motivarte a dar esos pasos, es bueno que te preguntes con sinceridad: ¿Qué es lo que quiero hacer crecer en mí? ¿Hacia dónde quiero ir? ¿Qué estilo de vida quiero alcanzar?

Pero también es indispensable que le pidas luz al Espíritu Santo, para que él te ayude a reconocer lo que debes ser. Nadie sabe mejor que él lo que cada uno de nosotros tiene que llegar a ser, esa identidad única, irrepetible, que nadie puede copiar. Por eso, es muy sano detenerse a pedirle a él la luz para ver quién es uno en realidad y quién debe llegar a ser:

> *"A ti levanto mi alma, Dios mío.*
> *En ti confío. Que no sea confundido...*
> *Muéstrame tus caminos, Señor,*
> *enséñame tus sendas.*
> *Guíame en tu verdad, enséñame,*
> *que tú eres el Dios de mi salvación."*

Sal 25,1-2.4-5

7 La Biblia dice: *"Da y recibe"* (Sir 14,16). El amor verdadero no es sólo dar, no es sólo hacer cosas por los demás. Es también recibir de los demás y aprender de ellos con humildad.

No basta derramarme en el otro, hacerme fecundo en él. También tengo que disponerme a recibir algo de él, a reconocer el inmenso valor del hermano.

Cuando el apóstol San Pablo habla del cuerpo místico y de la importancia de los dones de todos, allí la actitud negativa que se describe no es la de no querer dar, sino precisamente la de no querer recibir de los demás, la de no saber gozarse en el don del hermano: *"No puede el ojo decir a la mano: 'No te necesito'... Si un miembro es honrado, todos los demás toman parte de su gozo."* (1 Cor 12,21.26).

La capacidad de beber del cántaro del hermano es fuente de un gozo especialísimo. ¿Acaso puede haber verdadero amor en una pareja si uno de los dos se encierra en sus esquemas, si se siente salvado en sus seguridades, y ya no es capaz de aprender del otro? ¿Ama de verdad alguien que ya no es capaz de admirarse del otro, o de escucharlo con interés, o que siente que ya no lo necesita?

El amor que derrama el Espíritu es una capacidad de dar y también de recibir, porque nos hace reconocer que no somos dioses y que necesitamos de los demás.

8 El Espíritu Santo no permite que vivamos una fe individualista, porque él nos inserta en un cuerpo místico, el cuerpo de Cristo que es la Iglesia, y nos regala dones para edificar ese cuerpo maravilloso donde todos somos importantes y donde nos necesitamos unos a otros (1 Cor 12).

Mientras los criterios de este mundo nos invitan a pensar en nosotros mismos, a acomodarnos lo mejor posible, a desentendernos de los demás, a consumir, a comprar, a no participar, el Espíritu Santo quiere impulsarnos siempre a la unidad.

Su impulso divino busca que todas las cosas y todas las personas se vayan armonizando en una maravillosa unidad. Él es Amor que une personas. Por eso, en este año somos llamados a integrarnos un poco más en la Iglesia, a quererla más, a buscar nuevas maneras de sentirnos parte de ella.

Ya sabemos que eso no significa que tengamos que ser iguales en todo. El Espíritu Santo siembra dones diferentes por todas partes y como él quiere. Por eso, donde él actúa hay variedad, riqueza, novedad.

Pero esos diferentes carismas que él derrama no nos enfrentan ni nos dividen, sino que se complementan, se armonizan, se enriquecen unos a otros, y nos llevan a valorarnos, a reconocernos, a estimularnos entre nosotros.

Sería bueno que frecuentemente pidiéramos la luz del Espíritu Santo para poder descubrir los carismas, las capacidades que él ha sembrado en cada uno de nosotros, para enriquecer a la Iglesia y al mundo con esos dones. Así podemos experimentar el gozo de ser fecundos, de regalarle algo más bello a este mundo, de hacer feliz a otro, de ayudarlo a crecer.

¿Qué te dio el Espíritu Santo para que ayudes a los demás a ser más buenos y más felices?

9 *"Espíritu Santo, tú eres alegría que desborda,
que se derrama luminosa en cada criatura. El
mundo entero es un canto de gozo que surge
como cascadas de vida de tu exceso de amor.
Toca mi interior con tu gracia, Espíritu Santo,
para que pueda tomar parte en esa felicidad.
Muéstrame la belleza y la bondad de las cosas pequeñas.*

*Te doy gracias, Espíritu de vida, por el agua,
la luz, los colores, las sensaciones de la piel, la
voz de mis amigos, las manos, el cielo, la sangre
que corre intensamente y me mantiene vivo.*

*Enséñame a buscar siempre algo más en la
vida. Porque mientras hay vida hay esperanza. Todos los días nacen niños, todos los días
puede aparecer un santo, un sabio, un héroe,
y el amor nos sorprende en cualquier esquina.*

*Despierta en mi interior, Señor amado, un in-
tenso amor a ti, para que te busque con el corazón ardiente, para que me goce en tu amistad,
y repose en tu presencia cada noche con una
sonrisa en los labios. Muéstrame las maravillas
de tu amor, Espíritu Santo, para que seas mi
lugar de delicias, mi tesoro, mi banquete feliz.
Me regocijo en ti, infinito y glorioso.*

*Ayúdame a probar la alegría de Jesús resucita-
do. Dame la potencia de tu gracia para que todo
mi ser sea un testimonio de tu gozo. Amén."*

10 Juan el Bautista anunciaba que el Mesías iba a bautizar *"en el Espíritu Santo y en el fuego"*, purificando todo lo que no sirve (Lc 3,16-17). El Bautismo que trae el Mesías será una verdadera purificación, porque derrama el Espíritu Santo como fuego.

El Mesías cumple aquel anuncio del profeta Ezequiel: *"Los purificaré de toda inmundicia y de toda basura, y les daré un corazón nuevo... Infundiré mi Espíritu en ustedes y haré que caminen según mis preceptos"* (Ez 36,25-27). Esto significa que la manifestación del poder del Mesías se realiza sobre todo en los corazones. Y esa obra interior del Mesías hace que los hombres puedan cumplir de verdad la voluntad de Dios. Porque una predicación atractiva no es suficiente; es necesaria la acción secreta de la gracia de Dios en el interior de la persona.

Pensemos un momento de qué quisiéramos ser purificados, y pidámoslo al Espíritu Santo, que es fuego purificador.

11 La vanidad y el orgullo son causa de muchas tristezas y alejan la alegría del Espíritu Santo. Por eso, cuando vemos que el orgullo quiere apoderarse de nuestro interior, es bueno que nos detengamos a preguntarnos con sinceridad: "¿Es tan importante que me alaben o me critiquen? ¿Acaso soy el centro del universo?"

Y si estoy sufriendo con el orgullo herido porque me han humillado, puedo preguntarme: "¿Acaso no pasará también esta humillación o este fracaso como han pasado tantas otras cosas? ¿No es verdad que todo pasa?" Y puedo repetir: "Todo pasa. Y esto también pasará. Se lo llevará el viento y pronto no tendrá importancia".

Entonces puedo entregarme de lleno a una tarea con libertad interior, no por las caricias que eso pueda aportarle al orgullo. Puedo hacer algo bueno, pero no por orgullo, sino porque reconozco la dignidad que Dios me da y no quiero desperdiciar los dones que el Dios de amor me ha regalado para mis hermanos. Lo hago porque deseo responder a ese amor, y por eso soy capaz de ilusionarme con algo nuevo para el bien de los demás.

Además, si buscamos la aprobación ajena, cuando no recibimos de los demás el reconocimiento que esperamos, comenzamos a sentirlos como competidores. Rumiamos nuestro rencor en la soledad, incapaces de vivir en fraternidad. O procuramos cada vez más llamar la atención para que no nos ignoren, y terminamos molestándolos y arrastrándonos ante ellos, reclamando que nos tengan en cuenta.

Es mejor pedirle todos los días al Espíritu Santo que nos libere del orgullo y de la vanidad, que no sirven para nada. No vale la pena darle importancia a los reconocimientos ajenos. Se los lleva el viento, y no nos dejan nada.

12 _"Espíritu Santo, fuente inagotable de todo lo que existe, hoy quiero darte gracias. Gracias ante todo por la vida, porque respiro, me muevo, siento cosas, mi cuerpo funciona, mi corazón late. Hay vida en mí. Gracias porque a través de mi piel y mis sentidos puedo tomar contacto con los seres que has creado. Porque el aire roza mi piel, siento el calor y el frío, percibo el contacto con las cosas que toco. Gracias porque mi pequeño mundo está repleto de pequeñas maravillas que no alcanzo a descubrir._

Gracias porque tu amor me llega cada día. Me rodeas y me envuelves con tu luz.

Gracias porque estás conmigo en todo lo que me pasa, para que pueda aprender algo de cada cosa que me suceda.

Gracias porque quieres transformar todo mi ser con tu vida divina.

Gracias porque cada día es una novedad, porque siempre hay nuevos signos de tu amor, porque siempre me invitas a algo más, y siempre me llamas a volver a empezar.

¡Gracias Espíritu Santo!

Amén."

13 Hoy la Iglesia celebra a San Antonio de Padua, uno de los santos más queridos en todo el mundo. Detengámonos a contemplar brevemente su figura, porque los santos son como una piedra preciosa que el Espíritu Santo ha hecho, y es bueno detenerse a admirar lo que hace el Espíritu Santo en aquellos que lo dejan actuar.

El popular San Antonio de Padua, muy conocido como un poderoso intercesor, era sobre todo un insigne y valiente predicador. La leyenda cuenta que en una ciudad donde no quisieron escucharle, sació su incontenible necesidad de anunciar el Evangelio predicándole a los peces. Se trata de un símbolo para expresar una misión que toma por entero el corazón y toda la vida de un ser humano.

Llevó no solamente el hábito, sino también la vida pobre y desprendida de San Francisco de Asís.

Debido a los innumerables frutos de conversión de su predicación, acompañada por frecuentes y numerosos prodigios, fue canonizado sólo once meses después de su muerte y venerado con un gran fervor popular.

Antonio, como fiel discípulo de Francisco de Asís, fue muchas veces instrumento de paz y de reconciliación con su predicación apasionada. Sin embargo, este anuncio de paz no significaba consentir el pecado y la mediocridad. Antonio era muy duro con los pecados de injusticia de los ricos y poderosos. Sus sermones en Padua son muy valorados por su fuerte contenido social, que muestran que, para Antonio, la paz era inseparable de la justicia y la solidaridad.

Pidamos al Espíritu Santo que, así como hizo cosas tan bellas en la vida de San Antonio, también las haga en nuestras vidas.

14 *"Ven Espíritu Santo, a regalarme tu vida siempre nueva. Lléname del asombro de un niño para admirar el mundo y la vida. Que no me acostumbre a la vida, que me deje sorprender cada mañana. Porque detrás de cada cosa está tu amor, Dios mío.*

Ayúdame a reconocer que la rutina no existe, porque todo es nuevo cada día, porque siempre hay algo que está comenzando. En cada momento algo precioso está naciendo, y la vida vuelve a brotar por todas partes.

Quiero aceptar los nuevos desafíos que me presentes, Espíritu Santo. Que pueda mirar siempre el horizonte con ilusión, esperanza y entusiasmo.

Toma toda mi vida, Espíritu Santo, y llénala de la eterna novedad de tu amor. Que este día no pase en vano, y pueda descubrir el mensaje que hoy tienes para mi vida. Ven Espíritu Santo. Amén."

15 El Espíritu Santo está siempre, esperando que lo reconozcamos, en lo más íntimo de nuestra intimidad. Y nosotros estamos siempre dentro de él, sumergidos en él que nos envuelve.

Él nos sostiene y nos lleva dentro de sí permanentemente. Él está llenando todo espacio, todo tiempo y todo lugar, y nunca podemos estar fuera de él, o escondidos de su presencia permanente:

"¿Adónde iré lejos de tu espíritu? ¿Adónde huiré de tu presencia? Si subo hasta los cielos, allí estás tú, si bajo hasta el abismo, allí te encuentras. Si tomo las alas de la aurora y voy a parar a los confines del océano, también allí tu mano me conduce, tu brazo me sostiene" (Sal 139,7-10).

Sin embargo, una persona puede reconocer con su mente que el Espíritu Santo está presente, que Dios está allí, pero su corazón no logra comunicarse con ese Dios porque le tiene miedo, o lo rechaza, o por algún motivo desea escapar de él.

Entonces, tenemos que hablarle al Espíritu Santo de ese temor y pedirle que lo sane, para que podamos arrojarnos con todo nuestro ser, llenos de confianza y gratitud, deseosos y necesitados, en su infinito amor.

16 El Espíritu Santo le da a nuestras luchas una finalidad profunda. Por amor al hermano, sabemos que lo mejor que podemos regalarle es a Jesús; y por amor a Jesús, no podemos dejar de hablar de él. Si un día resolviéramos todos nuestros problemas pero no lo tuviéramos a él, seguiríamos siendo infelices. Pero eso es imposible, porque nunca podremos resolver todos nuestros problemas sin él. Porque sin él comienza a reinar el egoísmo, el odio, el orgullo, los vicios, la tristeza. Y entonces nada puede darnos esperanza. Por eso, el Espíritu siempre quiere llevarnos a Jesús, siempre nos abre el oído para escuchar su Palabra, y siempre nos impulsa a evangelizar, a llevar a Jesús a los demás.

Todo esto se une en la misión que tienen los laicos en el mundo. Ellos necesitan invocar permanentemente al Espíritu Santo para llenar el mundo de la presencia de Cristo. Para que los hogares, los lugares de trabajo, los barrios, las asociaciones, y todos los ambientes se inunden de esperanza, de dinamismo, de la vida maravillosa que Jesús nos propuso.

¿Pero por qué el Espíritu Santo no cambia el mundo? ¿Acaso no puede?

Por supuesto que puede, pero no quiere hacerlo sin nosotros. Quiere cambiar las cosas a través de nosotros. Y si no cambian es porque muchos no somos instrumentos dóciles. ¿Cómo está tu docilidad al Espíritu Santo?

17 El Espíritu Santo actúa por todas partes, y deja estelas de luz en la vida de la gente. Él no hace acepción de personas. No le interesa si son negros o blancos, inteligentes o no, famosos o ignorados, fuertes o débiles. Sólo le interesa que son seres humanos, y en todos realiza su obra.

Por eso, no pensemos que el Espíritu Santo está solamente en algunos seres especiales, en los grandes sabios, en personas que saben expresarse o que hablan de una forma muy agradable, o en aquellos que han estudiado mucho y saben muchas cosas. El Espíritu Santo actúa en un ama de casa, en un catequista, en un trabajador. Actúa tanto en un misionero como en un monje, tanto en un niño como en un anciano. En todos logra dejar algo bueno y lo hace de miles de maneras diferentes. Por eso no podemos encasillarlo, y no podemos decir de qué forma actúa. Él actúa como quiere, cuando quiere y donde quiere, y produce actos de bondad, de generosidad y de entrega en todos los corazones.

Él puede derramar algo bello también en un gran pecador, más allá de sus miserias y de sus debilidades.

Es bueno abrir los ojos y ampliar nuestra mente, para que no seamos negativos, y podamos reconocer todas las pequeñas y grandes cosas que hace el Espíritu Santo por todas partes.

18 Cuando leemos la Biblia descubrimos algo muy bello: que Jesús y las personas santas se dejaban arrastrar por el Espíritu Santo. Por ejemplo, Lucas nos cuenta que después de su bautismo *"Jesús, lleno del Espíritu Santo, se alejó del Jordán y se dejó llevar por el Espíritu al desierto"* (Lc 4,1).

También se nos cuenta que, después de que Felipe convirtió al eunuco y lo bautizó, *"el Espíritu del Señor arrebató a Felipe y el eunuco ya no lo vio más"* (Hech 8,39). De golpe, Felipe se encontró anunciando el Evangelio en otros pueblos.

El que se deja llevar de esa manera ya no está obsesionado por lo que hará mañana, porque sabe que el Espíritu lo llevará donde sea necesario, y eso seguramente será lo mejor.

¡Qué bueno cuando un ser humano es capaz de dejarse impulsar con esa libertad y con esa confianza! Ojalá que seas capaz de aceptar esa experiencia, para que conozcas la libertad del Espíritu Santo.

19 El Evangelio de Juan nos dice algo muy interesante sobre el Espíritu Santo: *"El viento sopla donde quiere. Tú oyes su voz, pero no sabes de dónde viene ni a dónde va. Lo mismo sucede con todo el que ha nacido del Espíritu"* (Jn 3,8).

Cuando dejamos actuar al Espíritu Santo, experimentamos algo en nuestra vida, pero no lo podemos explicar ni lo podemos controlar. No es posible prever todo lo que él puede hacer en nosotros, ni podemos calcularlo o contabilizarlo. Escapa a todos nuestros registros, siempre nos sorprende.

Porque él puede actuar en medio de una alegría o de una tristeza; puede regalarnos una gran emoción, pero también puede hacer una obra preciosa en medio de nuestra aridez; puede llevarnos a lugares que nunca imaginábamos, pero también puede hacer maravillas en medio de la rutina y la normalidad. Él actúa con total libertad, y nosotros no podemos ponerle condiciones ni exigirle que lo haga de una manera o de otra. Permitámosle que haga lo que él quiera, porque seguramente eso será lo mejor para nosotros.

20 Nunca habrá verdadera conversión si no permito que el Espíritu Santo entre en lo más secreto de las intenciones que me mueven. Si no permito que me haga ver la falsedad de esas intenciones y no dejo que me las cambie. Pero si lo hago, entonces sí empezaré a vivir de otra manera, seré una nueva criatura, estaré realmente *convertido*.

El corazón nuevo que el Señor quiere infundir en mí es un corazón con intenciones sanas, que de verdad ande buscando el amor, el servicio, la gloria de Dios, y no sólo su propio bien o la gloria humana.

No vale la pena tratar de esconder todo lo que llevo dentro. Si no soy servicial o no soy generoso, no me conviene aparentar lo que no soy y vivir en la mentira. Es mucho mejor reconocer mi egoísmo y pedirle al Espíritu Santo con insistencia que cambie el corazón.

Cuando vivimos tratando de aparentar lo que no somos, llega un momento en que ya no sabemos quiénes somos en realidad, y así es imposible cambiar y crecer.

No hay nada mejor que mirarse a sí mismo con una sinceridad serena. Es posible cambiar poco a poco si le mostramos nuestra verdad al Espíritu Santo y comenzamos a dar pequeños pasos cada día.

21 La Palabra de Dios nos invita a hacer una alianza de amor con el Señor, y el Espíritu Santo nos inspira permanentemente para que recordemos esa alianza, o para que la renovemos. Esa alianza es también una participación nuestra en la Pascua de Cristo, tanto en su muerte (Gál 2,19-20; 6,17) como en su resurrección (Ef 2,5-6; 1 Co 15,14).

El Espíritu Santo nos une a Cristo gloriosamente resucitado y al mismo tiempo nos asocia al misterio de su Cruz vivificadora. Siendo así poseídos, por la acción del Espíritu, se reproduce en nuestra historia concreta el mismo misterio de la Pascua de Jesús. Toda nuestra vida repite de alguna manera la muerte y la resurrección del Señor.

Las relaciones humanas, el trabajo, la enferme- dad, y todas las dimensiones de la vida humana, reflejan el misterio de la muerte y la resurrección del Señor. Por la gracia del Espíritu, esas dimen- siones participan de la vida y de la fecundidad de Jesucristo. Por eso, nunca habrá momentos de pura muerte. Siempre brillará de alguna manera el mis- terio de la resurrección, porque siempre estará él ofreciéndonos su vida.

La vida humana se hace incomprensible sin esta Alianza que Dios ha sellado con nuestra pe- queña existencia en la Pascua de Jesús. Sin esta Alianza, renovada por la acción del Espíritu, sólo quedaría de nuestra existencia una multitud de fragmentos sin sentido.

22 Una persona espiritual, llena del Espíritu, sabe compartir y busca la felicidad de los demás. No se aleja de los otros, sino que sabe descubrir a Jesús en ellos. Hay personas que se creen espirituales, pero en realidad están llenas de rencores y de orgullo, o no son capaces de hacer feliz a nadie. Entonces, en realidad, están lejos de Dios, porque nuestro amor al Dios invisible se manifiesta en el trato con los hermanos visibles: *"El que no ama al hermano que ve, no puede amar a Dios, a quien no ve"* (1 Jn 4,20). Por eso San Pablo llamaba *carnales* a los que vivían en la envidia y la discordia (1 Cor 3,3).

Mientras los criterios de este mundo nos invitan a pensar en nosotros mismos, a acomodarnos lo mejor posible, a desentendernos de los demás, a consumir, a comprar, a no participar, el Espíritu Santo quiere impulsarnos siempre a la unidad, a la participación, al encuentro. Su impulso divino busca que todas las cosas y todas las personas se vayan armonizando en una maravillosa unidad. Él es Amor que une personas. Por eso, en este año somos llamados a integrarnos un poco más en la Iglesia, a quererla más, a buscar nuevas maneras de sentirnos parte de ella.

23 Cuando Jesús se encontró con la mujer samaritana, junto al pozo de Samaría (Jn 4), le hizo descubrir que para adorar a Dios no importan tanto los lugares, sino dejarse motivar por el Espíritu Santo. Lo importante es el encuentro con Dios que se realiza en el corazón por el impulso del Espíritu divino. Ella debía encontrarse con el Dios vivo que venía a salvarla y a saciar su sed más profunda. Por eso Jesús le dijo que hay que adorar a Dios "en Espíritu y en verdad".

Adorarlo "en Espíritu" no se refiere a una adoración meramente interior, sin signos externos, sino a una adoración que brota de un corazón dócil al Espíritu Santo, ese Espíritu que nos impulsa a clamar "Padre" (Rom 8,15).

Adorar a Dios "en verdad" significa adorar al verdadero Dios, que es el Padre amante y misericordioso que nos ha revelado Jesucristo.

Pidamos a Jesús que derrame en nosotros el agua viva de su Espíritu Santo, para que aprendamos a adorar:

"Señor, habla a mi corazón, siéntate junto a mi pozo y sedúceme con tu Palabra. Derrama en mí la vida del Espíritu Santo. Porque tengo sed de ti Señor, y sólo tu agua viva puede saciar el intenso anhelo que hay en mi interior. Dame a beber de ti, para que nunca más tenga sed."

24 Hoy celebramos el nacimiento de Juan Bautista. En el Evangelio de San Lucas podemos ver cómo el Espíritu Santo obró en San Juan Bautista. Él lo fue preparando progresivamente para su misión. Su *fortalecimiento* se manifestará en el coraje de su predicación, que lo llevó a la muerte. Y su vida en el desierto muestra cómo toda su existencia estuvo siempre completamente orientada a Dios. Juan quiso ser siempre sólo de Dios, y el desierto era el símbolo de esa consagración. Alguien que fue consagrado ya en el seno de su madre por la acción del Espíritu (Lc 1,15; cf. 1,41) no podía resistir el deseo de entregarse por entero.

Del desierto sale Juan el Bautista; allí había vivido su total entrega a Dios, y allí el Espíritu Santo lo fue preparando. El desierto en la Biblia es el lugar del encuentro con el Espíritu, porque no hay otras cosas que puedan distraer o encantar al hombre, y entonces allí puede escucharse la voz del Señor que habla al corazón. De hecho, el profeta Oseas presenta al desierto como el lugar de la seducción divina, donde Dios lleva a su pueblo para encontrarse con él a solas y así cautivarle el corazón (Os 2,16).

En el desierto Juan había estado atento al Espíritu Santo, se había alimentado y enriquecido en el encuentro con él, había bebido palabras de sabiduría. Por eso, al salir del desierto podía comunicar lo que había recibido, el anuncio de la salvación. Juan salió del desierto y entregó la vida preparando el camino a Jesús. Esto sólo es posible por la acción del Espíritu.

Por eso, en realidad, solamente la acción de la gracia puede sanar nuestro escepticismo y nuestro desaliento enfermizo, entrando en lo profundo de nuestras motivaciones y de nuestras energías, para que podamos cumplir la misión que se nos ha confiado hasta dejar la vida en esa entrega. De ahí que sea necesario invocar cada día la acción del Espíritu para que nos fortalezca interiormente, para que nos regale una vez más la energía, el arrojo, la alegría inagotable de cumplir lo que Dios en su amor nos ha encomendado.

25 El Espíritu Santo nos invita permanentemente a la conversión. Porque la conversión no es sólo un gran cambio que sucedió alguna vez en el pasado, cuando decidimos seguir a Jesucristo. La conversión es cosa de todos los días. Nuestra mentalidad y nuestro corazón deben ser cambiados de modo permanente.

Cuando nos descuidamos, se nos mete adentro algún criterio equivocado, o volvemos a optar por el egoísmo, o perdemos un poco de la alegría o de la generosidad que teníamos. Entonces, hay que volver a convertirse, hay que volver a escuchar el Evangelio y dejarse interpelar por el Espíritu.

La conversión también es una especie de *ablandamiento*, o de *descongelamiento*. Porque cuando nos descuidamos, el corazón se nos pone duro y frío. Cuando no sanamos a tiempo las malas experiencias que tenemos cada día, nuestros rencores, tristezas, sentimientos de culpa y desilusiones, endurecen el corazón como una piedra, o lo enfrían y lo convierten en un pedazo de hielo, duro y frío por el dolor o por el miedo. Optamos una vez más por la comodidad y por el aislamiento; los demás dejan de ser nuestros hermanos y se convierten en enemigos o en competidores.

Entonces hay que rogarle al Espíritu Santo que venga como fuego ardiente para ablandar de nuevo el corazón endurecido, para derretir ese hielo y convertirlo en un arroyo alegre, feliz y compasivo.

Quizás en este preciso momento tengas que convertirte, renunciar a un mal sentimiento que te está enfriando, y rogarle al Espíritu Santo que vuelva a *ablandar* tu corazón.

26 Donde no lo hago presente al Espíritu Santo, me siento yo el creador de las emociones y de las realidades. Entonces me fabrico un mundo personal donde el Espíritu Santo no puede entrar, como si fuera un sector sólo mío, donde me creo libre.

Pero no me doy cuenta de que si lo aparto a él de algo, allí terminará entrando la debilidad, la muerte y el fracaso, porque sólo de él viene la vida.

Esa falsa libertad no es más que una esclavitud que me arrastra a la muerte. Lo que vivo fuera de su presencia de amor, poco a poco se va convirtiendo en fuente de dolor, ansiedad, desgaste, y cada vez brinda menos la felicidad de antes. Pero yo me empeño en sacarle el jugo y me revuelco, y me sucede como al degenerado que termina usando a las mujeres como si fueran animales para recuperar el placer que ya no logra sentir.

En cambio, si yo voy construyendo mi felicidad con el Espíritu Santo, si le permito que guíe mi libertad y me sane de mis esclavitudes, cada vez soy más libre, cada vez puedo ser más dueño de mi vida, sin que me dominen las tristezas ocultas, las angustias sin sentido, los nerviosismos, los cansancios, las necesidades obsesivas, etc.

27 Si alguna vez logramos quedarnos callados y serenos, dejando que el Espíritu Santo nos haga experimentar su amor, estaremos viviendo una preciosa experiencia mística. Cuando abandonamos nuestras resistencias y nos dejamos tomar por el Espíritu, él toca un centro amoroso donde el ser humano sólo puede depender, porque es una criatura; y lo más íntimo de su realidad es la dependencia, es *recibir* el ser y la vida, es beber de Dios. Veamos cómo expresan algunos místicos esta dependencia cuando llega a un alto grado de desarrollo:

"¡Oh cuán dichosa es esta alma que siente siempre a Dios descansando y reposando en su seno!... Dios está allí de ordinario como si descansara en un abrazo con la esposa, en la substancia de su alma, y ella lo siente muy bien y lo goza habitualmente... Él la absorbe profundísimamente en el Espíritu Santo, enamorándola con primor y delicadeza divina" (San Juan de la Cruz).

"Dios toma la voluntad, pero me parece que toma también el entendimiento, porque no discurre, sino que está ocupado sólo gozando de Dios como quien está mirando, y ve tanto que no sabe hacia dónde mirar" (Santa Teresa de Ávila).

"Se llega a trascender y traspasar no sólo este mundo sensible, sino también a sí mismo... Es necesario que se dejen todas las operaciones intelectuales, y que la punta del afecto se traslade toda

_a Dios y todo se transforme en Dios. Y ésta es la ex-
periencia mística y secretísima, que nadie la conoce
sino quien la recibe, y nadie la recibe sino quien la
desea, y nadie la desea si el Espíritu Santo no lo
inflama hasta la médula"_ (San Buenaventura).

28 En el capítulo 8 del libro de los Proverbios se
habla de la sabiduría celestial, y allí se dicen cosas
muy bellas que podemos aplicar al Espíritu Santo.

Dice, por ejemplo, que cuando Dios creó el
universo, él estaba allí: _"Yo era todos los días su
delicia, jugando en su presencia en todo tiempo,
jugando por el orbe de la tierra; y mis delicias están con los hijos de los hombres"_ (Prov 8,30-31).

Porque el Espíritu Santo es amor que procede
del Padre, y se puede decir que donde hay amor hay
juego, hay alegría, hay gozo, hay una relación que
da felicidad, que nunca aburre, que nunca cansa,
que no tiene lugar para la tristeza y la monotonía.

Pero el Espíritu juega por el orbe de la tierra,
y se entretiene con nosotros. Porque él ha sido
enviado al mundo, y encuentra gusto con nosotros, derramando bondad, sembrando esperanza,
despertando cosas bellas. El Espíritu Santo es un
artista feliz, que, en medio de nuestra miseria, realiza el arte de crear cosas preciosas. Así él vive una
especie de juego sublime.

Por eso, también nosotros podemos dejar que el Espíritu nos enseñe ese juego santo, el arte de hacer nacer cosas bellas donde parece que no hay nada bueno, donde aparentemente no hay belleza ni gracia. Juguemos con él.

29 Hoy la Iglesia celebra a San Pedro y a San Pablo, elegidos por el Espíritu Santo para extender la Iglesia en los primeros tiempos. Toda la obra de ellos fue hecha por el impulso del Espíritu Santo, que guía a su Iglesia.

Pedro y Pablo juntos nos recuerdan el llamado a comunicar a los hermanos la fe que hemos recibido, sabiendo que el mundo necesita de ese anuncio. Creemos que la fe puede hacer nacer un mundo nuevo. De hecho, Pedro y Pablo, con su misión, ayudaron a cambiar la sociedad pagana de aquella época.

Ellos nos enseñan a alimentar una esperanza comunitaria, porque no esperamos sólo para nosotros, sino para el mundo y la historia donde estamos insertos. En realidad ésta es la dinámica propia del amor, por el cual se hace particularmente presente en la historia el dinamismo del Espíritu Santo, que nos arroja a lo insospechado.

Estamos llamados a vivir el gozo de cooperar con la novedad del Espíritu. Pero hay que dejar la cómoda orilla y arrojarse "mar adentro" (Lc 5,1-11), venciendo los miedos (Mc 4,35-41) con la mirada puesta en Cristo (Mt 14,22-33). Es el gozo de decir a los demás que *"hemos encontrado al Mesías"* (Jn 1,41.45).

Cuando dejamos que el Espíritu Santo -que brota del corazón del Resucitado- nos impulse en esta tarea, seguramente experimentamos las maravillas que él puede hacer en los corazones, y nos admiramos viendo lo que puede lograr su gracia.

Eso es lo que vivió intensamente San Pablo, que predicaba el Evangelio *"no sólo con palabras, sino también con poder y con el Espíritu Santo, con plena persuasión"* (1 Tes 1,5). También San Pedro hablaba de este precioso Evangelio predicado *"en el Espíritu Santo"* (1 Pe 1,12).

Pidamos al Espíritu Santo que nos llene de esa misma fuerza para cambiar el mundo.

30 *"Ven, Espíritu Santo, y ayúdame a reconocer a Jesús resucitado en medio de mis cansancios, de mis preocupaciones, en medio de las angustias de la gente. Porque él siempre está. Ayúdame a reconocerlo glorioso, lleno de vida, repleto de fuerza, revestido de luz celestial.*
Con un toque de tu gracia despierta mi corazón para que lo alabe, para que me llene de

*admiración ante su rostro precioso. Derrama
en mi interior deseos de buscar a Jesús, para
que amándolo lo encuentre en cada cosa.
Haz que me deslumbre con su luz espléndi-
da, para que no me dominen las oscuridades
del mundo.
Abre mi vida entera, Espíritu Santo, para
que Jesús pueda tomarla con la potencia de
su Resurrección.
Renueva mi existencia con un poco de esa
vida plena de Jesús resucitado, para que yo
también pueda vivir como un resucitado.
Amén."*

Julio

1 En Jn 3,14-21 se nos dice que basta mirarlo a Jesús para ser salvados, así como Moisés levantaba la serpiente en el desierto para que con sólo mirarla se alcanzara la liberación.

Mirarlo, sacar los ojos por un instante de nuestra maraña de cansancios, resentimientos, orgullos lastimados, insatisfacciones. Mirarlo, levantando los ojos más allá de la miseria sabiendo que hay algo más, que existe la luz sobrenatural que quiere bañar y transformar las tinieblas donde estamos sumergidos. Sólo levantar los ojos, para descubrir que no todo es negro y oscuro, que existe la verdad.

Pero nuestros ojos no se levantan por su propio poder. Es mucha la fuerza del pecado que nos ha ido lastimando y debilitando, como para pensar que con nuestro propio esfuerzo podemos levantar los ojos. Pero además, es tan grande la luz del amor de Dios, que los ojos del corazón humano no pueden percibirla si ese corazón no es elevado. Sólo nos sana y nos eleva la gracia del Espíritu Santo.

Por eso, en medio de la oscuridad, podemos reconocer el secreto impulso del Espíritu Santo que nos invita a clamar: *"Señor, ayúdame, para que pueda levantar mis ojos y te vea"*.

Nosotros podemos preferir la oscuridad antes que su luz, cuando queremos ser los únicos señores de nuestra vida, cuando confiamos absolutamente en nuestra propia claridad. Cuando creemos conocer solos, sin ayuda de nadie, el camino que nos conviene para ser felices.

Entonces sentimos que no necesitamos un salvador, y ni siquiera queremos levantar los ojos para verlo. Por eso no podemos ser liberados por la fuerza sanadora de su inmenso amor.

Invoquemos al Espíritu Santo, que es único que puede hacernos levantar los ojos para que seamos salvados.

2 El Espíritu Santo nos hace encontrar en las cosas de este mundo mucho más que lo que nosotros buscamos en ellas.

Es completamente normal que nos gusten las cosas de la tierra, que nos atraigan las cosas de este mundo, porque Dios las creó *"para que las disfrutemos"* (1 Tim 6,17). Si no fuera así, nos moriríamos de angustia y no podríamos soportar esta vida.

El atractivo de las cosas es un signo maravilloso, y la variedad de este mundo, repleto de cosas agradables, es un reflejo de la inagotable hermosura de Dios.

El atractivo que sentimos por el placer que nos brindan las cosas de esta tierra nos dice que existe la vida y la esperanza, que vale la pena haber nacido, que existe la hermosura y existe el bien; en definitiva, que existe Dios.

El problema es que a veces nos confundimos, y eso es causa de muchas tristezas. Porque las cosas son simplemente creaturas de Dios que reflejan un poquito de su belleza; pero él es infinitamente más que ellas e infinitamente mejor que las cosas.

Sin embargo, las cosas nos engañan, y a veces nos confundimos creyendo que son eternas, y llegamos a adorarlas como si fueran nuestro Dios.

El problema en realidad no son las cosas de este mundo, sino nuestra debilidad, nuestra pequeñez, nuestra oscuridad que nos enceguece.

Nosotros olvidamos que en las creaturas tenemos que descubrir al Señor infinitamente bello que se refleja en ellas. Olvidamos que estamos creados para él, y no para las cosas que son obra de sus manos y sólo manifiestan una gota de su belleza.

Pidamos al Espíritu Santo que nos ayude a trascender las cosas, que podamos detenernos en ellas con gozo, pero encontrando en ellas al Creador, como lo hacía San Francisco de Asís, lleno de ternura y de alegría.

3 Es maravilloso detenerse a admirar cómo se hace presente la vida del Espíritu en las relaciones humanas. Porque todo gesto de amor humano es un pálido reflejo de ese Amor infinito que une al Padre y al Hijo.

Toda experiencia de amor sincero es una chispa del Espíritu Santo que se mete en este mundo.

Por eso, para imaginarme cómo es el Espíritu Santo debo imaginarme un momento, una experiencia de amor humano generoso, sincero, feliz. Eso mismo, infinitamente más grande, más precioso, es el Espíritu Santo.

Por eso puedo detenerme a admirar los luminosos reflejos del Espíritu Santo en una pareja que se ama, en un abrazo de reencuentro, en un gesto de servicio humilde y generoso, en una sonrisa que busca hacer feliz a otro.

4 Cerremos los ojos por un instante y dediquemos un momento de nuestro tiempo sólo al Espíritu Santo.

Digámosle que nuestro tiempo es sólo para él y nada más que para él, porque él lo merece más que nadie. Si dedicamos tanto tiempo a las cosas de este mundo, es justo que haya un tiempo exclusivamente para él. ¿Por qué no?

Con los ojos cerrados, sin prisa, sin ansiedades, sin nerviosismos, tratemos de reconocer su presencia de amor. Dejemos que se vayan aplacando todas las resistencias y temores, hasta que él pueda apoderarse serenamente de nuestro interior. No se trata de hacer esfuerzos, sino de dejarlo actuar a él. Él sabe como hacerlo; sólo hay que dejar de ponerle obstáculos.

No hay que exigirle nada. Sólo hay que permitirle por un instante que haga lo que él quiera, aunque nosotros no entendamos, aunque nosotros no podamos descubrir ni reconocer qué ha hecho en nuestro interior. Sin duda sólo él puede hacer cosas buenas en nuestra intimidad escondida. Por eso, vale la pena dejarlo actuar en el silencio.

5 Te propongo que te pongas en oración y dialogues con el Espíritu Santo acerca de la misión de tu vida, y para ayudarte te hago algunas preguntas: ¿Qué estás buscando en la vida? ¿Por qué te gustaría que te recuerden después de tu muerte? ¿Qué te interesa dejar detrás de ti en tu paso por esta tierra? Y más allá de todo esto: ¿Te parece que estás haciendo de tu vida lo que Dios pensó y soñó al crearte?

No se trata de torturarte, o de llenarte de escrúpulos, porque todos cumplimos nuestra misión de una manera imperfecta y limitada. Pero lo importante es que tu vida tenga un para qué, un objetivo profundo, una finalidad, una opción.

Es cierto que en el fondo lo importante es que tu vida le dé gloria a Dios. Pero cada uno de nosotros le da gloria a Dios viviendo con pasión una misión en este mundo. ¿Has descubierto cuál es tu misión? No interesa si es pequeña o grande, oculta o llamativa. Es tu misión, la que nadie más puede cumplir.

Si no lo ves con claridad, es importante que trates de descubrirlo en la oración, pidiéndole al Espíritu Santo que te ilumine. Pero además de eso, es importante que le pidas que te impulse a esa misión, aunque no la veas con mucha claridad; que la cumplas, aunque no la entiendas del todo. Entonces, aun en medio de tus dudas y de tus momentos difíciles, todo lo que vivas te llevará a cumplir esa misión que el Espíritu Santo ha pensado para tu vida.

6 *"Ven Espíritu Santo. Tú que eres como un viento divino, dame la gracia de superar toda timidez y toda cobardía ante la vida. Lléname de arrojo, de tu impulso, de tu valentía, de tu santo empuje.*

Ayúdame a vivir con ganas las horas de este día, con una esperanza siempre renovada, abierto al misterio de cada jornada.

Porque cuando logras entrar en un corazón, no lo dejas dormido, quieto, inactivo. Siempre nos mueves a la vida, a la lucha, a salir adelante con confianza, a buscar un nuevo encanto y a correr detrás de un sueño que valga la pena.

*Sácame de la apatía para que no me encierre
en mis problemas. Derrámate en mí con todo
tu empuje y entusiasmo.
Tú sabes que a veces prefiero quedarme anclado en mis comodidades y que le tengo miedo a
los desafíos. Quema con tu fuego toda cobardía y todo cansancio. Lánzame a la aventura
de cada día. Ven Espíritu Santo. Amén."*

7 Cuando dejemos que el Espíritu Santo nos
impulse en la tarea evangelizadora, seguramente experimentaremos las maravillas que él puede
hacer en los corazones, y nos admiraremos viendo
lo que puede lograr su gracia. Eso es lo que vivió
San Pablo, que predicaba el Evangelio *"no sólo con
palabras, sino también con poder y con el Espíritu
Santo, con plena persuasión"* (1 Tes 1,5).

Tenemos una descripción de lo que es una
predicación con el poder del Espíritu Santo en una
oración que hicieron los Apóstoles perseguidos, pidiendo la gracia de predicar de esa manera. Evidentemente, la mayor característica de esa predicación
es la valentía, acompañada por signos que el Espíritu Santo regala como quiere: "Acabada la oración,
retembló el lugar donde estaban reunidos, y todos
quedaron llenos del Espíritu Santo y predicaban la
Palabra de Dios con valentía" (Hech 4,29-31).

El Espíritu Santo ilumina nuestros ojos, para
que no miremos tanto nuestra debilidad, sino el

precioso ideal que él nos presenta. Así, descubrimos que vale la pena entregarlo todo, y él nos fortalece para que lo hagamos.

8 Nuestra peor debilidad es no poder aceptar nuestra pequeñez, olvidar que somos sólo una pequeña parte del universo sin límites, uno más en esta humanidad inmensa. El corazón se rebela, porque su debilidad lo lleva a pretender ser el centro del todo.

Es importante que nos demos cuenta de que se trata de una pretensión absurda. No somos ni seremos el centro de la realidad. Nosotros moriremos y el mundo seguirá funcionando y avanzando. Pero nuestra gran debilidad nos lleva a engañarnos y a sentir que realmente el mundo gira a nuestro alrededor. Por eso no entendemos que los demás no estén pendientes de nosotros, que no nos escuchen, que no nos tengan en cuenta, que nos ignoren o nos olviden. En realidad, eso es lo más natural. Los demás no tienen por qué girar a nuestro alrededor.

Pidamos al Espíritu Santo que destruya ese terrible engaño, que nos ayude a abrir los ojos para descubrir la grandeza del universo, para ampliar nuestros horizontes, para romper esa cárcel enfermiza del propio yo, para reconocer que nosotros giramos alrededor de Dios, porque él es el verdadero centro. Entonces nos liberaremos de muchos sufrimientos inútiles.

9   Muchas veces sufrimos por la agresividad que llevamos dentro.

Algunas personas reaccionan mal, con agresiones o ironías; otras se callan, pero se aíslan resentidas. Hay muchas tensiones interiores que nos llevan a sentirnos mal con las demás personas. A veces hay cosas que nos molestan y no sabemos bien por qué; otras veces sentimos rechazo por cosas que no son tan importantes.

Es necesario llevar calma y armonía a ese mundo interior, para que no desgastemos tantas energías inútilmente.

El Espíritu Santo puede sanar nuestro interior para que nos liberemos de muchas tensiones innecesarias, para que renunciemos a la guerra con los demás, para que dejemos de resistirnos ante las cosas que nos irritan y aprendamos a aceptarlas como parte de la vida.

Si dejamos que el Espíritu Santo nos serene en un momento de oración, podemos decirle no a la violencia interior y optar sinceramente por la paz del corazón. Esto no significa que no luchemos o que no discutamos cuando es necesario. Sólo significa que aprendamos a hacerlo sin perder la calma interior.

Con la gracia del Espíritu Santo podemos lograrlo, porque él es el dulce maestro interior.

10 El Espíritu Santo realiza la obra de sacarnos fuera de nosotros mismos, porque nuestra debilidad nos lleva a encerrarnos en nuestras propias necesidades e intereses, y nos cuesta muchísimo abrir verdaderamente el corazón a Dios y a los demás. Sin el Espíritu Santo no podemos salir de ese egocentrismo, pero él realiza la maravillosa obra de inclinarnos hacia los demás. Veamos cómo lo expresan varios sabios:

"En cualquier caso el hombre tiene que llevar a cabo esta empresa: salir de sí mismo... El corazón se posee verdaderamente a sí mismo en cuanto que se olvida de sí mismo en el obrar, en cuanto que sale, y perdiéndose se posee verdaderamente" (K. Rahner).

"Andar en Jesucristo me parece a mí que es salir de sí mismo... Estoy persuadida de que el secreto de la paz y de la dicha está en olvidarse uno de sí mismo, en vaciarse enteramente de sí... hasta el punto de no sentir las propias miserias físicas ni morales" (Beata Isabel de la Trinidad).

"El ser humano está más en sí cuando más está en los demás. Sólo llega a sí mismo cuando sale de sí mismo" (J. Ratzinger).

"La esencia del amor se realiza lo más profundamente en el don de sí mismo que la persona amante hace a la persona amada... Es como una ley de éxtasis: salir de sí mismo para hallar en otro un crecimiento del propio ser" (K. Wojtila).

11 El Espíritu Santo nos hace sabios. Pero el hombre sabio no espera que se den todas las condiciones adecuadas para sentirse bien, para vivir con profundidad, sino que sabe vivir con hondura en cualquier situación. El que halló la profundidad por la obra del Espíritu, vive esa profundidad en cualquier circunstancia: _"El labrador, el artesano, el herrero, el alfarero... Cada uno se muestra sabio en su tarea. Sin ellos no se construiría ciudad alguna ni se podría habitar ni circular por ella... Ellos aseguran la creación eterna, el objeto de su oración son los trabajos de su oficio"_ (Sir 38,26-34).

Pero esto implica la capacidad de vivir a pleno cada instante, sin evadirnos en el pasado ni el futuro, como nos enseña la sabiduría de la Biblia:

"Así que no se preocupen por el mañana; el mañana se preocupará de sí mismo" (Mt 6,34).

Cuando logro hacer algo, aunque sea pequeño, con mi trabajo generoso, tengo que sentir que el poder del Espíritu se prolonga a través de mí, y así brota espontáneamente un canto alegre y agradecido.

12 A veces tenemos que revisar nuestra manera de amar. Siempre hay que recordar que el encuentro de amor es una inclinación hacia el otro, no sólo para ayudarlo, sino también para valorarlo, para dejarme enriquecer por él.

El amor que derrama el Espíritu Santo hace que yo considere al otro como una sola cosa conmigo. Por eso puedo preocuparme por sus problemas, pero también puedo alegrarme con sus alegrías.

Eso se muestra especialmente cuando soy capaz de festejar de corazón los éxitos del otro, sin tener envidia.

El diálogo es una experiencia de amor, fruto de la acción del Espíritu Santo, donde queremos compartir con el otro lo que tenemos para dar, pero también, con el mismo amor, somos capaces de prestarle toda la atención y de darle importancia a lo que diga la otra persona. Así, somos capaces de gozar con las cosas buenas que nos cuente.

El Espíritu Santo produce ese bello dinamismo de *"dar y recibir lo que no se puede comprar ni vender sino sólo regalar libre y recíprocamente"* (Juan Pablo II, Carta a las familias 11a). Es sembrar, pero es también cosechar con gozo.

13 Muchas veces nos agredimos a nosotros mismos por errores que hemos cometido en el pasado. Puede suceder que se trate de algo muy viejo, pero que no deja de regresar a la memoria cada tanto, y nos lleva a darnos un golpe en la cabeza diciendo cosas como éstas: "¿Por qué? ¡Cómo pudiste hacer eso! ¡Por qué no lo evitaste! ¡No valía la pena!

¡Cómo se te ocurrió decir esa tontería!" Quizás sabemos que en realidad no somos culpables de lo que hicimos, porque en verdad teníamos una intención buena, no teníamos una mala intención; pero igualmente nos culpamos y nos agredimos por no haberlo evitado.

El remordimiento es algo enfermizo; es un rechazo de nuestros errores que nos limita, nos paraliza, nos llena de angustias y nos encierra en nuestro orgullo herido. No ayuda a un verdadero cambio, porque para poder cambiar de verdad es necesario aceptarse a sí mismo.

En cambio el verdadero arrepentimiento nos hace levantar los ojos hacia Dios para reconocer su amor que nos espera, que perdona "setenta veces siete", que nos quiere vivos y felices, que nos regala siempre una nueva oportunidad. Por eso el arrepentimiento, en lugar de debilitarnos nos fortalece para empezar de nuevo; en lugar de paralizarnos nos lanza hacia adelante.

Pidamos al Espíritu Santo que nos regale su gracia poderosa para que sepamos perdonarnos a nosotros mismos, para que no nos quedemos anclados en el pasado, para que recuperemos la dignidad, y marchemos decididos hacia adelante, rodeados por su amor que nos sostiene.

14 El Espíritu Santo está como inclinado hacia Jesús, pendiente de su belleza, como un eterno enamorado, infinitamente cautivado por Jesús. Por eso, cuando él nos transforma por dentro, siempre nos lleva de alguna manera a Jesús, y nos ilumina para que descubramos a Jesús en los demás.

Quizás todavía tengas en tu corazón un deseo de fraternidad, una inquietud por un mundo de hermanos. Pero a veces la relación con los demás se hace difícil. ¿Has intentado descubrir de verdad en los demás el rostro de Jesús?

Por ejemplo, si ves a alguien que está mal, que está siempre irritado, que trata a los demás de mala manera, ¿no intentaste imaginar que actúa así por los grandes sufrimientos que lleva en su interior, por las desilusiones que le amargaron el alma, porque su infancia fue desastrosa, porque se siente un inútil o un fracasado? Entonces podrías imaginar a Jesús sufriendo en su interior, sufriendo con él. Recuerda que Jesús en la Cruz compartió nuestro dolor y experimentó todo lo que nosotros sufrimos. Nadie está más cerca del que sufre que Jesús.

Por eso, para aprender a amar y a tener paciencia, sería bueno que le pidieras al Espíritu Santo que te ayude a descubrir a Jesús en los demás, y que lo intentes. Eso puede producir un cambio maravilloso en tu relación con los demás; porque ellos sentirán que los estás mirando de otra manera, se sentirán respetados así como son, y reconocerán algo divino a través de tu mirada. Vale la pena.

15 Cuando uno ha sido tocado por el Espíritu Santo, puede vivir algunas experiencias gratis, sin estar pendiente de uno mismo. Es la capacidad de admirarse y de alegrarse por el otro, pero sin estar pensando que es algo mío, y sin estar buscando poseerlo para mí. En todo caso, me alegro de poder disfrutar algo con los demás, como algo *nuestro*, no como algo *mío*. Amo a Dios porque es un bien, no porque es mío, y aun cuando lo percibo como bueno para mí, en realidad el mismo impulso del amor me lleva a buscarlo como un bien *para nosotros*. Esta renuncia a ser el único, producida por el Espíritu Santo, es una forma de comprobar que realmente hemos salido de nosotros mismos. En esta renuncia a ser el único la recompensa no es más que el mismo amor que *ama por amar*, en una generosa ampliación del yo.

En este sentido debe entenderse la exhortación paulina a que *"cada uno no busque su propio interés sino el de los demás"* (1 Cor 10,24), en el mismo contexto en que sostiene: *"si un alimento causa tropiezo a mi hermano nunca jamás comeré carne"* (8,13). Esta expresión -*"que nadie busque su propio interés"*- aparece también en Flp 2,4,

211

donde el modelo que se presenta inmediatamente es el de Cristo que *"se despojó a sí mismo"* (2,7).

Pidamos al Espíritu Santo que nos enseñe a hacer el bien gratis, no pensando tanto en nosotros mismos sino en las necesidades de los hermanos.

16 Cada ser humano tiene problemas de amor, por distintos motivos: porque cree que en la vida no ha recibido el amor que necesitaba, o porque descubre su incapacidad de amar en serio a los demás, su egoísmo.

En el fondo está encerrado en su corazón mirando sus problemas e imperfecciones. Es necesario que frene esos pensamientos inútiles, que salga de sí y se detenga a contemplar el amor de Dios.

Él sí es amor, amor puro, sincero, infinito, amor sin límites. Él es amor. Eso es importante. Si me parece que el amor en esta vida no existe, tengo que pensar que sí existe, porque Dios es amor, y es maravilloso que así sea.

Si una persona está preocupada por su imagen ante los demás, por sus errores, sus incoherencias; si le duelen sus humillaciones públicas o lo que los demás digan de su persona; o si sufre porque se da cuenta de sus imperfecciones, es mejor que no pierda el tiempo mirándose a sí misma. Lo importante es que existe él, el perfecto, el Santo. Es mejor detenerse a contemplarlo. Eso es lo importante, que él existe, y él es el Santo.

Pidamos al Espíritu Santo que nos saque de nosotros mismos para adorar a Dios, porque así encontraremos la más agradable liberación.

17 Me hago unas preguntas para saber si estoy dejando actuar al Espíritu Santo:

¿Acepto el llamado del Espíritu para construir el Reino de Dios a mi alrededor, ofrezco mis manos y mi creatividad para mejorar algo, para sembrar cambios positivos, para hacer nacer la justicia, la solidaridad, la fraternidad?

Con mi entusiasmo frente a los desafíos, mi alegría y mis ganas de luchar, ¿despierto la esperanza a mi alrededor? ¿O sólo fomento la queja amarga, el desánimo, la tristeza?

¿Estoy abierto al futuro, a lo nuevo, viviendo cada día con la juventud del alma, confiando plenamente en el impulso del Espíritu? ¿O vivo de recuerdos y pretendiendo controlarlo todo, con el corazón avejentado?

¿Vale la pena vivir sin el maravilloso impulso del Espíritu?

Me detengo un momento a invocarlo.

18 Jesús promete a sus discípulos que cuando llegue a la presencia del Padre enviará al Paráclito, el Espíritu Santo: *"El Paráclito que yo les enviaré de parte del Padre dará testimonio de mí"* (Jn 15,26). ¿Qué significado tiene este testimonio?

El Espíritu Santo da testimonio de Cristo en nuestro interior, porque los discípulos deben soportar la persecución, el rechazo del mundo, y para mantenerse firmes en la prueba necesitan de la fortaleza interior que sólo el Espíritu Santo puede dar. El Espíritu hace presente el amor de Jesús y el recuerdo de sus palabras en el corazón de los discípulos, cuando todo el mundo está proclamando un mensaje diferente.

Cuando la fe sea puesta a prueba, el Espíritu Santo defenderá a Cristo, luchará a su favor dentro de nuestro propio corazón, para que nos aferremos a su amor y no nos dejemos seducir por los atractivos del mundo que quieren ocupar el primer lugar en nuestros deseos y en nuestros planes.

Pero más que pensar que el Espíritu Santo da argumentos en favor de Cristo, hay que pensar en la vida sobrenatural que él comunica a los creyentes, vida que es paz y alegría, fortaleza y valentía; y esa vida es Cristo mismo resucitado, viviendo en el creyente.

Con esa vida interior, el creyente puede atreverse a dar testimonio de Cristo en medio del mundo adverso, sin avergonzarse de su fe en Jesús: *"Ustedes también darán testimonio de mí"* (Jn 15,27).

19 Cuando uno recibe el Espíritu Santo como fuente del propio bien, uno se vuelve un instrumento para comunicar ese bien a los otros. San Buenaventura enseña que si uno deja de dar, deja también de recibir; por eso, la mejor manera de conservar los bienes espirituales es comunicándolos, compartiéndolos. El Espíritu Santo no puede actuar en una persona que se resiste a dar y a compartir:

"Si los ángeles superiores se contuvieran y no quisieran comunicarse a los ángeles inferiores, se cerrarían para sí mismos el camino del influjo divino. Si niegas a otros el bien que recibes de Dios, no eres digno de la vida eterna" (San Buenaventura).

También decía San Buenaventura: *"¿Quieres que la piedad de la madre Iglesia descienda hasta ti? Entonces llena el cántaro del vecino".*

Cuando lleno el cántaro del hermano, mi cántaro se mantiene lleno. Es el milagro del amor que puede producir el Espíritu Santo en nuestras vidas.

20 Para entrar en la presencia del Espíritu Santo hay que tener ansias, hay que sentir la necesidad de él, de su luz, de su amor, de su gloria, de su paz. Hace falta presentir que todo lo maravilloso del universo es una chispa que despierta esos anhelos interiores de Dios. Decía San Agustín:

"¿Qué es el universo entero o la inmensidad del mar, o el ejército de los ángeles? ¡Yo tengo sed del Creador, tengo hambre y sed de él!"

En el fondo, es necesario reconocer un deseo que ya está dentro nuestro; ese deseo que el Espíritu Santo ha puesto en nuestro interior, pero que hemos dejado escondido debajo de miles de preocupaciones y angustias. Luego de su conversión, Agustín reconocía que detrás de todas sus ansias estaba aquel deseo oculto de Dios:

"Ardía en deseos de amar... quería ser amado... Tenía hambre intensa de ese alimento que en realidad eras tú, mi Dios."

Por eso Agustín nos enseña que la clave para el encuentro con Dios es reconocer ese deseo, y despertarlo, alimentarlo, hacerlo crecer hasta que se haga más fuerte que cualquier otra necesidad:

"¡Enamórate de Dios, arde por él! Anhela a aquel que supera todos los placeres."

Porque el Espíritu Santo no obra en nosotros sin algún consentimiento de nuestra parte, y ese consentimiento brota del deseo. Pidamos al Espíritu Santo que él mismo despierte nuestro deseo.

21 *"Ven Espíritu Santo, y enséñame a amarte como tú me amas.*

Tú sabes que yo soy parte de la hermosura de este mundo, como cada nota es parte de una hermosa canción, y es necesaria igual que las demás.

Por eso, aunque nadie me hubiera esperado cuando yo nací, tú sí me esperabas, tú estabas deseando mi nacimiento.

Por eso tu Palabra me dice: 'Yo te amé con un amor eterno' (Jer 32,3).

Quiero dejarme mirar con tus ojos de amor, quiero reconocer tu mirada de ternura, y descubrir que, aunque los demás miren mis defectos, tu mirada me contempla amándome.

Tu Palabra me dice: 'Aunque tu propia madre se olvidara de ti, yo nunca te olvidaré' (Is 49,15).

Si a veces yo siento que valgo poco, que no sirvo, que no soy digno de amor, sin embargo tu Palabra me dice otra cosa:

'Eres precioso para mis ojos, y yo te amo' (Is 43,4).

Toca mi interior herido, Espíritu Santo, para que pueda descubrir que ese amor tan grande también es para mí.

Ven Espíritu Santo.

Amén."

22 El Espíritu Santo no hace su obra maravillosa solamente en las personas que son dóciles desde niños, o que toda su vida han llevado un comportamiento normal. Él también nos sorprende haciendo maravillas en los grandes pecadores. Por eso es bueno que hoy recordemos a María Magdalena, la gran pecadora convertida.

María Magdalena fue la primera en encontrar el sepulcro vacío y en ver al Señor resucitado. Fue testigo privilegiada de Cristo vivo.

Así como Jesús se encontró a solas con la samaritana (Jn 4), cuando resucitó quiso encontrarse a solas con María Magdalena. La vida cristiana es un encuentro permanente con el Señor resucitado. Él visita con su luz la pobre existencia de cualquier ser humano, esté donde esté, no importa donde; para que nadie pueda decir que no es tenido en cuenta, o que ha sido olvidado por Jesús.

María Magdalena, que había sido despreciada por sus muchos pecados, debe ser testigo de su resurrección, debe transmitirlo a los apóstoles.

Aquella mujer apasionada, cautivada, embelesada por el Maestro, aprenderá a gozar de esta nueva forma de encuentro que Jesús le ofrece y se entregará completamente a él. Según una vieja tradición, María Magdalena, cansada del mundo que la había esclavizado, se fue al desierto a vivir sólo para el Resucitado. Si no es verdad, es un bello símbolo del poder del amor verdadero que el Espíritu Santo derrama en nuestras vidas.

Pidamos al Espíritu Santo que transforme nuestras vidas como lo hizo con María Magdalena. Quizás no tengamos los mismos pecados que ella tuvo, pero seguramente tenemos otros, y el Espíritu Santo quiere transformarlo todo.

23 *"Ven Espíritu Santo. Yo sé que si los seres humanos pueden comprender a los demás, en ti hay una capacidad de comprensión mucho más grande, infinita. Nadie puede comprenderme como tú, que siempre me invitas a volver a empezar.*

Pero yo me castigo a mí mismo por dentro, y me desprecio por los errores que he cometido. No me he perdonado de verdad.

Por eso, Espíritu Santo, te pido que coloques dentro de mí tu amor inmenso, ese amor que me sostiene y me da la vida, para que pueda amarme a mí mismo como tú me amas. Enséñame a respetarme como tú me respetas. Derrama tu gracia para que pueda comprenderme por las debilidades que he tenido, para que contemple con ternura mis errores y pueda perdonarme a mí mismo. Dame paciencia y cariño para que no me condene a mí mismo y para que acepte tu perdón que me sana y me renueva.

Yo soy digno de existir porque tú me amas infinitamente. Yo tengo un lugar en esta tierra y tengo derecho a vivir y a soñar, aunque sea imperfecto. Tengo ese derecho porque tú me amas y me sostienes. Ven Espíritu Santo, para que pueda nacer de nuevo, con toda dignidad; quiero comenzar otra vez con alegría y entusiasmo.

Acepto todo mi pasado como parte de mi vida. Me declaro imperfecto, pero llamado a crecer. Me equivoqué y puedo equivocarme. Pero reconozco ante ti que tu amor no se deja vencer por mis caídas y errores, y que siempre vuelves a darme una oportunidad. Gracias, Espíritu Santo, por tu inmenso amor, porque no abandonas la obra de tus manos. Amén."

24 ¿Cómo transforma nuestro comportamiento el Espíritu Santo? Lo hace con la ayuda de nuestra cooperación, porque él quiere que también seamos activos en nuestro crecimiento.

El desarrollo de las virtudes requiere algunas renuncias. Por ejemplo, para aprender a ser pacientes, a veces tenemos que renunciar a decir algunas cosas, o a quejarnos, o a maltratar a otros; para ser humildes a veces tenemos que renunciar a hablar de nosotros mismos; para ser generosos tenemos que renunciar a algunos bienes.

Cada vez que decimos que no a algo inconveniente (un amor prohibido, una experiencia peligrosa, algo indebido) nos queda un vacío, una especie de hueco interior que reclama. Pero ¿con qué se llena ese vacío para que se convierta en algo positivo?

En realidad, el solo hecho de renunciar a algo que no es bueno ya debería hacernos sentir nobles y serenos con nuestra conciencia. Pero eso puede ser sólo orgullo, una necesidad de aparentar, el deseo de sentirse importante, o una forma de cuidarse para evitar problemas. Entonces, eso no hace más que dejarnos en la superficialidad.

Lo único que llena el vacío es el amor. Renunciar cuando es necesario, pero por amor, realmente por amor. Entonces sí una renuncia nos deja una sensación de haber profundizado en la vida.

Ninguna virtud vale la pena si no está impregnada de amor. Por eso, una persona austera y sacrificada, pero sin amor, no es más que un egoísta o un vanidoso. Se contempla a sí mismo y le gusta sentirse más perfecto que otros. Eso no es profundidad, porque la persona se queda en el nivel superficial de la vanidad. Pero sólo el Espíritu Santo puede darnos el amor que no tenemos, y por eso, antes de cualquier esfuerzo, es necesario invocarlo y pedirle insistentemente que derrame la fuerza del amor en nuestro interior.

25 Entrar en la presencia del Espíritu Santo es lograr que por un momento él sea el único importante. Eso produce un deleite diferente y superior a cualquier otro placer, un gozo del cual nos privamos muchos creyentes.

El tiempo de oración puede ser un tiempo vacío y superficial, puede convertirse en un momento en que pensamos en nuestros problemas, planificamos cosas, imaginamos cómo resolver alguna dificultad de nuestra vida. Nos buscamos a nosotros mismos. Pero allí no nos encontramos con el Señor. Eso todavía no es entrar en la presencia del Espíritu Santo. Eso es hablar con uno mismo, porque allí Dios no ocupa el centro de nuestra atención, y ni siquiera es una presencia que nos interese; él es frecuentemente un decorado de nuestro tiempo de reflexión donde nos ocupamos de nuestra propia vida, analizamos, resolvemos, soñamos, y terminamos rezando un Padrenuestro para creer que hemos alimentado nuestra dimensión espiritual.

Por eso es tan importante invocar al Espíritu Santo antes de ponernos a orar, y pedirle que él nos haga reconocer la mirada de Jesús llena de amor, sus brazos que nos esperan, y que nos ayude a escucharlo a él más que a nuestra propia mente. El Espíritu Santo es el que nos mueve a orar de verdad. Por eso, no deberíamos comenzar ninguna oración sin invocarlo a él.

26 Nosotros queremos que este mundo cambie. Pero al mismo tiempo, sabemos que el camino nunca brinda la perfección de la meta. Por eso, podemos aceptar serenamente que esta vida no termine de darnos todo, y nos hacemos capaces de disfrutar de los pequeños logros aunque no estén acabados por completo. Así lo vive especialmente el pobre, que de este modo se libera del más terrible peso: la autoexigencia angustiante de lograr en esta tierra el ideal imposible de una felicidad perfecta, o de una época insuperable.

Por la esperanza, la Iglesia se considera "la verdadera juventud del mundo", ya que "posee lo que hace la fuerza y el encanto de la juventud: la facultad de alegrarse con lo que comienza, de darse gratuitamente, de renovarse, de partir de nuevo hacia nuevas conquistas" (Mensaje a los jóvenes del Vaticano II).

El Espíritu Santo nos impulsa, pero hace que nosotros caminemos hacia un futuro mejor; no nos arrastra como muñecos, sino que nos motiva a tomar decisiones, a usar los propios talentos, a organizarnos, a trabajar juntos por un futuro mejor, a buscar la justicia y la solidaridad. Pero sabiendo que la perfección sólo estará en el cielo, donde estarán todas las cosas buenas que hayamos logrado, y mucho más que eso. Por eso, el Espíritu Santo siempre suscita la esperanza en la vida eterna, nos recuerda que no estamos hechos sólo para esta tierra.

27 La oración es un diálogo; pero para poder orar es indispensable que yo descubra que estoy con alguien que me conoce, que me escucha, que capta todo lo que siento y todo lo que digo, y lo entiende perfectamente.

Por eso tengo que recordar que el Espíritu Santo no es una energía que me sana o que me hace bien. Es mucho más que eso, porque es Alguien, capaz de conocer y de amar perfectamente.

Él me llama por mi nombre, me reconoce, porque él es Dios, y tiene una inteligencia infinita, una capacidad de captar todo a la perfección, sin que nada pueda escapar a su atención. Por eso no hay cosa que yo pueda ocultarle, ni sentimientos, ni planes que sean secretos para él, como dice el Salmo:

"Señor, tú me penetras y me conoces... Cuando la palabra todavía no llegó a mi lengua tú ya la conoces entera... Y si le pido a las tinieblas que me cubran, y a la noche que me rodee, para ti ninguna sombra es oscura y la noche es tan clara como el día" (Sal 139,1.4.11-12).

No podemos pedirle al Espíritu Santo que no nos conozca, que no penetre nuestros pensamientos, no podemos apartarlo para que él ignore algo, no podemos esconderle ni siquiera aquello que nos escondemos permanentemente a nosotros mismos.

Por eso, cuando vamos a contarle algo, él sabe a la perfección de qué estamos hablando, no debemos tener temor de que no nos entienda, ni tenemos que esforzarnos para encontrar las palabras justas cuando queremos explicarle algo. Basta que lo digamos, porque él lo conoce mejor que nosotros.

28 Una de las maneras más frecuentes de _expulsar_ al Espíritu Santo es cuando fomentamos la nostalgia por el tiempo que va pasando, por la vida que se nos va de las manos, por la juventud que no se detiene, o ya pasó, y no vuelve más. Nos vamos desgastando y hay cosas que ya no podremos vivir. Nos duele sentir que hemos desperdiciado muchas oportunidades para ser felices, y tememos que siga pasando el tiempo y lloremos lo que no hemos sabido vivir.

Olvidamos que hay una forma de vivir que hace que el paso del tiempo no sea ir destruyéndose o perdiendo vitalidad. Hay una forma de vivir que hace que el paso del tiempo sea un enriquecimiento cada vez mayor, un camino hacia una vida cada vez más plena, un itinerario hacia una juventud cada vez más llena de vitalidad interior. Para un árbol, para un vino, para una perla preciosa, el paso del tiempo no es un dramático desgaste o debilitamiento; al contrario, es una maduración que los va mejorando, los va enriqueciendo, los va fortaleciendo. Lo mismo sucede con el espíritu humano.

Decía San Pablo: *"cuando nuestro hombre exterior se va desmoronando, nuestro hombre interior se va renovando de día en día"* (2 Cor 4,16).

29 Me detengo un momento sólo a respirar. Simplemente existo, y respiro. Presto atención sólo a la respiración, al aire que entra en mí y que sale de mí. Y me dejo estar, me abandono. Con dulzura, aparto todos los pensamientos, recuerdos e imágenes que vayan apareciendo, y vuelvo a concentrarme con serenidad sólo en la respiración. Me detengo sólo a gozar de la existencia, que es un invalorable regalo.

Así, abandonándome, voy dejando nacer un sentimiento positivo de gratitud y de verdadera paz. Al fin de cuentas, más allá de todo, vale la pena existir. Es mejor que no ser. Este presente es maravilloso. Gracias, gracias.

Dejo que el Espíritu Santo vaya haciendo crecer poco a poco ese sentimiento de dulce gratitud.

30 *"Ven Espíritu Santo. Hoy es un día más, pero quiero vivirlo como si fuera el último, como si fuera el único.*
No quiero desperdiciar este don maravilloso de un día de vida, no quiero desaprovechar este regalo de amor.

Dame la gracia de pasar un buen día, soportando con paciencia las dificultades, los límites, las contrariedades, y disfrutando a pleno cada experiencia agradable, reconociendo la nobleza de cada ser humano, y descubriendo tu presencia en cada instante.

Ven Espíritu Santo, para que no angustien demasiado los problemas, los dolores, las situaciones imprevistas. Ayúdame a aprender algo bueno de todo eso.

Dame la capacidad de adaptarme dulcemente a todo, para seguir caminando con calma y esperanza.

Ven Espíritu Santo, y regálame un buen día. Amén."

31 Es hermoso recorrer la vida de los santos para percibir lo que puede hacer el Espíritu Santo en la vida de un ser humano, para ver cómo el Espíritu Santo puede cambiar completamente la vida de una persona y llevarla a lo más alto. Hoy recordamos lo que hizo el Espíritu Santo en San Ignacio de Loyola.

Después de una batalla, defendiendo la ciudad de Pamplona, el valiente Ignacio quedó herido. Allí el Espíritu Santo aprovechó para hacer de las suyas. Durante el tiempo de reposo Ignacio se dedicó a la lectura, y este providencial acontecimiento hizo que leyera la vida de Cristo y algunas vidas de santos, con lo cual se encendió en él la llama de la entrega apasionada al Señor.

En el altar de la Virgen de Montserrat dejó su espada y comenzó una peregrinación vestido de mendigo. Al poco tiempo alcanzó una gran profundidad espiritual que expresó en sus *Ejercicios espirituales*.

Luego de una adecuada preparación, se ordenó de sacerdote y formó un pequeño grupo con fuertes inquietudes evangelizadoras. De allí surgió después su fecunda Compañía de Jesús. Sus obras y las de su Compañía son incontables. A la muerte de Ignacio, en 1556, la Compañía había llegado a la India y a Japón, con un inquebrantable entusiasmo y creatividad evangelizadora. Ciertamente la tarea evangelizadora de la Iglesia le debe muchísimo.

Pasó los últimos tiempos de su vida disfrutando de altísimas experiencias místicas, cargadas de llamativa ternura y de místico gozo, que aparecen reflejadas en su diario íntimo. Para Ignacio Dios debía ser el principio y el fundamento de todo. Por eso, lo primero en la vida cristiana consiste en aceptar con amor que la propia vida haya sido creada para amar, adorar y servir a Dios. Aceptando eso con sinceridad, entonces sí es realmente posible dejarlo todo y entregarlo hasta el fin, sin reservas. De hecho, la vida de Ignacio estuvo consagrada a buscar la mayor gloria de Dios, y todas sus obras eran realizadas con esa finalidad.

Pidámosle al Espíritu Santo que nuestra vida no transcurra en la mediocridad, que nos transforme hasta el fondo y nos lleve a vivir en profundidad, entregándolo todo. No podemos hacerlo solos; pero el Espíritu Santo puede hacerlo, si cooperamos con él.

_____ *Agosto*

1 *"Ven Espíritu Santo.*
Me han dicho que soy como un diamante en bruto, una piedra preciosa que está llamada a resplandecer con toda su belleza.
Pero para ofrecer todo mi brillo, necesito ser tallado, pulido, trabajado.
Ven Espíritu Santo. Ven a tallar este diamante que tú has creado, ven a sacar de mí todo lo bello que tú mismo me has regalado.
De mi corazón pequeño saca los mejores actos de amor; de mis labios saca las mejores sonrisas y las mejores palabras; de mis ojos saca las miradas más buenas, comprensivas y pacientes; de mis manos saca las mejores acciones, las mejores caricias, los gestos más bellos.
Ven Espíritu Santo, a realizar tu obra en mi vida. Amén."

2 Cuando le perdemos el miedo al Espíritu Santo, y sabemos confiar en él, entonces de verdad podemos descansar en su presencia, nuestro vacío interior se va llenando con lo único que de verdad lo sana: el amor. Ese hueco vacío que tenemos adentro, esa profunda soledad enferma que a veces nos reclama como un nudo en la garganta, sólo se llena con el amor: dejándonos amar por el Espíritu Santo, e intentando amar a los demás cada día. No nos saciamos alimentando las excusas, sino alimentando los motivos para dejarnos amar y para amar generosamente.

Pero si optamos por vivir de manera superficial, pensando sólo en nuestra comodidad y buscando permanentemente distracciones engañosas, la vida misma nos golpeará para que reaccionemos. Las cosas que nos pasen, las renuncias que tengamos que realizar, nos obligarán a enfrentar ese vacío interior que tenemos. El dolor profundo de una pérdida cualquiera nos llevará a preguntarnos por el sentido de nuestra vida.

No es que Dios nos castigue para que aprendamos. Es la vida misma, que está llena de pérdidas, porque todo pasa, todo se acaba, y cuando perdemos una seguridad que nos permitía aferrarnos a algo, entonces no nos queda más que preguntarnos para qué vivimos. Si estamos sufriendo por algo, pidámosle al Espíritu Santo que nos ayude a aprender algo de ese sufrimiento, que entendamos el mensaje que tenemos que aprender de ese problema. Entonces, nuestro sufrimiento servirá para algo.

3 *"Ven Espíritu Santo, tú que derramas luz para comprender las cosas, enséñame a reconocer los mensajes de mi vida.*

A veces, cuando miro hacia atrás, veo los momentos negros y tristes de mi propia historia; brotan recuerdos que me hacen sufrir.

Ayúdame a mirar mi historia con otros ojos, para que pueda reconocer tu presencia en esos momentos, y así descubra lo que has querido enseñarme a través de esos acontecimientos.

Ven Espíritu Santo, para que vea que todo tiene algún sentido, alguna luz, algún para qué.

Ven, para que recuerde con gozo los momentos bellos, grandes y pequeños, para que pueda descubrir que, a pesar de todo, valió la pena haber vivido.

No permitas que las nubes me impidan ver el sol que también ha brillado a lo largo de toda mi existencia. Ilumina mis ojos, Espíritu Santo, para que pueda reconocerlo, y sepa darte gracias con sinceridad por mi vida entera. Amén."

4 A veces nos sentimos poca cosa, no nos valoramos a nosotros mismos, y queremos hacernos grandes sólo con nuestras fuerzas. Pero lo importante es buscar la luz del Espíritu Santo para descubrir qué quiere hacer él en nuestras vidas, y luego cooperar con nuestra oración y nuestra entrega para que él pueda hacernos crecer.

Para darnos cuenta de eso, es importante contemplar la vida del santo que hoy celebramos. El Cura de Ars es un reflejo de Jesús como buen pastor de su pueblo. Él sentía admiración por los sacerdotes que ejercían con heroísmo su ministerio en una época de persecución, y quiso ser cura.

Después de muchos problemas, logró ingresar al seminario a los veinte años, y a pesar de sus dificultades intelectuales finalmente recibió la ordenación. Poco valorado, lo designaron párroco de una pequeña (250 habitantes) y pobre población. Era el pueblo de Ars, donde vivió hasta su muerte. Se entregó por entero a renovar la vida de ese pueblo. De noche estudiaba y se preparaba. De día visitaba hogares y ayudaba a los pobres. Poco a poco el pueblo fue tomando conciencia de que estaba albergando a un gran santo, y los corazones se fueron ablandando.

Su predicación simple, clara, pero ardiente y profunda al mismo tiempo, atraía a personas de toda Europa que acudían a Ars para escucharlo y consultarlo. Se calcula que lo buscaban unas 300 personas por día, por lo cual dedicaba unas 16 horas diarias a confesar. Tenía un don de consejo muy particular, y estaba dotado de notables carismas que le permitían descubrir los males de los corazones para dirigirles la exhortación más adecuada. Con su palabra y su ejemplo reformó en poco tiempo las costumbres de su pueblo.

Pero recordemos que el santo Cura de Ars tuvo problemas cuando se estaba formando, porque le costaba mucho dar buenos exámenes, y los demás lo hacían sentir poca cosa. Sin embargo, fue un gran sacerdote, y grandes personajes de la época iban a su parroquia a escuchar su sabiduría. Esto sucedió porque él se dejó llevar y transformar por el Espíritu Santo, que siempre hace maravillas.

5 Cuando intentamos perdonarnos y aceptarnos a nosotros mismos, es bueno tratar de expresarlo con signos. Esos signos deben manifestar el amor y el cariño hacia nosotros mismos, y al mismo tiempo nos ayudan a experimentar de distintas maneras el amor del Espíritu Santo.

Una forma de expresarlo es evitando todo maltrato, como los insultos a uno mismo, el descuido excesivo de la propia apariencia, las agresiones al propio cuerpo con exceso de comida, alcohol, dormir en exceso, etc. Porque eso no es ser una persona *espiritual.*

Hay otra manera más positiva de ayudarnos: brindándonos pequeños placeres sin sentir culpa, porque dice la Biblia que Dios creó todas las cosas *"para que las disfrutemos"* (1 Tim 6,17). Por ejemplo, puede ser el intento de comer lentamente, disfrutando más la comida. Puede ser regalarse un paseo agradable, sin pensar en lo que hay que hacer después. Puede ser una salida con los amigos vivida como un regalo del amor de Dios y agradecida en la oración. También podemos expresarlo con masajes, mejorando la habitación donde vivimos, deteniéndonos a contemplar algo que hemos hecho bien, etc.

No es suficiente que nos perdonemos a nosotros mismos en la oración si luego no hacemos un camino para querernos a nosotros mismos en la vida cotidiana.

Porque el Espíritu Santo, que es amor invisible, quiere hacernos experimentar su amor también en nuestro cuerpo; pero para eso necesita de los demás y también nos necesita a nosotros.

6 *"Ven Espíritu Santo, aplaca todo lo que da vueltas dentro de mí y enséñame a detenerme. No dejes que viva las cosas superficialmente, con esa prisa que me hace daño, con esa inquietud que no me permite disfrutar de lo que me regalas.*

Mira esa fiebre interior que a veces me atormenta. Calma, serena, aplaca esa carrera loca que hay dentro de mí.

Ven Espíritu Santo. Enséñame a valorar el misterio de cada cosa y de cada ser humano, para que les dedique el tiempo y la atención que se merecen, para que pueda aprender el mensaje profundo de todo lo que me toque vivir.

Ven Espíritu Santo, a derramar tu dulce calma en todo mi ser.

Amén."

7 Hoy la Iglesia celebra a San Cayetano. Es un santo muy popular porque muchos se acercan a pedirle ayuda. Pero es importante que veamos también cómo fue su santidad para poder darle gracias al Espíritu Santo por su obra santificadora.

Después de criarse en la nobleza se hizo sacerdote, y fue distinguido con honores eclesiásticos. Pero él prefirió dedicarse a los enfermos de un hospital en Vicenza, de tal manera que muchos nobles de la ciudad se sintieron atraídos y se acercaron también como voluntarios al hospital.

Luego se trasladó a Venecia, donde gastó su fortuna para reparar un hospital y ayudar a los pobres. Después fundó una congregación que debía caracterizarse por un total desprendimiento y por no poseer renta alguna, viviendo en el día a día de lo que la providencia de Dios les concediera. Su sueño era que los sacerdotes vivieran como los primeros cristianos. Uno de sus lemas era: "No el amor sentimental, sino el amor activo".

En el Evangelio hay una promesa para las personas desprendidas: al que se entregue a Dios por el Reino no le faltará nada, no tendrá que preocuparse por su futuro (Lc 2,27-30), porque estará protegido y tendrá el auxilio de su Padre. En el pequeño grupo de los primeros compañeros de San Cayetano podemos ver realizado este misterio de pobreza y desprendimiento que el Evangelio propone, pero que no se trata de una ascesis fría y perfeccionista. Es más bien una respuesta de amor a Jesús pobre y un modo de unirse más perfectamente a los pobres, amados con predilección. Pero también podemos reconocer en ellos el consuelo y la alegría de los que, en su pobreza, se saben protegidos por el amor del Padre.

Por eso, podemos descubrir que al Espíritu Santo le gusta crear comunidades santas, y no sólo individuos santos. Pensemos qué hermoso sería si el Espíritu Santo pudiera santificar nuestra familia, nuestro grupo de amigos, nuestro barrio, así como santificó a la comunidad de San Cayetano.

8 Hoy la Iglesia celebra a Santo Domingo. En su vida podemos reconocer cómo el Espíritu Santo nos sorprende y a veces nos lleva a hacer cosas que no se entienden mucho, pero que son necesarias para el Reino de Dios.

Ese Reino ya está presente en el mundo, y está desarrollándose de manera misteriosa. Va creciendo aquí y allá, de diversas maneras. Como la semilla pequeña, que puede llegar a convertirse en un gran árbol (Mt 13,31-32). Como el puñado de levadura, que fermenta una gran masa (Mt 13,33). Y crece en medio de la cizaña (Mt 13,24-30), también mientras dormimos, sin que lo advirtamos (Mc 4,26-29). Por eso puede sorprendernos gratamente, y mostrar cómo nuestra cooperación con la gracia siempre produce frutos en el mundo. Pero es necesario cooperar con ese poder divino tratando de estar disponibles, liberados de los controles, esquemas y seguridades para dejarnos llevar donde el Espíritu Santo quiera y para anunciar el Evangelio sin demoras.

Esa urgencia es la que vemos plasmada en Santo Domingo. Él, dos años después de fundar su congregación, formada sólo por 16 personas, envió a los dominicos a París, Bolonia, Roma y España. En esos lugares debían fundar conventos, estudiar y predicar. Nadie entendía esa dispersión de pocas personas, con el riesgo de que la obra dominicana se acabara en poco tiempo. Pero el argumento de Domingo era el siguiente: "Amontonando el trigo, se arruina; esparcido, fructifica".

Esta opción arriesgada de Domingo, que podía acabar en poco tiempo con su recién nacida congregación, se explicaba por una convicción profunda: ya no bastaba con fundar monasterios, centros contemplativos donde los monjes vivían seguros y en calma. Ahora se trataba de anunciar el Evangelio por todas partes, y viviendo en la inseguridad de los caminos, pobres y confiados en la providencia. Él confió en el Espíritu Santo, que le hacía ver esta necesidad, aunque muchos no podían comprenderlo.

El mundo necesitaba profetas, y el ideal de Domingo era vivir predicando el Evangelio como los Apóstoles. En él y en sus compañeros el Espíritu Santo había derramado el carisma de la predicación, y entonces no tenía sentido quedarse quietos en unos pocos conventos. La Palabra de Dios era en ellos como un fuego que no se podía contener (Jer 20,9). Pidamos al Espíritu Santo que logremos experimentar esa hermosa pasión.

9 *"Ven Espíritu Santo. Derrama en mi interior una profunda fe, para que pueda reconocerte. Dame la gracia de aceptar que de verdad estás aquí conmigo en este momento. Quiero estar en tu presencia sabiendo con certeza que no me abandonas.*

No puedo confiar en mi mente tan pequeña, porque tu presencia santa es mucho más grande de lo que yo podría razonar o entender.

Tampoco puedo confiar en mi sensibilidad, porque tu presencia supera todo lo que yo podría sentir, y tu amor es mucho más que lo que puede percibir mi corazón.

Por eso te ruego que hagas crecer mi fe, ya que sólo con la mirada de la fe puedo descubrirte y gozar en tu presencia.

Ven Espíritu Santo.
Amén."

10 Los que se dejan llevar por el Espíritu Santo, poco a poco se van llenando de fuerza y de valentía. Dejan de ser cobardes y mediocres, y se hacen capaces de dar la vida. Eso es lo que hoy contemplamos recordando al mártir San Lorenzo.

Jesús nos enseñó que *"el que quiere salvar su vida la pierde"* (Jn 12,25). Así lo vivió San Lorenzo, cuando se entregó al martirio con entereza y completa disponibilidad. Cuenta la leyenda que cuando lo colocaron en una parrilla ardiente, después de un rato pidió que lo dieran vuelta para no demorar la entrega total que tanto deseaba.

Sin embargo, a veces no se trata de buscar alguna misión extraordinaria que nos haga sentir héroes o mártires, ni consiste en esperar que nos llegue alguna ocasión de sufrir algo grande que podamos ofrecerle al Señor. Normalmente se trata de aceptar de un modo libre la misión que nos toca cumplir, y de aceptar todas las molestias, cansancios cotidianos e incomodidades que acompañan a esa misión.

Jesús dijo: *"Donde yo esté estará también mi servidor"* (Jn 12,26). Lorenzo es uno de los que siguió a Jesús también en una muerte violenta. No se dejó contagiar por la sociedad corrupta de su época. Pero cuando estaba siendo quemado vivo podría haberse sentido fracasado. Sin embargo, se entregó con confianza, sabiendo que Dios siempre hace fecunda nuestra entrega. En el testimonio de este mártir, que nos refleja la entrega de Jesús en la cruz, nuestros sufrimientos por el Señor nos parecen pequeños, y entonces dejamos de quejarnos tanto por lo que nos sucede.

Así se nos presenta con claridad la exhortación de la carta a los Hebreos: *"Fíjense en aquel que soportó tal contradicción de parte de los pecadores, para que no desfallezcan faltos de ánimo. Ustedes todavía no han resistido hasta llegar a dar la sangre en la lucha contra el pecado"* (Heb 12,3-4). El Espíritu Santo es el que nos da esa resistencia, porque solos no podemos. Pidámosle que derrame esa seguridad y esa fortaleza en nuestras vidas.

11 En algunos santos podemos reconocer de una forma especial la belleza y la alegría que puede derramar el Espíritu Santo cuando somos dóciles a su acción en nuestros corazones. Hoy recordamos a Santa Clara, la compañera de San Francisco de Asís. Ella pudo decir a Jesús como San Pedro: *"Nosotros lo hemos dejado todo y te hemos seguido"* (Mt 19,27).

Cautivada por la entrega radical y feliz de San Francisco de Asís, Clara decide audazmente seguir sus pasos. En aquella época era muy difícil para una mujer tomar ese tipo de decisiones. De hecho, cuando Clara dejó su palacio fue perseguida por sus familiares. En la pequeña iglesia de Santa María de los Ángeles (la Porciúncula) se consagró a

Dios; Francisco cortó sus trenzas y aceptó su compromiso a los dieciocho años. Luego su testimonio entusiasmó a su hermana Inés y a dieciséis jóvenes más con las que formó una comunidad. Alternaban la oración con el cuidado de enfermos pobres. Una de las normas de esta comunidad era vivir sólo de las limosnas; por lo tanto, una parte del día se dedicaba a pedir limosna para comer.

Para los que nos entregamos a Dios a medias, temiendo que él quiera tomarlo todo, sospechando que Dios quiere mutilarnos o quitarnos algo sin nuestro permiso, el testimonio de Clara nos muestra la alegría de quien se deja llevar por el Espíritu Santo para vivirlo todo con Jesús. Clara sabía que una vida que se construye sin el Espíritu Santo está destinada a la tristeza, al vacío y a la muerte, y que lo que se construye con él está seguro y tendrá buen fin. Sin máscaras, sin seguridades falsas, sino apoyándose sólo en el inquebrantable amor divino.

Esta mujer conjugaba en su comunidad contemplativa los ideales de pobreza, servicio al pobre y vida fraterna. El sueño comunitario del pobre de Asís se realizaba hermosamente en este grupo de mujeres pobres, en íntima comunión con Francisco y sus seguidores. En estos seres capaces de vivir una luminosa comunión fraterna, descubrimos hasta qué punto el desprendimiento de los seres queridos y de los afectos, cuando es sano y verdadero, no hace más que multiplicar los lazos del amor. Por eso el creyente no le teme a la soledad, porque el Espíritu Santo le va otorgando una firmeza afectiva que le permite tener relaciones sanas, no posesivas ni absorbentes, y eso le va ganando amistades más bellas y satisfactorias, sin angustias enfermizas. Pidamos al Espíritu Santo que nos enseñe ese modo de amar.

12 Junto con el perdón a uno mismo, es necesario reconocer que Dios no hace monstruos, y por lo tanto nuestro ser está lleno de cosas buenas y de posibilidades bellas. En la historia de cada ser humano hay obras buenas, intenciones positivas, cosas bellas que Dios mismo ha provocado con los impulsos de su Espíritu Santo. Es necesario reconocer esas cosas. No para enorgullecerse, sino para reconocer la obra del Espíritu y descubrir las valiosas posibilidades que hay en nuestra vida. Esto es necesario para poder mirar de la misma manera a los demás, con ojos positivos.

Es bueno entonces, repasar el propio pasado para recordar esas cosas que nos hacen sonreír, esas acciones importantes que han brotado de nosotros, esas cosas positivas que logramos hacer o decir, esos momentos que nos hacen sentir que valía la pena nacer.

Es precioso ver cómo el Espíritu Santo ha ido actuando en la propia vida, dejando su mensaje poco a poco, en medic de las tristezas, los fracasos, los errores y las dificultades. El Espíritu Santo es el gran artista, que también de las cosas malas puede sacar algo bueno, algo que sólo con el paso del tiempo podemos llegar a descubrir.

13 *"Ven Espíritu Santo, para que pueda encontrar sabiduría en medio de mis límites, molestias y cansancios. Porque el sol que se pone es tan bello cuando yo estoy sano como cuando yo estoy enfermo. Ayúdame a valorar la hermosura de las cosas más allá de mis estados de ánimo, ayúdame a disfrutar de lo que me regalas en medio de mis problemas.*
Porque mi vida no son sólo las dificultades, mi vida es todo lo que pueda experimentar, y cada día tiene su secreta hermosura.
Ven Espíritu Santo, y enséñame a vivir, porque muchas veces sólo puedo mirar lo que me preocupa, lo que me falta, lo que me desagrada, como si no existiera nada más que eso.
¡Y el mundo sigue siendo tan bello, y la vida sigue siendo ese milagro tan precioso!
Ven Espíritu Santo, para que ningún día se pierda inútilmente en la negatividad y los lamentos. Ven a cambiar mi forma de vivir, para que pueda reconocer la parte buena de cada día. Amén."

14 El Evangelio nos enseña a amar como Jesús amó y nos pide que amemos hasta el extremo. Pero es imposible lograr eso con nuestras propias fuerzas. Nuestros sentimientos y nuestras necesidades nos llevan a estar siempre pendientes de nosotros mismos, pensando en nuestros propios intereses.

Sólo el Espíritu Santo puede sacarnos fuera de nosotros mismos, para dar la vida por los hermanos si es necesario. Sólo el Espíritu Santo puede darnos esa capacidad tan bella. Así lo vemos en el martirio de San Maximiliano Kolbe, que hoy celebramos.

En el campo de concentración de Auschwitz no sólo murieron muchos hermanos judíos. También fueron sacrificados por los nazis algunos cristianos, entre ellos el sacerdote Maximiliano Kolbe. Él evangelizaba con todos los medios posibles, incluyendo las publicaciones y la radio, y soñaba con producir películas cristianas. También estuvo evangelizando cinco años en Japón. Luego, de regreso en Polonia, los nazis destruyeron su imprenta y lo llevaron preso al campo de concentración.

Con su ejemplo y su palabra consolaba cada día a los demás presos, les ayudaba a rezar, apaciguaba los ánimos alterados. Su vida pudo culminar de esa manera porque toda su existencia fue una entrega generosa, gota a gota, y lo preparó para pensar en los demás hasta entregar la vida.

Su testimonio más elocuente y singular fue la ofrenda de su vida en lugar de otro prisionero. Cuando llevaban a morir al sargento Gajowniczk, Maximiliano escuchó que tenía cinco hijos, y se ofreció para morir en su lugar. Entonces lo sometieron a morir de hambre junto con otros nueve presos. Maximiliano fue acompañando a cada uno a morir en paz. Finalmente, murió también él.

Aquel sargento asistió años después a la beatificación del que le había salvado la vida. A lo largo de la historia encontramos pocos testimonios de amor fraterno tan bellos y generosos como el de Maximiliano. Éste es sin duda el aspecto del Evangelio que él ha reflejado más clara y luminosamente: _"Nadie tiene mayor amor que el que da la vida por sus amigos"_ (Jn 15,13). _"Lo que les mando es que se amen los unos a los otros"_ (Jn 15,17). Ese fruto de amor fraterno que el Espíritu Santo quiere realizar en nosotros, se produjo con abundancia en la entrega total de Maximiliano.

Sería bueno pedirle insistentemente al Espíritu Santo que cure nuestros egoísmos y comodidades para que seamos capaces de amar de ese modo tan luminoso.

15 Donde más se lució el Espíritu Santo es en la Madre de Jesús, en la Madre de todos, María. Ella es la más bella, la más preciosa, la que brilla en el cielo como un signo de esperanza.

Porque ella, una pobre y sencilla mujer, ignorada y hasta despreciada (Mc 6,2-3), tenía toda la esperanza puesta en el Señor. Ya cuando fue concebida, el Espíritu Santo entró en su corazón. Ella nunca escapó del Espíritu Santo, sino que se confió de un modo total a su poder sublime. Por eso tuvo la gloria de ser la madre del Salvador, y a pesar de ser una de las mujeres más simples de la tierra, ha triunfado con el poder de Dios. Ahora resplandece, vestida de sol, coronada de estrellas, inmensamente feliz de compartir la gloria de Jesús resucitado.

Por eso mismo, cuando nos detenemos ante una imagen de María, o cuando vamos a visitarla a una iglesia, aunque estemos llenos de cargas pesadas, sentimos un alivio. Mirándola y contándole nuestras cosas, experimentamos que ella se hace presente a nuestro lado, nos toma en sus brazos, y nos dice en el silencio: "No tengas miedo. Yo te comprendo, porque yo también sufrí mucho. Pero todo terminará bien, y yo estaré a tu lado para que puedas enfrentarlo todo".

A través de la Madre de todos, el Espíritu Santo nos consuela.

16 Cuando hemos sido transformados por la gracia santificante, los impulsos del Espíritu nos ayudan a sacar lo mejor de nosotros mismos, lo mejor de ese nuevo ser que ha producido la gracia en nosotros.

Una vez renovados por la gracia santificante, los permanentes impulsos del Espíritu nos estimulan a realizar obras más perfectas, para crecer cada vez más en el dinamismo del amor. Porque en nuestro ser transformado ya existe una vida nueva que nos capacita para esas obras sobrenaturales que pueden llegar al heroísmo y al martirio. Este crecimiento de la vida de la gracia santificante, que es ante todo un camino de amor, no tiene límites.

Atrevámonos a ese crecimiento permanente que quiere producir en nosotros el Espíritu Santo. Así lo expresaba Santo Tomás de Aquino:

"La caridad, en razón de su naturaleza, no tiene término de aumento, ya que es una participación de la infinita caridad, que es el Espíritu Santo... Tampoco por parte del sujeto se le puede prefijar un término, porque al crecer la caridad, sobrecrece siempre la capacidad para un aumento superior... Este aumento persigue un fin, pero ese fin no está en esta vida sino en la futura" (ST II-II, 24,7).

17 *"Ven Espíritu Santo, tú eres la fuente de la vida y de la alegría.*

De ti brota toda la actividad del universo, porque eres vitalidad y dinamismo puro. Cuando logras entrar en un corazón, ese corazón se llena de vida y de gozo. Eres capaz de gritar y bailar de alegría (Sof 3,17).

Pero a veces pierdo la conciencia de las cosas importantes. Y así como pierdo conciencia del aire que respiro, o de la luz que ilumina todas las cosas, o del espacio infinito que me rodea, así también pierdo conciencia de tu presencia y de tu amor.

Dame tu luz, Espíritu Santo, para que vuelva a descubrirte. Que tu gracia despierte una vez más la dulce alegría de tu amistad. Quiero caminar sumergido en tu amor, sostenido en tu gracia.

Mi corazón es pobre y se cierra. Pero yo sé que tu amor poderoso puede derribar los muros de mi indiferencia, y poco a poco lo lograrás. Aquí estoy, como pequeña criatura, débil y limitado. Pero sé que con tu amor soy fuerte, y que tu vida puede penetrar mi pequeñez Contigo se abren siempre nuevos caminos y la existencia se renueva.

Ven Espíritu Santo, y triunfa con tu amor en mi vida. Amén."

18 La Biblia nos habla de un carisma del Espíritu Santo que no siempre entendemos bien. Es una especie de *oración en lenguas*. ¿De qué se trata?

San Pablo explica que se trata de una forma de expresión que sirve sólo para comunicarse con Dios, no para comunicarse con los demás, que no pueden comprenderlo (1 Cor 14,2). Pero además, la misma persona que usa esta forma de expresarse no puede comprender con su mente lo que dicen sus palabras (14,14). Sin embargo, esta oración produce frutos, edifica realmente a la persona (14,4), y en su espíritu es una verdadera oración, aunque la mente no comprenda (14,14).

¿Qué significa esto? Que a veces, cuando nos entregamos a la oración, el Espíritu Santo puede regalarnos una experiencia de profunda comunicación con Dios y de liberación interior, porque nos permite expresar lo que hay en lo profundo del corazón sin tener que usar palabras comprensibles, sin necesitar armar frases o buscar palabras adecuadas. De hecho, es lo que sucede cuando suspiramos, cuando lloramos, cuando gemimos, etc. Alguna vez es necesaria esta liberación de las cosas más profundas del corazón en la presencia de Dios. ¿Cómo se logra?

En primer lugar, pidiendo al Espíritu Santo que nos ayude a *gemir* en nuestro interior (Rom 8,15); pero también intentando expresar lo que hay dentro de nosotros con una melodía, con una sílaba repetida, con un gemido audible, con una canción que poco a poco va perdiendo la letra y se va convirtiendo en un susurro, dejando que una melodía espontánea brote sin esfuerzo, con espontaneidad, sin controlarla demasiado. Pero sobre todo, cargando esos movimientos de nuestra voz con aquellas cosas, dulces o dolorosas, que guardamos dentro, que necesitamos expresar y nunca hemos logrado manifestar del todo en la presencia de Dios.

Es ciertamente una experiencia que nos ayuda a *aflojar* nuestro interior cargado y nos permite relativizar por un momento la importancia de las cosas que nos agobian, nos aturden, nos angustian. Pidamos al Espíritu Santo que nos regale esa experiencia liberadora.

19 *"Ven Espíritu Santo, y enséñame a escuchar la música de la vida.*

Toca mis oídos espirituales para que aprenda a gozar esa canción que tú vas creando con cada cosa que me toca vivir.

Ayúdame a apreciar todos los sonidos, y también los silencios, porque también lo que me parece desagradable, puede convertirse en parte de esa bella canción.

Ven Espíritu Santo, ilumina mi vida, para que no me encierre a llorar lo que me falta y lo que he perdido. No dejes que cierre mi corazón a las cosas nuevas que quieres hacer nacer en mí, ven para que me atreva a tomar ese nuevo camino que me propones, cuando los demás caminos se han perdido.

Enséñame a escuchar con el corazón, para que reconozca que, cuando una nota se apaga, comienza a sonar una nota distinta, comienza a vibrar otra cuerda, y la vida continúa. Ven Espíritu Santo. Amén."

20 A veces sucede que algunas cosas bellas empiezan a morirse, y sufrimos por la nostalgia, pero no somos capaces de renovarlas para que puedan renacer. El Espíritu Santo es el que siempre nos mueve a renovar las cosas, a derramar vida donde todo se está muriendo. Él puede darle un nuevo impulso a lo que se ha debilitado, pero para eso tenemos que aceptar que lo haga como él quiera y que se cambie lo que tenga que ser cambiado. Algo de eso descubrimos en lo que el Espíritu Santo hizo a través de San Bernardo, a quien hoy recordamos.

A los 20 años ingresó en una orden contemplativa que tenía pocas vocaciones y comenzaba a extinguirse. Pero a los 25 años Bernardo se fue con un grupo de compañeros a fundar el monasterio de Claraval. La vida cristiana era allí tan intensa y fervorosa, por el atractivo estímulo de Bernardo, que en su monasterio llegaron a vivir 500 monjes, y desde allí se fundaron numerosos monasterios. Salía a predicar con una fuerza inagotable y siempre volvía rodeado de un grupo de personas convertidas que querían entregarse a Cristo. También participaba activamente de todo lo que pudiera afectar a la Iglesia, porque nada que tuviera que ver con Dios le podía ser ajeno. Se le considera el mayor apóstol del siglo XII. Así, su orden contemplativa, que estaba desapareciendo, volvió a vivir.

En Bernardo se descubre lo que es un hombre grande en manos del Espíritu Santo, cómo se eleva, cómo se llena y se fortalece una vida donde el Espíritu Santo puede entrar sin dificultades y asumir el control. Cuando se renuncia a ser el centro, el dominador, el que todo lo controla, y se le otorga al Espíritu el señorío sobre la propia vida, entonces brota una fecundidad sobrehumana. Cuando uno se libera de la mirada ajena, y renuncia a vivir para el reconocimiento de los demás, se adquiere la verdadera libertad interior. Nadie es más libre y más fecundo que quien le permite al Espíritu Santo tocar y sanar su libertad.

21 *"Ven Espíritu Santo. Quiero estar un momento contigo, y deseo que este momento esté consagrado sólo a ti.*
Ven a tocar mi mirada interior para que

pueda contemplar tu gloria divina, que no tiene límites.

Te doy gracias porque he podido conocerte, porque has derramado en mí la fe, y puedo invocarte con profunda confianza. Te doy gracias porque contigo todo se me hace más fácil, y cuando te invoco me quedo en paz. Gracias por tu amistad, y porque puedo dialogar contigo sobre las inquietudes de mi vida.

Te adoro en esta cercanía, porque nunca estás lejos; siempre estás iluminando lo más íntimo de mi ser. Gracias, Espíritu Santo, porque cuando camino estás conmigo, cuando trabajo estás conmigo, cuando sueño estás conmigo, cuando sufro estás conmigo, cuando me alegró estás allí conmigo. Y cuando no puedo más, también estás conmigo.

Amén."

22 Es cierto que lo principal es dejarse llevar por el Espíritu Santo, llenos de confianza. Pero siempre tenemos que recordar que él nos quiere vivos, y por eso no quiere que anulemos nuestra creatividad y nuestro empeño. Ni siquiera la oración debería ser algo puramente pasivo. Porque orar no es solamente *dejarse estar* en la presencia de Dios.

Si queremos regalarle a Dios lo mejor, y queremos que nuestro ser entero se encuentre con él, entonces tenemos que estar *ahí*, con todo nuestro ser y nuestras capacidades en su presencia, no adormecidos ni atontados. Si nos relajamos demasiado, la mente se llena de imágenes que nos desvían la atención hacia otras cosas. Esas imágenes a veces nos llenan de tristezas o de malos recuerdos. Entonces, cuando termina la oración, nos encontramos cargados de malas sensaciones.

Dejarse llevar por el Espíritu Santo no es estar perdidos en una especie de nebulosa. Se trata más bien de una altísima y amable atención. Es un *atento recogimiento* donde la persona busca concentrar en Dios todo su ser.

Lo ideal es que se trate de un momento de vida vivido a pleno, con todas las capacidades de la persona ofreciéndose activamente a Dios. Por eso conviene, antes de ir a orar, lavarse la cara y los brazos con agua fresca para despertarse bien. Quizás sea también necesario dar unos saltos, flexionar las piernas, mover un poco los brazos, hacer masajes en el rostro, respirar hondo varias veces, caminar unos minutos, etc. Así el cuerpo y la mente se disponen para estar despiertos y serenos al mismo tiempo, para estar *vivos* ante Dios.

Es verdad que la iniciativa en este encuentro siempre la toma el Espíritu Santo. Él debe ser el protagonista para que haya verdadera oración. Pero al mismo tiempo nos invita a responderle con todo nuestro ser.

23 En medio de todo lo que vivimos hay un encanto secreto, un misterio divino escondido que pocas veces alcanzamos a percibir.

En cada cosa y en cada experiencia, hay una luz cautivante que no se descubre a simple vista.

Para reconocer esa maravilla que nos rodea y nos envuelve, tenemos que dejarnos tomar e iluminar por el Espíritu Santo. Él puede cambiar completamente nuestro modo de mirar el mundo.

Pero si él no nos ilumina, sólo vemos lo áspero y gris de las cosas.

Con el Espíritu Santo, también la enfermedad puede llegar a ser una preciosa experiencia llena de intensidad espiritual; también un fracaso puede dejar una enseñanza profunda; y hasta las caídas pueden convertirse en un trampolín para elevarnos a lo más alto.

Con la luz del Espíritu, una hoja que cae es un mensaje de amor, y el atardecer es un maestro de sabiduría.

Dejémonos *encantar* los ojos por el Espíritu Santo.

24 El amor que me hace sabio y profundo es el que me hace capaz de pasar de mi mundo al mundo del otro, de la pasión por sentirme bien a la pasión por el servicio, de los engaños espirituales a la disponibilidad. Una persona que se deja llevar por el Espíritu Santo, está siempre disponible, deja que los demás le cambien los planes, sabe renunciar a sus propios proyectos. Porque el Espíritu Santo, si lo dejamos actuar, nos libera el corazón de tantas cosas para que estemos disponibles de verdad.

El ser humano sabio y profundo está liberado de estructuras, esquemas y agendas. En lugar de pensar y lamentarse por dentro diciendo: "Esta persona me está molestando", aprendió a decirse: "Esta persona me necesita".

Miremos a Jesús. Él iba caminando con un rumbo claro y con un proyecto importante. Parecía que no valía la pena que se detuviera en cosas pequeñas. Por eso, cuando un ciego le gritaba al lado del camino, los discípulos trataban de hacerlo callar, para que no interrumpiera al Maestro. Pero el maestro reaccionó como todo hombre sabio y profundo. Se detuvo. Él tenía sus proyectos. Pero se detuvo ante lo sagrado de un ser humano, y le preguntó: *"¿Qué quieres que haga por ti?"* (Lc 18,41).

¿Acaso Jesús no tenía cosas que hacer? Seguramente. Pero no estaba atado a una agenda ni a un horario intocable cuando se presentaba un ser humano con una necesidad. Él mismo dijo: *"Yo no he venido a ser servido sino a servir"* (Mt 20,28). Hoy hay quienes están tan ocupados con la gimnasia, el tiempo de relajación, las lecturas espirituales, y tantas otras recetas para sentirse bien, que ya no les queda tiempo para detenerse ante nadie. Eso no es verdaderamente una persona llena del Espíritu Santo, sino un esclavo de sus necesidades psicológicas.

25 *"Ven Espíritu Santo.*

Quisiera deslumbrarme con tu amor y tu belleza, y dejarte entrar. Pero tú quisiste que yo te descubriera lentamente, para no invadir mi vida sin mi permiso.

Quisiera abrirte mi interior para vivir tu amistad. Yo sé que eso me haría feliz, porque 'tu amor vale más que la vida' (Sal 63,4).

Pero me cuesta mucho atreverme a vivir un amor tan grande, tan fuerte, tan total. No me atrevo. Poco a poco quisiera descubrir que no hay nada que temer, que tu amor me deja libre, que tu amor es aire fresco que no asfixia. Ayúdame a descubrirlo, Espíritu Santo.

A veces me siento tan inseguro, tan frágil, veo que no hay nada firme en esta vida.

Me siento como un pequeño gusano débil que se puede destruir con cualquier cosa.

Pero tu Palabra me dice: 'No tengas miedo gusanillo mío. Yo soy tu salvador' (Is 41,14).

Eres mi seguridad, un poder infinito que me defiende. Contigo todo terminará bien. Confiar en ti es mi mayor poder. 'Fuerza mía,

para ti cantaré. Porque Dios es mi protec-
ción, el Dios de mi amor' (Sal 59,18).
Ven Espíritu Santo. Amén."

26 El Espíritu Santo nos ama y nos valora, y por eso su deseo es que nosotros seamos cada vez más bellos. Él espera que aceptemos su gracia para convertirnos en seres más completos, no reducidos a un área de la vida, a un tipo de experiencias, a una mentalidad determinada, a determinadas capacidades. Él quiere llevarnos a horizontes más amplios, hasta llegar a una gran apertura del corazón.

Él quiere desarrollar en nuestra vida todas las virtudes y dones, para que vivamos cada vez mejor el Evangelio. En nosotros hay muchas cosas buenas que él espera hacer crecer.

Pero sobre todo, quiere llevarnos a imitar cada vez más a Jesús, para que reaccionemos como él reaccionaba y vivamos como él vivía.

El Espíritu Santo quiere que tengamos la generosidad de Jesús, la paciencia de Jesús, la entrega de Jesús. Por supuesto, cada uno de nosotros imitará a Jesús a su modo, y todos de diferente manera, porque el Espíritu Santo es inmensamente creativo, y puede hacer millones de obras de arte, pero todas diferentes. Dejemos que él, como un artesano lleno de amor, haga ese trabajo en nuestra vida.

27 _"Espíritu Santo, fuerza de mi vida, hoy vuelvo a darte gracias._

Gracias porque me colocaste en este universo para que yo haga un camino, para que aprenda a amar, para que descubra tu amistad día a día.

Gracias porque estás conmigo en todo lo que me pasa y me ayudas a aprender algo de cada cosa que me suceda.

Gracias porque quieres transformar todo mi ser con tu vida divina.

Gracias porque cada día es una novedad, porque siempre hay nuevos signos de tu amor, porque siempre me invitas a algo más.

Cuando te abro mi mente y mi corazón puedo recibir maravillas de tu ternura.

Y siempre me llamas a volver a empezar.

Gracias Espíritu Santo. Amén."

28 Hoy recordamos a San Agustín, y su conversión es un estímulo para que invoquemos al Espíritu Santo, y con su gracia tratemos de cambiar lo que haya que cambiar en nuestras vidas.

La vanidad nos lleva a pensar que somos el centro del universo y que la vida no puede privarnos de ningún placer. Esa misma vanidad nos lleva a pretender tener a Dios a nuestro servicio, nos hace incapaces de entregar la vida, y finalmente nos hace probar el sabor amargo de la propia miseria y del propio vacío. Algo de eso le sucedía a Agustín. Y cuando Agustín estaba encaminado hacia la conversión, esas viejas experiencias seguían mostrando su falso atractivo y le sugerían que era imposible vivir sin ellas:

"Lo que me retenía eran bagatelas de bagatelas, vanidades de vanidades, antiguas amigas mías que me sacudían la vestidura carnal diciéndome: '¿Así que nos vas a dejar? ¿Desde este momento te privarás de nosotras por toda la eternidad? ¿Nunca más te será lícito esto y aquello?' Y así ¡cuántas cosas no me sugerían Señor! Me sentía aún amarrado a ellas y lanzaba gemidos llenos de miseria: ¿Cuándo, cuándo acabaré de decidirme? ¿Lo voy a dejar siempre para mañana?" (Confesiones VIII, 11-12).

Sin embargo, en Agustín triunfó la potencia del Espíritu Santo. Así pudo descubrir que no era la humana debilidad la que podía triunfar, sino el amor que derrama el Espíritu en esa fragilidad. Su conversión fue una experiencia maravillosa que cambió por completo su existencia. Es más, podemos oír a este hombre que lo probó todo, lamentándose por haber desgastado su vida pasada en los vicios y vanidades mundanas. Lo escuchamos quejándose por no haberse entregado antes: *"¡Tarde te amé, hermosura tan antigua y tan nueva! ¡Tarde te amé!"* (Confesiones X, 27).

Es cierto que los condicionamientos que con frecuencia nos dominan impiden a la gracia manifestarse plenamente en todas las dimensiones de nuestra existencia. Pero el testimonio de Agustín nos muestra la eficacia de la gracia del Espíritu Santo. Esa misma eficacia puede realizarse con mayor plenitud en nuestras vidas si lo dejamos actuar, y le ofrecemos nuestra pequeña cooperación.

29 Hoy celebramos el martirio de Juan el Bautista, y eso nos permite descubrir algo muy importante: Los que se dejan llevar por el Espíritu Santo, son fieles a sus convicciones hasta la muerte. Pero los que rechazan las inspiraciones del Espíritu Santo, terminan destruyendo lo bueno que hay en el mundo.

El texto de Mc 6,17-29 se detiene a narrar la muerte de Juan el Bautista, donde se muestra que el poder de la apariencia social y de la vanidad es tan fuerte que puede torcer las mejores intenciones. Porque Herodes admiraba a Juan, lo protegía, lo consultaba y lo escuchaba, pero no podía negarse a entregar la cabeza de Juan para no quedar mal delante *"de los convidados"* (Mc 6,26). Hasta ese momento, Herodes respetaba a Juan. Sin embargo, la palabra del profeta no había logrado llegar al corazón, donde se toman las decisiones más profundas. Allí tenían más poder las habilidades de una mujer, que lo llevó a asesinar a Juan.

Esta historia no deja de ser una profunda exhortación para que reconozcamos nuestro propio corazón, lo que realmente nos mueve, más allá de la apariencia, más allá de los sentimientos y emociones superficiales, más allá de las palabras. Nos hace ver las resistencias que hay en el mundo frente al Espíritu Santo, que nos invita a modificar las cosas establecidas y a cambiar un estilo de vida. Porque el ser humano normalmente prefiere dejar las cosas como están y evita lanzarse a lo que todavía no sabe controlar. Por eso le tiene miedo al Espíritu Santo y prefiere eliminarlo de su vida. Esto nos invita también a que nos preguntemos de modo permanente si nuestro deseo de tener todo bajo control no nos está cerrando el corazón a los nuevos caminos del Espíritu Santo.

Juan el Bautista se entregaba lleno de confianza, porque estaba lleno del Espíritu, y sabía que su muerte injusta no era el final de la historia. Del amor brota esa certeza. Ese amor lleno de esperanza es infundido por el Espíritu Santo en nuestros corazones (Rom 5,5).

30 *"Ven Espíritu Santo. Tu amor me contiene y me eleva.*
Pero muchas veces las preocupaciones de la vida me tiran abajo, como si no tuviera tu amor.
Y algunas veces me dejo llevar por la angustia cuando los problemas no son tan grandes.

Dame un corazón más agradecido, para que pueda vivir con más optimismo, sin dejar que se me amargue el alma por las cosas que me pasan. Porque siempre, en medio de los problemas, hay muchos regalos de tu amor. Ayúdame a descubrirlos, Espíritu que sostienes mi vida.

Ven Espíritu Santo, una vez más quiero dejar ante ti todo lo que me preocupa, y confiar en tu ayuda.

Te entrego mi salud, mi hogar, mis tareas, mis proyectos. Quiero que te hagas presente en todos los momentos, que me protejas, y que lleves todo a un buen puerto.

Y te agradezco, Espíritu de amor, por todo lo que me has dado. Por el aire, las personas que me ayudan y me alientan, el corazón que late, la sangre, la piel, las sensaciones agradables, y tantas simples cosas que llenan cada día de mi vida. Gracias, Espíritu Santo. Amén."

31 La persona llena del Espíritu Santo es verdaderamente generosa, y por eso reacciona con generosidad cada vez que alguien la necesita. No tiene que estar motivándose o preparándose para poder hacer una obra buena. Le sale del corazón.

Cuando tenemos una amistad más o menos profunda con alguien, siempre tendremos que dar algo. Y a veces, cuando estamos buscando un poco de tranquilidad, se acerca alguien que necesita de nuestra ayuda. Pero si tenemos un falso ideal de felicidad, viviremos sintiendo a los demás como ladrones que nos roban nuestro tiempo y nuestras cosas, escaparemos de ellos, o simplemente los soportaremos con una cuota de nerviosismo disimulado.

Pero alguien resentido o egoísta, que busque a Dios para liberarse de las molestias de los demás, no sería un verdadero místico. Sería sólo un terrible ególatra o un enfermo que usa a Dios para disimular su incapacidad de amar.

Si alguna vez hemos amado de verdad a alguien, sabemos que el amor vale la pena; si algún día hemos sido verdaderamente generosos, sabemos que eso nos hace felices. Un corazón generoso vive mejor. Pero como el amor no se fabrica ni se inventa con las capacidades humanas, hay que pedirlo como un regalo sublime del Espíritu Santo. "¡Ven Espíritu Santo, y enséñame a amar!".

Septiembre

1   _"Ven Espíritu Santo, como caricia que calma._
Muchas cosas se rebelan dentro de mí cada
día, cosas que me molestan, que me inquie-
tan, que me resienten.
A veces mi interior se perturba por cosas
que no son tan importantes, y me lleno
inútilmente de una inquietud que me hace
daño.
Ven Espíritu Santo, y acaríciame por den-
tro. Pasa por esos sentimientos que se su-
blevan, y cálmalos con tu caricia santa.
Pasa por mi cuerpo lleno de tensiones, y se-
rénalo con tu caricia suave.
Pasa por mi piel que se resiste a tantas co-
sas, y apacíguala con tu caricia tierna.
Pasa por mi corazón que se trastorna, y
aquiétalo con tu caricia tibia.
Pasa por mis pensamientos que se alborotan,
y tranquilízalos con tu caricia delicada.
Pasa por mis afectos que me queman, y apá-
galos con tu caricia fresca.
Ven Espíritu Santo, acaricia lentamente todo
mi ser, y con esa caricia divina pacifica,
sosiega, aplaca, suaviza.
Ven Espíritu Santo.
Amén."

2   El Espíritu Santo no espera que nos obsesione-
mos buscando la perfección. Por eso dice la Biblia:
*"No quieras ser demasiado perfecto ni busques ser
demasiado sabio. ¿Para qué destruirte?"* (Qoh 7,16).

No tienes por qué ser perfecto en todo, ni hacerlo todo bien, ni hacerlo todo ahora. Suelta ese falso
ideal. Porque estás llamado a ser feliz en lo que haces,
no a destruirte haciendo cosas. La base de todo cambio está en aceptarse serenamente a uno mismo. Eso
brinda una calma interior para descubrir los pequeños
pasos que podemos dar sin destruirnos. No conviene
dar lugar a los reproches interiores que terminan blo-
queando todo posible crecimiento. Porque no es cierto que si no cambias ese defecto, no sirves para nada.
Ese cambio puede ser importante, pero mientras no
lo logres hay muchas cosas bellas que puedes hacer.
Tampoco es cierto que nunca vas a cambiar. El cambio llegará en el momento justo. Pero si te desprecias
y te lastimas no te preparas para recibirlo.

Vivir culpándose a uno mismo no sirve para
nada, no nos estimula ni nos ayuda a cambiar. El
Espíritu Santo no quiere sentimientos de culpa sino
buenos deseos. Por eso es tan importante mirarse a
sí mismos con el amor compasivo y paciente del Señor, perdonarse, y liberarse de esos ideales de perfección que provocan permanentes sentimientos de
culpabilidad y de inferioridad. Pidamos al Espíritu
Santo que destruya esos sentimientos inútiles.

3   El futuro a veces nos despierta mucha inseguridad. No sabemos qué será de nosotros el día de
mañana, y a veces nos imaginamos encerrados en
un asilo de ancianos, en un lugar oscuro y desagradable. O pensamos en la posibilidad de enfermar-
nos gravemente y que los demás no nos cuiden, y
terminar abandonados.

Estos y otros pensamientos a veces tiñen el
futuro de tristeza o de inquietud.

Pero tenemos que creer en la Palabra de Dios,
donde él amablemente nos dice: *"No te dejaré ni te
abandonaré"* (Heb 13,5), y nos recuerda que *"nada
podrá separarnos del amor de Dios"* (Rom 8,39).

Si creemos en esas promesas, podemos saber
con seguridad que el Espíritu Santo estará de verdad con nosotros, en toda circunstancia. Por eso,
no importa tanto cómo será nuestro futuro ni lo
que nos sucederá. Es más importante sentirnos
seguros sabiendo que no estaremos solos. De eso
podemos tener certeza.

4   Recordemos que la mejor manera de prepararnos para el futuro es vivir bien el presente. No
sabremos amar en el futuro si hoy no amamos, a
estas personas concretas, en estas circunstancias
que nos tocan vivir. No seremos personas alegres
mañana si no intentamos encontrar hoy, aunque

sea una pizca de alegría, en este momento que nos toca vivir. No sabremos disfrutar mañana, si hoy al menos no hacemos lo posible para gozar de las pequeñas cosas.

Que el futuro no nos encuentre vacíos. Para eso, hay que detenerse a invocar al Espíritu Santo pidiéndole que venga a derramar cosas buenas en la vida que estamos viviendo ahora. De esa manera, si ahora aprendemos a vivir un poco mejor, eso nos hará fuertes y nos preparará para vivir un futuro más bello y lleno de cosas buenas.

Con el Espíritu Santo podemos preparar el futuro viviendo con ganas este día.

5 Hay una forma de alcanzar una inmensa paz: consagrarse al Espíritu Santo y aceptar que haga lo que quiera, que nos lleve donde quiera, que disponga de nuestra vida como le parezca. En realidad, eso será lo mejor para nosotros.

Esto no significa que el Espíritu Santo nos enviará sufrimientos. De ninguna manera. Pero, si él permite que nos sucedan cosas propias de la vida, él hará que eso sea para nuestro bien. Intentemos rezar con el corazón esta oración del Cardenal Mercier:

"Espíritu Santo,
alma de mi alma, yo te adoro.
Ilumíname,

guíame,
fortaléceme,
consuélame,
inspírame lo que debo hacer.
Te pido que dispongas de mí,
porque prometo obedecerte
y aceptar todo lo que permitas que me suceda.
Sólo hazme conocer tu voluntad. Amén."

6 A veces realizamos nuestras tareas por obligación, porque no tenemos otra salida, porque no hemos encontrado algo mejor. Entonces, simplemente toleramos lo que nos toca realizar.

Otras veces comparamos nuestras tareas con las que realizan otras personas, y entonces nos parece que lo que hacemos tiene poco valor.

Eso nos hace daño, porque convierte nuestra actividad en un tiempo vacío, sin Espíritu; un tiempo que esperamos que pase, que soportamos. Es como si ese tiempo no nos sirviera para nada, y simplemente deseamos que se termine para poder hacer algo que valga la pena.

Pero no dejemos que ese tiempo pase en vano. Ya que nos toca hacer una tarea, hagámosla con ganas, ofreciéndola a Dios, encontrándole alguna belleza. Si no lo logramos, pidámosle al Espíritu Santo que se haga presente en medio de ese trabajo, y nos ayude a vivirlo como un servicio. Hay miles de maneras de servir a Dios y a los demás. Ese trabajo también es un servicio, y el Espíritu Santo puede ayudarnos a que nos sintamos agradecidos porque podemos prestar ese servicio, porque podemos hacer algo con nuestro cuerpo y con nuestras capacidades.

Clamemos al Espíritu Santo, para que nos regale esa alegría de servir con nuestras humildes tareas.

7 Es bueno dejar entrar al Espíritu Santo en toda nuestra vida. No para que nos ayude a descubrir qué debemos hacer o decir, sino también para que nos haga ver cuál es la mejor manera de hacerlo o de decirlo, cuál es el estilo y la modalidad que más nos conviene imprimirle a nuestros actos. Podemos pedirlo con las palabras del Cardenal Verdier:

"Espíritu Santo,
Amor del Padre y del Hijo,
Inspírame siempre lo que deba pensar;
lo que deba decir,
y cómo tenga que decirlo;
lo que deba callar;
lo que deba escribir;
lo que deba hacer,
y cómo tenga que hacerlo.
Para obtener tu gloria,
el bien de los demás
y mi propia santificación. Amén."

8 En Jn 14,21-26 leemos unas preciosas promesas que nos hablan de la intimidad de Dios en nuestros corazones. Los que aman a Dios se convierten en verdaderos templos de la presencia del Padre y de Jesús. Sólo esa presencia de amor hace posible cumplir de verdad los mandamientos, vivir lo que el Señor nos pide.

Pero luego aparece alguien más haciéndose presente en la intimidad de los creyentes: el Padre enviará el Espíritu Santo. Él es el que enseñará todo a los discípulos para que puedan comprender las enseñanzas de Jesús.

En realidad el Espíritu Santo no enseñará cosas que Jesús no haya dicho, sino que _recordará_ y hará comprender en profundidad las palabras de Jesús.

Jesús sabe que los discípulos no pueden comprender todas sus palabras, pero les promete que cuando llegue el Espíritu Santo él les hará alcanzar la verdad completa (Jn 16,13). En realidad este texto dice "los conducirá en la Verdad completa".

Y como en el Evangelio de Juan la Verdad es el mismo Jesús, esto significa que el Espíritu Santo nos conduce dentro del misterio de Jesús para que podamos comprenderlo plenamente. No significa entonces que el Espíritu Santo nos da algo que Jesús no nos puede dar, o que nos enseña cosas que Jesús no nos enseñó. En realidad lo que él hace es _recordarnos_ las enseñanzas de Jesús e introducirnos dentro del misterio de Jesús para que podamos comprender mejor sus palabras y amarlo más.

El Espíritu Santo nos lleva a Jesús, nos acerca más a él, nos hace entrar en él. Y en cada momento de nuestra vida él nos recuerda las palabras de Jesús para que iluminen nuestra existencia y nos permitan seguir el buen camino. Por eso Jesús dice que el Espíritu Santo *"no hablará por su cuenta"* (16,13).

En todo lo que el Espíritu Santo hace está dando gloria a Jesús, ya que lo que él comunica es lo que recibe de Jesús (v. 14), así como Jesús comparte todo con el Padre amado (v. 15).

9 *"Espíritu Santo, tú eres Dios. Hoy vengo a pedirte perdón por las veces que te he ofendido. Confío en tu misericordia sin límites, en tu compasión que nunca se acaba, y te pido que me perdones por mis caídas. Porque no fui más generoso, porque no siempre me entregué con alegría, porque me dejé llevar por la negatividad o la tristeza, porque en mi interior alimenté algún desprecio y rechazo hacia otras personas. Perdóname y purifícame, Espíritu Santo.*
También te pido perdón por las veces que no me dejé inspirar por ti, que no me dejé llevar, que me resistí a tus invitaciones, que preferí quedarme cómodo en mi mediocridad y cerré mis oídos a tus llamados.

Te pido perdón, sabiendo que me darás la gracia para volver a comenzar, para seguir intentando los cambios que me propones en mi interior. Gracias, Espíritu Santo, porque nunca dejas de confiar en mí. Amén."

10 Cuando alguien se detiene a pensar en su infelicidad, en sus fracasos, en las cosas que soñó y no logró, en sus insatisfacciones. ¿Para qué gastar el tiempo y las energías en esos pensamientos?

Hay que invocar al Espíritu Santo para poder adorar al Padre Dios. Lo importante es que existe él y es infinitamente feliz. Él es pura felicidad, sin límites ni confines. Existe la felicidad perfecta, que es él. Yo puedo recibir gotitas de esa felicidad, y estoy llamado a una felicidad inmensa. Pero lo más importante es que él es feliz, inmensa y maravillosamente feliz, que en él hay un gozo ilimitado.

Sólo una persona sanada y liberada por el Espíritu Santo es capaz de disfrutar con la felicidad de otro, sin estar pensando en lo que no tiene. Por eso, sólo el Espíritu Santo puede enseñarnos a adorar. La adoración es extasiarme en la belleza y en la felicidad de Dios, de tal manera que pueda desprenderme de mi propio yo por un instante. Sólo cuenta él, sólo Dios. Pidamos al Espíritu Santo que nos enseñe el arte de la adoración.

11 Jesús quería hacer ver a sus discípulos que no debían entristecerse por su partida, porque en realidad esa partida era un bien para ellos: *"Les conviene que yo me vaya"* (Jn 16,7). Porque es necesario que Jesús sea glorificado, que pase por la cruz para liberarnos del pecado y resucite llegando glorioso a la presencia del Padre, para poder enviarnos así al Espíritu Santo: *"Si no me voy no vendrá a ustedes el Paráclito"* (Jn 16,7).

Y la presencia interior del Espíritu Santo es una riqueza y un tesoro que los discípulos no podían ni siquiera imaginar; porque es el Espíritu el que derrama la gracia divina en los corazones y hace presente la vida de Jesús en lo íntimo de los creyentes. Pero el cuarto Evangelio describe la obra del Espíritu Santo de un modo extraño; dice que el Espíritu Santo convence a los creyentes *"de un pecado, de una justicia, de una sentencia"* (Jn 16,8). En definitiva esto significa que el Espíritu saca a luz el error del mundo que no da a Cristo su lugar y que se mueve con falsos valores que no son su mensaje de amor. Y toda la miseria que el mundo trata de ocultar y disfrazar sale a la luz en toda su negrura gracias a la acción del Espíritu en nuestros corazones. Así, el Espíritu Santo evita que nos dejemos engañar.

El Espíritu hace ver el pecado de incredulidad del mundo, y así muestra cómo el camino que ofrece el mundo es ceguera, oscuridad, sin sentido.

Hace ver la justicia, porque muestra que la verdadera justicia, la de Dios, está del lado de Cristo y no de las mentiras del mundo; y hace ver también una *sentencia*, porque Dios ya ha sentenciado a los poderes del mal, ya los ha condenado, aunque aparentemente ellos lleven las de ganar, aunque parezcan victoriosos.

Dejémonos convencer por el Espíritu Santo, porque él tiene la verdad que nos libera de la mentira.

12 *"Ven Espíritu Santo,*
ven a sanar mi manera de reaccionar.
Para que frente a las agresiones
reaccione con amor.
Para que frente a las burlas
reaccione con comprensión.
Para que frente a las preocupaciones
reaccione con la súplica.
Para que frente a los imprevistos
reaccione con creatividad.
Para que frente a los fracasos
reaccione con la esperanza.
Para que frente a los errores
reaccione con constancia.
Para que frente a las desilusiones
reaccione con confianza.
Para que frente a los problemas
reaccione con paz.

Para que frente a los desafíos
reaccione con coraje.
Para que frente a tu amor
reaccione con alegría.
Ven Espíritu Santo. Amén."

13 Podríamos decir que entrar en la presencia del Espíritu Santo no es tanto un esfuerzo por estar atentos con la claridad de la mente, sino más bien dejarnos inundar por él poco a poco.

Pero en realidad él está siempre inundándonos, aunque estemos distraídos, dormidos, u ocupados en un trabajo exigente. También cuando pasamos un momento de oración distraídos, sólo pensando en nuestros proyectos, él está, esperando que lo reconozcamos, en lo más hondo de nuestra intimidad.

Por eso algunos dicen que en realidad no se trata de que él entre en nosotros, sino de entrar nosotros en él, de penetrar en su presencia, de habitar en su amor y en su luz que siempre nos superan.

Pero nosotros estamos siempre dentro del Espíritu divino, sumergidos en él que nos envuelve, nos sostiene y nos lleva dentro de sí permanentemente. Él está llenando todo espacio, todo tiempo y todo lugar, y nunca podemos estar fuera de él, o escondidos de su presencia permanente:

"¿Adónde iré lejos de tu espíritu? ¿Adónde huiré de tu presencia? Si subo hasta los cielos, allí estás tú, si bajo hasta el abismo, allí te encuentras tú. Si tomo las alas de la aurora y voy a parar a los confines del océano, también allí tu mano me conduce, tu brazo me sostiene" (Sal 139,7-10).

Entrar en su presencia es sobre todo arrojarnos, llenos de confianza y gratitud, deseosos y necesitados, en sus brazos de amor. Es penetrar allí donde siempre estamos, pero entrar con toda la fuerza de nuestro deseo.

14 La alegría es un tema típico del Evangelio de Lucas, desde la anunciación hasta la Pascua, pasando por una especie de caravana de gente gozosa, entre los que se destaca María, que *"se estremecía de gozo en Dios su salvador"* (Lc 1,47).

En Lucas 10,21-24 es Jesús el que se llena de alegría; no una alegría mundana, o una euforia psicológica, sino el gozo que procede del Espíritu Santo.

Por eso nuestros corazones tristes necesitan invocar cada día al Espíritu Santo. Él es un verdadero manantial de alegría, que puede convertir en gozo nuestras amarguras más profundas.

Pero el motivo de la alegría de Jesús es muy particular. Jesús se alegraba contemplando cómo los más pequeños y sencillos recibían la buena Noticia y captaban los misterios más profundos del amor de Dios.

Y Jesús se goza porque es su Padre amado el que manifiesta a los sencillos esas cosas profundas que permanecen ocultas para los sabios de este mundo.

El Padre nos regala la fuerza del Espíritu Santo, que nos llena de alegría también cuando nos sentimos pobres, pequeños y limitados. Es una alegría que el mundo no puede dar. Es la alegría celestial que derrama el Espíritu divino.

15 *"Ven Espíritu Santo, caricia liberadora, ven.*
Ven a pasar por todo mi ser, ven.
Ven Espíritu Santo, ven a tocarlo todo
con ese roce divino que cura.
Ven Espíritu, para que toda mi vida
tome contacto con tu brillo,
con tu cálido rocío, con tu aire fresco.
Ven Espíritu Santo, entra, penetra.
Te doy permiso para invadirlo todo,
para escurrirte como agua feliz
por todos los resquicios de mi interior.
Ven, para que este día,
sea un pedazo de cielo
en la aridez de mi desierto.
Ven, no me abandones, ven.
Amén."

16 El Espíritu Santo puede enseñarnos a disfrutar de las cosas lindas de la vida, pero en la presencia de Dios. Él nos enseña a gozar, encontrando al Señor también en los placeres cotidianos.

Por ejemplo: Si uno aprende a disfrutar de la ducha, si es capaz de detenerse a disfrutar el roce del agua caliente, si deja que su cuerpo se alivie con el agua, y se detiene sin prisa a gozar de ese contacto. Entonces, puede empezar a imaginarse a Dios como agua viva, agua que sana, agua que alivia. Dios como fuente de vida, manantial infinito.

Si está escuchando música que le gusta, ¿por qué no puede detenerse un minuto a disfrutarla? Y mientras la escucha, puede poco a poco dejar que el ritmo y la armonía vayan tomando todo su ser. Y así empieza a imaginar a Dios como una música infinita, que lo envuelve y le hace bailar por el universo.

Si está ante un paisaje, puede detenerse un rato, sin apuros. Hay gente que pasa ante los paisajes como si estuviera mirando fotos, y no se queda aunque sea unos minutos disfrutándolo. O ignora las flores, o un árbol, o el cielo. En cambio deteniéndose en esas cosas, poco a poco, uno puede comenzar a contemplar a Dios como belleza infinita.

Podemos intentarlo. Alguna vez que estemos disfrutando de algo, invoquemos al Espíritu Santo para poder elevarnos en medio de ese placer. No se trata de renunciar al placer, sino de darle un sentido infinito.

17 En Jn 20,19-23 vemos que, a pesar de la resurrección, los discípulos se encierran, llenos de miedo. Porque todavía debían recibir la fuerza del Espíritu Santo que los impulsara a la misión liberándolos del temor y la cobardía.

No significa esto que el Espíritu Santo no estuviera presente de ninguna manera, ya que según el Evangelio de Juan Jesús derrama el Espíritu cuando muere en la cruz. Pero Jesús iba produciendo poco a poco una efusión cada vez más plena y liberadora en sus discípulos que finalmente les haría vivir la explosión evangelizadora de la Iglesia naciente en Pentecostés.

El Espíritu Santo nos saca del encierro, del aislamiento, y nos impulsa hacia fuera. Por eso tenemos que convencernos de que el Espíritu Santo nos quiere hacer vivir una espiritualidad en la acción. No tenemos que pensar que sólo tenemos espiritualidad cuando nos encerramos a orar, porque cuando estamos evangelizando, o cuando estamos prestando un servicio bajo el impulso del Espíritu Santo, eso también es espiritualidad. Y esto vale sobre todo para los laicos, que están llamados a impregnar el mundo con la presencia del Espíritu.

Todo lo bueno que Jesús produce en nuestras vidas se realiza por la acción íntima y profunda del Espíritu Santo que él envía. Todo consuelo, toda luz interior, todo regalo de la gracia, todo carisma y todo impulso de amor, nos llegan por la acción interior del Espíritu Santo. Y con ese poder es posible cambiar el mundo.

Por eso, si queremos liberar y embellecer nuestras vidas, y el mundo entero, tenemos que pedirle a Jesús resucitado que derrame en nosotros un poco más del poder del Espíritu Santo que llena su humanidad gloriosa.

18 La imaginación puede perturbarnos mucho en la oración porque nos lleva a todas partes y nos distrae. Pero no hay que luchar contra ella, porque es peor. Es mejor apartar dulcemente las imágenes interiores y dejarlas pasar, volviendo suavemente a la presencia del Señor. Pero también podemos pedirle al Espíritu Santo que sane y ordene nuestra imaginación para que nos ayude a orar. La imaginación es algo bueno y precioso si se la entregamos al Espíritu Santo.

Entonces, podemos imaginar las manos de Jesús que acarician, o sus brazos que sostienen, o sus ojos que miran con serena ternura, o simplemente su rostro, su figura que nos invita a un abrazo, o a descansar a su lado. Estas son buenas maneras de introducirnos en su presencia. En ese encuentro, es posible que imaginemos que él abre su pecho y derrama en nosotros ese manantial de fuego que es el Espíritu Santo.

Así, el Espíritu Santo puede ayudarnos con su luz, para que aprendamos a utilizar nuestra imaginación con habilidad y creatividad, de manera que sea nuestra aliada en la oración, y no nuestra enemiga.

19 Es cierto que el Espíritu Santo actúa de modo permanente en nuestras vidas, y hace maravillas. Pero normalmente no las hace de la manera como nosotros lo esperamos o lo imaginamos. Por eso nos parece que él está en silencio, que calla, que no interviene. Sin embargo, él siempre está preparando algo nuevo, y por eso podemos tener esperanzas. Veamos cómo lo expresaba Romano Guardini en su oración:

"Espíritu Santo, que nos has sido enviado,
y permaneces cerca de nosotros,
aunque los espacios resuenen vacíos
como si estuvieras lejos.
En tus manos perduran los siglos
y todas las cosas serán en ti cumplidas,
mientras reinas en el misterio del silencio.
Así lo creemos, y esperamos el mundo que
ha de venir.
Enséñanos a esperar en la esperanza.
Concédenos participar de ese mundo que
vendrá,
para que la presencia de tu gloria
sea verdadera en nosotros. Amén."

20 Hoy celebramos a los grandes mártires coreanos. Una vez más, nos detenemos a adorar al Espíritu Santo, que puede transformarnos con su poder y su amor, hasta hacernos capaces de cosas que parecen imposibles para las fuerzas humanas. Es su fuerza la que triunfa en nuestra debilidad.

En el siglo XVIII se formó la primera comunidad cristiana en Corea, formada enteramente por laicos evangelizadores que llegaron de China y de Japón. A partir de allí se sucedieron varias persecuciones hasta fines del siglo XIX, en las cuales murieron cerca de 10.000 cristianos. Más de 100 fueron canonizados, la mayoría laicos. Pero ya que el martirio es como una lluvia fecunda que despierta todavía más la fe, hoy hay cerca de 2.000.000 de cristianos en Corea. Ninguno de los esfuerzos de estos cristianos fue en vano. Ellos lo sabían. La intensa vida cristiana que infundieron los primeros cristianos de Corea produjo su fruto y fue coronada en el martirio.

Estos martirios estaban precedidos de horribles torturas, y la fortaleza que ellos recibieron del Espíritu Santo es ciertamente sobrenatural. No se avergonzaron de Cristo (Lc 9,26) ni prefirieron salvar su vida (Lc 9,24).

No se trata de exagerar la importancia del dolor, o de buscar el martirio, que es un don de Dios más que una decisión humana. Dios no se complace en vernos sufrir sino en el amor que se expresa en la entrega generosa. Se trata más bien de aceptar la misión que nos toque cumplir en la vida aceptando las incomodidades que la acompañan; y se trata también de dar testimonio de nuestra fe aunque nos traiga problemas. Así podemos decir con San Pablo: *"Todo me parece una desventaja comparado con el inapreciable conocimiento de Cristo Jesús, mi Señor. Por él he sacrificado todas las cosas, a las que considero como un desperdicio, con tal de ganar a Cristo y estar unido a él"* (Flp 3,8-9).

Hagamos un instante de oración, para pedir al Espíritu Santo que nos haga capaces de cosas grandes, que penetre con su potencia nuestra debilidad.

21 Hoy es la fiesta de San Mateo. El cambio que él vivió en su vida nos hace ver hasta qué punto el Espíritu Santo puede modificar nuestros planes y llevarnos a dónde no imaginamos.

Mateo era un cobrador de impuestos, alguien tan enamorado del dinero que era capaz de aceptar cualquier trabajo, aunque tuviera que explotar a su propio pueblo para enriquecerse. Ciertamente, los pobres pescadores de Galilea habrán sentido un fuerte rechazo hacia este explotador que estaba al servicio del poder extranjero.

Por eso, en la conversión de Mateo se manifiesta lo que puede llegar a hacer el Espíritu Santo en un corazón humano, la maravillosa liberación que puede producirse cuando alguien se deja tocar y seducir por su fuego. Porque aquel esclavo de las seguridades económicas, al escuchar el *"sígueme"* de Jesús, abandonó la mesa de cobrador de impuestos y lo siguió (Mt 9,9). Mateo era uno de esos pecadores que Jesús quería convertir, y por eso se acercaba a él y lo invitaba a seguirlo.

El Evangelio de San Mateo se detiene a narrar la cercanía de Jesús con los pecadores, su compasión y su amor, porque esa actitud de Jesús fue la que él mismo reconoció en sus ojos y en su voz cuando Jesús pasó por su mesa de cobrador de impuestos, y simplemente le dijo *sígueme*.

Sólo el Espíritu Santo nos hace capaces de escuchar ese llamado y de seguirlo hasta el fin.

22 *"Ven Espíritu Santo, y enséñame a esperar. Porque las cosas que deseo no llegan rápidamente, enséñame a esperar.*
Porque no puedo pretender que los demás cambien de un día para el otro, enséñame a esperar.
Porque yo mismo voy cambiando muy lentamente, enséñame a esperar.
Porque la vida tiene sus estaciones y todo llega a su tiempo, enséñame a esperar.
Para que acepte que no estoy en el cielo sino en la tierra, enséñame a esperar.

Para que no le exija a este día lo que no me puede dar, enséñame a esperar.
Para que reconozca que el mundo no puede estar a mi servicio, enséñame a esperar.
Ven Espíritu Santo, y enséñame a aceptar que muchas cosas se posterguen, para que valore lo que la vida me propone ahora, aunque sea pequeño, aunque parezca poco.
Ven Espíritu Santo, enséñame a esperar. Amén."

23 Nuestro corazón humano está permanentemente inclinado al egoísmo. Es imposible que sólo con sus propias fuerzas logre dar el paso hacia una verdadera generosidad.

A veces sentimos que sería bello entregar la vida en el servicio, con un amor verdaderamente preocupado por los demás, capaz de darlo todo. Pero al mismo tiempo sentimos que no somos capaces, que de inmediato nos preocupamos por nuestras cosas, y los demás quedan para otro momento. Muchas veces nos engañamos creyendo que amamos, pero en realidad buscamos a las personas que puedan hacernos sentir bien. Eso no es más que otra forma de buscarse a sí mismo, y de tener a los demás al servicio de las propias necesidades.

Ya que es imposible cambiar eso con nuestras fuerzas, no nos queda más que pedirle cada día al Espíritu Santo que nos regale un corazón generoso.

Sin embargo, podemos cooperar con el Espíritu Santo, ya que él no nos cambia sin nosotros. Él debe derramar primero su amor y su gracia, pero ese amor no produce frutos, no crece, no termina de cambiar nuestro comportamiento, sin alguna cooperación de nuestra parte.

Además de suplicar, nosotros podemos cooperar de distintas maneras. Por ejemplo, tratando de motivarnos, para que se despierten más inquietudes en nuestro corazón y descubramos que es bello ser generosos. Entonces, podemos leer cosas que nos motiven a la generosidad, podemos escuchar canciones que nos ayuden a alimentar ese deseo, y evitar todo lo que alimente nuestro egoísmo. Otra manera de cooperar con el Espíritu Santo es hacer algunos intentos, aunque sea pequeños, de dedicar tiempo a los demás, de renunciar a algo por la felicidad de otro.

Esta cooperación nuestra, como respuesta a la gracia del Espíritu Santo, permitirá que un día logremos tomar una decisión firme y clara de darnos a los demás, de donarnos generosamente, de estar atentos a las necesidades de los demás para ayudarlos a ser felices. Esa decisión sincera será un cambio precioso en nuestra vida.

24 No podemos olvidar que Jesús nos ha dejado un precioso regalo que nos ayuda a tomar conciencia de que él está: su presencia en la Eucaristía.

El Espíritu Santo es el que convierte el pan en Jesús. Por eso, en la Misa, el sacerdote invoca al Espíritu Santo para que descienda sobre los dones del altar.

Entonces, podemos pedirle al Espíritu Santo que nos ilumine, para reconocer la presencia de Jesús en la Eucaristía y para que podamos encontrarnos con él.

Cuando nos ponemos a orar frente al sagrario, o cuando lo contemplamos en una adoración eucarística, podemos reconocerlo a Jesús presente frente a nosotros, dispuesto a entablar un diálogo cercano, íntimo, sincero. Y aunque a Jesús podemos encontrarlo en todas partes, su presencia en la Eucaristía es la más perfecta de todas.

Por eso, si deseamos estar en su presencia, no hay nada mejor que invocar al Espíritu Santo, y colocarnos frente a la Eucaristía, mirarlo, dejarnos mirar por él, hablarle de nuestras cosas, escuchar su delicada voz.

Ese momento puede llenarnos de fuerza y de paz, porque de la Eucaristía brota la vida del Espíritu Santo; allí se derrama el Espíritu para nosotros.

25 *"Ven Espíritu Santo, a limpiar mis miserias.*
No quiero que mis debilidades y pecados
me quiten la alegría, la fuerza, la energía,
el empuje de mi entrega. No quiero que mis
errores me detengan y me debiliten. Porque
tú tampoco lo quieres.

Pero necesitas que reconozca mis pecados y no
te los oculte, para así poder sanarme. Esperas
que mire con claridad mis errores, sin excusas.
No te agrada que me paralicen los escrúpulos
y la culpa, pero esperas que reconozca ante ti
mis caídas, para poder liberarme.

Ven Espíritu Santo, no puedo ocultarte nada.
Todo está claro y patente ante tu mirada que
todo lo ve, que me penetra por completo. Todo
lo sabes, y no tiene sentido que intente esca-
par avergonzado.

Tu amor me espera con infinita ternura para
quemarlo todo en ese fuego abrasador.

Límpiame una vez más Espíritu Santo, por-
que quiero hacer de mi vida una ofrenda
cada día más bella. Amén."

26 A veces nuestra vida está tan sumergida en la
mediocridad, el egoísmo y la comodidad, que sólo
un terremoto podría despertarnos y cambiarnos.
Por eso el Espíritu Santo puede permitir algún terremoto para que nos decidamos a vivir en serio.

Ese es el sentido de algunos textos bíblicos, que parecen de terror, pero que en realidad nos quieren decir que, si no aceptamos la vida nueva del Espíritu y nos aferramos a seguridades de este mundo, llegará un momento en que esas seguridades van a caer destruidas.

Pero la Palabra de Dios en realidad quiere consolarnos, porque nos dice que eso no será nuestra ruina sino nuestra liberación. Porque cuando se caigan todas esas seguridades podremos estar desprendidos de todo ante el Espíritu Santo, y aceptaremos su invitación a vivir de otra manera:

"Habrá un tiempo de angustia, como nunca ha sucedido desde que surgieron las naciones; ese día será salvado mi pueblo" (Dan 12,1).

"Cuando comiencen a suceder estas cosas, levanten la cabeza, porque se acerca la liberación" (Lc 21,28).

Por eso cuentan los Hechos de los Apóstoles que *"de improviso vino un terremoto tan fuerte que se movieron los fundamentos de la prisión. Entonces, todas las puertas se abrieron y se rompieron las cadenas de todos"* (Hech 16,26).

Dejemos que suceda algún terremoto en nuestras vidas, para que el Espíritu Santo pueda abrir nuestras puertas y romper nuestras cadenas.

27 Hoy recordamos al generoso San Vicente de Paul, y así podemos descubrir de qué manera actúa el Espíritu Santo cuando hay hermanos sufriendo necesidades.

Luego de ser ordenado sacerdote a los 19 años, fue tomado preso por los turcos, que lo llevaron a Túnez y lo vendieron como esclavo a un viejo médico. De este médico aprendió varios métodos medicinales que luego utilizó. Al morir el médico, se apoderó de él un hombre a quien convirtió, y juntos viajaron a Roma. Después volvió a París y dejó para siempre las aventuras para dedicarse de lleno a los pobres, enfermos y condenados a esclavitud. Así vivía aquel consejo bíblico: *"Acuérdense de los presos, como si estuvieran presos con ellos, y de los maltratados, recordando que ustedes también tienen un cuerpo"* (Heb 13,3).

Fundó una congregación para la predicación en las poblaciones rurales, y una congregación femenina para atender enfermos y asistir a los pobres en sus domicilios. Promovió la fundación de hospitales para niños, asilos para ancianos, y organizó la ayuda a las poblaciones más pobres. Tenía el gran objetivo de erradicar la mendicidad, y logró convocar a toda la sociedad francesa para cumplirlo. Su pasión por los pobres logró motivar hasta a los más fríos e indiferentes.

Ese cambio sólo es posible por la acción del Espíritu Santo, porque sólo él nos saca de la comodidad egoísta para que sepamos mirar a los demás con verdadero amor. El Espíritu Santo coloca en nosotros la mirada de Jesús, que es capaz de compadecerse de corazón al ver a los que sufren sin tener quien los auxilie.

Por eso, cuando alguien está padeciendo, sin poder resolver sus necesidades más urgentes, no es porque Dios no desee liberarlo, sino porque alguno de los instrumentos humanos que podrían ayudarlo no se deja tocar por el Espíritu Santo, no se deja movilizar por su amor. Los que se dejan llevar por el Espíritu Santo, no sólo son generosos, sino que son creativos, inquietos para encontrar la forma de hacer felices a los demás. En San Vicente de Paul podemos reconocer a un instrumento fiel y creativo, que se entregó con entusiasmo a buscar los medios para auxiliar a los enfermos y a los pobres, y el Espíritu Santo manifestó su poder y su amor a través de la misericordia y de la entrega laboriosa de Vicente.

28 Cuando alguien está sereno y pacificado por dentro, es capaz de percibir la armonía que hay en el universo; pero si está inquieto y perturbado, todo lo que ve y escucha le parece fuera de lugar.

De hecho, cuando una persona está en armonía por dentro, cuando va al campo es capaz de gozar percibiendo la armonía que hay entre todos los sonidos que se escuchan al atardecer.

Los distintos pájaros, las vacas, el ruido del pasto y de las ramas que se mueven, algunas voces, y hasta los rumores de la carretera que se oyen lejanos. Todo produce una preciosa armonía.

Pero la persona que no está pacificada por dentro se siente molesta por esos sonidos. Quisiera un silencio absoluto, o desearía oír sólo algunos de esos sonidos, y no otros. Quiere que el mundo se adapte a sus pretensiones. Y no encuentra calma.

Por eso, tenemos que descubrir que lo más importante no es que el mundo cambie, sino que cambiemos nosotros. Pidamos al Espíritu que armonice nuestro interior, para que así podamos estar en armonía con la vida.

29 Recordemos que _"donde está el Espíritu del Señor, allí está la libertad"_ (2 Cor 3,17).

Nosotros creemos que somos libres cuando estamos solos, cuando nadie nos molesta, cuando podemos hacer lo que queremos, cuando nos dejamos llevar por nuestras inclinaciones naturales. Una persona que se entrega al alcohol o a la droga se engaña creyendo que es más libre que los que no lo hacen. Pero los demás pueden ver cómo esa persona cada vez está más limitada, cada vez está más dependiente del alcohol y de la droga, cada vez es menos libre para elegir otras cosas, hasta que le resulta imposible vivir sin el vicio. ¿Quién puede ser tan ingenuo como para llamarle libertad a eso?

La libertad es un don que Dios nos da para que vayamos haciendo un camino positivo en la vida, un camino que nos lleve a la felicidad. En ese camino el Espíritu Santo nos va sanando y nos va liberando de las cosas que nos esclavizan, y así cada vez somos más libres: nada se nos hace indispensable, nada se nos hace absoluto, somos realmente libres para elegir porque nada nos domina. Esa es la libertad del Espíritu. Pero en realidad, cuando San Pablo nos habla de la libertad del Espíritu Santo, quiere decir que no nos sentimos obligados a ser buenos y santos, sino que lo hacemos porque estamos inclinados a eso desde lo más profundo de nuestra libertad; vivimos bien porque así lo elegimos con toda libertad. Nadie podrá decirnos que estamos obligados a amar a Dios. El amor es libre o no es amor, porque es imposible obligar a alguien a amar. Esa es la maravillosa libertad del Espíritu Santo.

30 Nosotros buscamos al Espíritu Santo, no solamente para vivir bien, sino también para santificarnos, para llegar a lo más alto de la vida espiritual. Ofrezcámonos al Espíritu Santo, hagamos una profunda consagración de nuestras vidas, para que él nos trasforme completamente. Expresemos este deseo con las palabras de Don Vandeur:

"_Espíritu Santo,_
amor unitivo del Padre y del Hijo,
fuego sagrado que Jesucristo nuestro Señor
trajo a la tierra,
para quemarnos a todos
en la llama del eterno amor.
Te adoro, te bendigo,
y aspiro con toda el alma
a darte gloria.
Con este fin, te hago esta ofrenda
con todo mi ser, cuerpo y alma,
espíritu, corazón, voluntad,
fuerzas físicas y espirituales.
Me doy a ti y me entrego tan plenamente
como le sea posible a tu gracia,
a las acciones divinas y misericordiosas
de ese amor que eres tú,
en la unidad del Padre y del Hijo.
Llama ardiente
e infinita de la Santísima Trinidad,
deposita en mi interior
la chispa de tu amor,
para que la llene hasta desbordar de ti.
Para que,
transformado en caridad
viva por la acción de tu fuego,
pueda, con mi sacrificio,
irradiar luz y calor
a todos los que se me acerquen. Amén."

Octubre

1 Hoy recordamos a Santa Teresita de Lisieux. En ella podemos reconocer la generosa ternura que puede infundir el Espíritu Santo en nuestras vidas.

Ella vivió y creció con una bella conciencia de ser inmensamente amada por Jesucristo. Por eso desde niña ansiaba consagrarse a Dios en la clausura; entonces se hizo carmelita. Pero su amor a Jesús no era sólo un deseo de vivir tranquila, abrazada por el Señor. Porque el Espíritu Santo le hizo ver con claridad que quien ama a Jesús se identifica con su deseo, empieza a desear lo que Jesús desea. Por lo tanto, su pasión era ser un instrumento de Jesús para hacer el bien.

Teresita no sentía un gran atractivo por la tranquilidad del cielo. Más bien le interesaba que en el cielo podría estar más cerca de Jesús para que su oración fuera más eficaz y pudiera interceder por nosotros con más fuerza. Eso se expresaba en su promesa de que después de su muerte haría caer una lluvia de rosas.

Pero lo que más se destaca en su vida es la infancia espiritual. No se trata de un infantilismo débil o romántico, sino de una actitud valiente y grandiosa: renunciar a la miserable tentación de creernos dioses todopoderosos, de sentirnos el centro del universo o de pensar que somos más que los demás. Hacerse como niños es confiar sin reservas en el amor de Dios, y así no necesitar más dominar a los demás, aprovecharse de ellos o buscar con desesperación sus elogios y reconocimientos. Teresita vivió a fondo esta actitud gracias a la obra transformadora del Espíritu Santo.

El Evangelio nos invita a recuperar la actitud de humilde confianza que caracteriza a los niños; el Reino de Dios debe ser recibido con esa confianza, propia del que sabe que solo no puede. Así como un niño que en los momentos de temor reclama sinceramente la presencia de su Padre, el corazón tocado por el Espíritu Santo ha renunciado a su autonomía, sabe que necesita de su poder, que sin él no tiene fuerza ni seguridad, que en él está la única verdadera fortaleza.

2 Nosotros somos débiles y llevamos dentro muchas inclinaciones que nos arrastran a la mentira, al egoísmo, a buscar sólo el placer y la comodidad, a procurar nuestro propio bien aunque eso pueda perjudicar a otros, a encerrarnos en nuestras necesidades egoístas. Y nosotros no podemos dominar esos instintos si no nos dejamos sostener y fortalecer por el Espíritu Santo. Pero muchas veces nos engañamos. Creemos que nos dominamos a nosotros mismos, porque dominamos el ansia de comer, o porque no engañamos al cónyuge; pero quizás no sabemos dominar otras cosas: la vanidad, la tristeza o el egoísmo, por ejemplo. Cada uno tiene sus propias debilidades, y lo peor que nos puede pasar es que las ocultemos para engañarnos y engañar a los demás, porque de ese modo no podremos crecer.

San Pablo nos recomienda insistentemente: *"Les encargo que procedan según el Espíritu y no ejecuten los deseos del instinto natural. Porque ese instinto desea contra el Espíritu, y el Espíritu contra el instinto... Si vivimos por el Espíritu, sigamos al Espíritu"* (Gál 5,17.25).

No dejemos que nuestras inclinaciones más egoístas nos dominen y nos enfermen. Mejor entreguemos al Espíritu Santo el dominio de esas inclinaciones, y elijamos lo que el Espíritu nos propone.

3 *"Espíritu Santo, hay aspectos de mi vida que no están sanados, hay partes de mi ser que no están bien. Hay sectores de mi existencia donde no te he dejado entrar. Por eso mis alegrías siempre tienen manchas. Por eso siempre están dando vueltas las sombras de la tristeza y de la confusión.*
Ven Espíritu Santo. Hoy quisiera mostrarte todo, sin pretender ocultarte nada. Quisiera que dialogáramos sobre las sombras que llevo dentro. Ven Espíritu Santo, porque quiero descubrir ante tu mirada mis más profundas rebeldías, esas cosas que no acepto de la

vida. Quiero sacar afuera, con total since-
ridad, esos reclamos y protestas que no me
atrevo a expresar, pero que siempre mero-
dean en mi interior revuelto.

Apaga mis enojos, aplaca mis quejas más
escondidas, serena todo ese mundo inquieto
que llevo dentro, cura todo rencor, todo mal
recuerdo, toda desilusión. Nada de todo eso
vale la pena. Son interferencias en el camino
de la felicidad. Por eso, ven Espíritu Santo,
tú que puedes liberarme, ven."

4 Digamos una vez más que los santos son una alabanza al Espíritu Santo, porque nadie puede ser santo sin la gracia del Espíritu. Él, con su gracia, nos hace parecidos a Jesús. Eso está muy claro en San Francisco de Asís, a quien recordamos hoy.

El pobre de Asís es uno de los santos que mejor reflejan la pobreza, la alegría y el amor fraterno de Jesús. Pero la hermosura de su corazón podría expresarse sintéticamente como *apertura*. Todo lo existente era objeto de su amor, de su admiración o de su compasión fraterna, y por eso le cantaba a Dios por la "hermana luna", el "hermano fuego", la "hermana hierba". Así vemos cómo el Espíritu Santo no nos encierra en nosotros mismos, sino que nos pone en comunión fraterna con la realidad.

Su corazón pacificado no se resistía ni se llenaba de tensiones ante las contrariedades de la vida o de la naturaleza, sino que reaccionaba con un espíritu de feliz aceptación. Eso lo convertía en un modelo de permanente alegría.

Su mirada de amor cautivaba y exhortaba a vivir de otra manera. No necesitaba insistir ni presionar a los demás para obtener una respuesta generosa. Servía con sencillez el banquete del Evangelio que atrae por sí mismo, por su propia hermosura. Movido por el Espíritu Santo, Francisco salía permanentemente de sí mismo para adorar, para reconocer la belleza de las cosas, para servir con humildad a quien lo necesitara, para perdonar a quien lo ofendía. Su pequeña existencia, por estar completamente apoyada en el "altísimo y buen Señor", era una inestimable combinación de ternura y de vigor.

Su mensaje y la belleza de su testimonio provocaban conversión y reconciliación fraterna por donde pasaba. El beso que dio a un leproso refleja su capacidad de mirar a los demás con la mirada de Dios. Y el Espíritu Santo lo identificó tanto con Cristo, que le regaló las llagas que recibió en las manos, en el maravilloso encuentro con Jesús que vivió en el monte Alvernia. Es bello dejarse transformar por el Espíritu Santo de esa manera, porque mientras más nos parecemos a Jesús, más alegría podemos experimentar en la vida. Invoquemos al Espíritu Santo para que podamos vivir esa transformación.

5 *"Ven Espíritu Santo, devuélveme la sonrisa. Los años me han ido quitando la alegría interior, el gusto de encontrarme con la gente, el entusiasmo ante las cosas nuevas. Necesito que vuelva a brotar espontáneamente la sonrisa.*

Esa sonrisa sincera, no fingida, que expresa el gusto de vivir y de convivir. Esa sonrisa que manifiesta la esperanza interior, verdadera, real.

Ven Espíritu Santo, para que vuelva a nacer mi sonrisa. Esa sonrisa de los que creen en la vida y en el amor. La sonrisa de los que se dejan querer por Dios, porque saben que ese amor es sano, es bueno, es auténtico y feliz; porque saben que ese amor nunca nos falta, nunca nos abandona.

Ven Espíritu Santo, y en este preciso momento aplaca mi negatividad, sana mi tristeza, ayúdame a relativizar todo lo que me inquieta. Muéstrame que la vida vale la pena, que es posible comenzar algo bello. Para que en este preciso momento, pueda regalarte una sonrisa. Amén."

6 Uno de los símbolos del Espíritu Santo es la unción con aceite.

En el Antiguo Testamento los reyes eran ungidos, para que supieran gobernar y para que tuvieran la fuerza necesaria para poder cumplir con su misión. Se creía que, junto con el aceite que se derramaba, descendía el Espíritu divino (1 Sam 9; Sal 2,6). También los sacerdotes eran ungidos en su consagración (Ex 28,41; 29,7), y a veces los profetas (1 Re 19,15-16).

Jesús mismo, cuando inicia su misión pública, aplica a esa misión el anuncio de Isaías: *"El Espíritu del Señor está sobre mí, porque él me ha ungido para llevar la buena noticia a los pobres"* (Lc 4,18).

Esta unción no significa sólo que somos elegidos, sino que somos capacitados para cumplir la misión que Dios nos da en esta vida. Por eso, también en el Bautismo y en la Confirmación nosotros somos ungidos.

Esta unción con aceite es un símbolo de esa consagración que nos capacita, porque en la antigüedad se utilizaba el aceite para frotar a los atletas y fortalecerlos de manera que pudieran correr y llegar a la meta con éxito. Pero para cumplir otras funciones, como el gobierno, el sacerdocio o la profecía, no basta la fuerza, sino también la sabiduría. Por eso, esta unción con el aceite pasó a simbolizar también al Espíritu Santo que se derrama para darnos esa sabiduría. A los cristianos que han recibido el Espíritu Santo se les dice: *"Ustedes conserven la unción que recibieron de él, y no tendrán necesidad de que nadie les enseñe"* (1 Jn 2,27).

Imaginemos al Espíritu Santo, que se derrama sobre nosotros como un aceite perfumado, y démosle gracias por la fuerza y la sabiduría que él nos regala muchas veces, cuando más lo necesitamos.

7 *"Espíritu Santo,*
fuente de la paz verdadera, ven.
Pacifica mis miedos.
Ven Espíritu Santo.
Pacifica mis ansiedades.
Ven Espíritu Santo.
Pacifica mis obsesiones.
Ven Espíritu Santo.
Pacifica mis remordimientos.
Ven Espíritu Santo.
Pacifica mis malos recuerdos.
Ven Espíritu Santo.
Pacifica mis insatisfacciones.
Ven Espíritu Santo.
Pacifica mis rencores.
Ven Espíritu Santo.
Pacifica mis tristezas.
Ven Espíritu Santo.
Pacifica mis nerviosismos.
Ven Espíritu Santo.
Pacifica toda mi vida.
Ven Espíritu Santo.
Amén."

8   Dentro de nosotros hay mucha energía que desperdiciamos en los miedos, las tristezas, la envidia, y tantas otras sensaciones inútiles. Pero esa energía despertada por las malas sensaciones puede ser utilizada positivamente, porque el Espíritu Santo puede sanarla y convertirla en algo positivo, si aceptamos dar el paso que él nos propone.

El miedo al futuro, por ejemplo, debe convertirse en un desafío que nos estimule a prepararnos con entusiasmo para enfrentarlo. Es precioso ver cómo esa energía del miedo se convierte en esperanza y decisión.

La tristeza puede convertirse en una actitud de profunda reflexión que nos permita descubrir los grandes valores de la vida, en lugar de buscar entretenimientos que sólo nos distraen.

La energía que se despierta en la envidia también puede convertirse en algo positivo: en la capacidad de dejarse movilizar por esa persona que envidiamos, y comenzar a tomar a esa persona como un estímulo para sacar lo mejor de nosotros mismos, pero a nuestro modo y con nuestra propia misión, sin pretender copiar lo que el otro hace.

Dejemos entrar al Espíritu Santo en esa energía interior que estamos utilizando mal, para que él nos enseñe a usarla bien, para convertirla en una fuerza positiva de vida y de crecimiento.

9 Cuando fuimos formados en el seno de nuestra madre, el Espíritu Santo colocó en nosotros muchas capacidades, que ni siquiera imaginamos. La mayoría de las personas muere sin haber desarrollado una mínima parte de todas esas capacidades que el Espíritu Santo les regaló. Porque son como semillas de cosas buenas que necesitan nuestra decisión y nuestra cooperación para desarrollarse.

Es una pena que tantas cosas bellas queden atrofiadas y escondidas, porque servirían para mejorar el mundo a nuestro alrededor.

Invoquemos al Espíritu Santo, para que podamos explotar toda esa potencia de vida, de luz y de bien que llevamos dentro; para que no nos despreciemos a nosotros mismos ni pensemos que tenemos poco para dar.

No vamos a ser más fuertes si nos guardamos todo eso. Al contrario, porque las cosas más hermosas que llevamos dentro sólo se desarrollan si las ejercitamos y las compartimos. Entonces, seremos más débiles y más pobres si las dejamos escondidas y no las ofrecemos al mundo.

Demos gracias al Espíritu Santo, que nos ha llenado de riqueza interior, y pidámosle que nos fecunde con su gracia para que desarrollemos todo lo que ha puesto en nosotros.

10 El Espíritu Santo nos hace nacer y nos hace renacer. Nos hizo nacer en el Bautismo, pero eso es sólo un germen, una semilla que se tiene que desarrollar permanentemente. El Espíritu Santo es el que realiza ese permanente renacimiento.

Jesús le dijo a Nicodemo: *"Te aseguro que si uno no nace del agua y del Espíritu no puede entrar en el Reino de Dios... No te extrañes si te he dicho que hay que nacer de nuevo"* (Jn 3,5.7).

Pero descubrimos que ese nacimiento tiene que ser permanente porque en Jn 3,18 y en 1 Jn 3,9;5,18 advertimos que allí se habla de los que han renacido de un modo pleno, y ya no pecan, porque han nacido perfectamente de Dios.

Por lo tanto, el Espíritu Santo nos ha hecho renacer en el Bautismo, pero quiere hacernos renacer cada día hasta que seamos plenamente renovados y transformados.

Vivamos cada día de esa manera, como una nueva oportunidad para nacer de nuevo, para seguir renaciendo a una vida más bella y más buena. Invoquemos al Espíritu Santo para que nos haga renacer cada día más, porque sólo con su poder es posible morir cada día al hombre viejo y dejar nacer el hombre nuevo.

No podemos contentarnos con la vida recibida en el Bautismo, que es como un germen, sino a permitir su desarrollo hasta alcanzar una plenitud de vida tal, que el pecado ya no pueda tener poder alguno sobre la propia existencia.

11　Como siempre, el apasionado San Agustín expresa de una manera maravillosa el deseo de Dios, y también el deseo del Espíritu Santo. Usemos sus palabras para elevar el corazón al Espíritu Santo:

> *"Ven, dulce Consolador de los que están desolados, refugio en los peligros y protector en la miseria.*
>
> *Ven, tú que lavas nuestras manchas y curas nuestras llagas.*
>
> *Ven, fuerza del débil, apoyo del que cae.*
>
> *Ven, doctor de los humildes y vencedor de los orgullosos.*
>
> *Ven, padre de los huérfanos, esperanza de los pobres, tesoro de los que sufren la indigencia.*
>
> *Ven, estrella de los navegantes, puerto seguro de los náufragos.*
>
> *Ven, fuerza de los vivientes y salud de los moribundos.*
>
> *Ven Espíritu Santo, ten piedad de mí.*
>
> *Hazme sencillo, dócil y fiel.*
>
> *Compadécete de mi debilidad con tanta bondad que mi pequeñez se encuentre ante la multitud de tus misericordias.*
>
> *Ven Espíritu Santo.*
>
> *Amén."*

12 El Espíritu Santo limpia, purifica, destruye todo lo manchado y se lleva nuestras basuras. Por eso es agua que lava, viento que arrasa y fuego que quema:

"Cuando lave el Señor la suciedad de las mujeres de Sión y friegue la sangre dentro de Jerusalén, con un viento justiciero, con un soplo abrasador" (Is 4,4).

Cuando nos sentimos sucios por dentro, por nuestras infidelidades, egoísmos o malas acciones, invoquemos al Espíritu Santo para que queme todo eso con su fuego y lo destruya para siempre: *"Será fuego de fundidor, lejía de lavandero"* (Mal 3,2).

Ya en el Bautismo nos bañó, y vuelve a hacerlo cada vez que volvemos a él sinceramente arrepentidos:

"Nos salvó con el baño del nuevo nacimiento y la renovación por el Espíritu Santo" (Tito 3,5).

Veamos cómo lo expresaba San León Magno:

"Un pueblo que se consagra al cielo nace aquí de semilla fecunda; lo engendra el Espíritu Santo fecundando el agua. Sumérgete pecador, para limpiarte en la sagrada corriente. Viejo te recibirá el agua, pero te despedirá nuevo".

Muchas veces, cuando hemos caminado y trabajado en un día de calor de verano, hemos disfrutado al sentirnos limpios después de un buen baño. Mucho más bella es la limpieza que realiza el Espíritu Santo si le permitimos que pase por nosotros con su agua purificadora.

13 El agua es un símbolo central en el cuarto Evangelio, y representa la acción del Espíritu en nosotros, que viene a cumplir las promesas proféticas de un agua purificadora y vivificadora (Ez 36,25.27; 47,1-12; Zac 13,1; Is 12,3). La identificación del agua con el Espíritu es evidente en Jn 7,37-39. En Jn 19,28-35 el costado traspasado de Cristo se manifiesta como la fuente del agua viva del Espíritu. En el derramamiento del Espíritu se cumple la misión de Cristo, que ha venido a traer vida en abundancia (Jn 10,10).

El agua del Espíritu, haciendo presente en nosotros a Cristo resucitado, nos hace participar de la vida de la Trinidad (Jn 16,13-15;14,19). Así su iniciativa de amor nos hace fecundos (Jn 15,16), comunicando a los demás la vida del Resucitado. De ese modo participamos de su gloria (Jn 17,22). En el Hijo de Dios hecho carne habita la plenitud de la gracia del Espíritu Santo, y de esa plenitud recibimos nosotros (Jn 1,14.16.17).

Evidentemente, el eje unificador de todos los símbolos del Evangelio de Juan para hablar del Espíritu Santo, es la "vida". Se trata de la vida nueva que reside en la humanidad glorificada de Jesucristo, y que desborda para los que se acercan a él. Unidos a él, los creyentes participan de su fecundidad, derramando la belleza de su vida en el mundo. Jesucristo, como fuente abierta del

Espíritu Santo, es manantial de vida, pan de vida, ofrece vida en abundancia.

14 El mundo está lleno de colores que le dan una hermosura tan rica y variada, para que nos alegremos y gocemos.

Pero algunas personas, por una deficiencia física, sólo pueden ver en blanco y negro. Otros pueden ver en colores, pero no saben valorarlo.

Eso también puede sucedernos en el nivel espiritual. El mundo está lleno de cosas lindas, de una variedad inmensa de cosas buenas. Pero a veces estamos tan limitados espiritualmente que nos parece que todo es gris.

Los árboles no nos dejan ver el bosque. Un problema no nos deja ver todo lo que está bien en nuestra vida, un temor oscurece toda nuestra esperanza.

Pidamos al Espíritu Santo que nos libere de esa enfermedad, para que podamos disfrutar y gozar con esa inmensa variedad de cosas bellas que hay en el mundo.

15 La magnanimidad es una hermosa virtud, que nos lleva a desear cosas grandes, a gastar nuestra vida para regalarle algo grande a este mundo. Porque ser humildes no quiere decir que escondamos nuestras capacidades o que enterremos nuestros talentos. El Espíritu Santo no se goza en nuestra destrucción ni espera que renunciemos a nuestros sueños. Al contrario, él nos lanza a la aventura de vivir cosas grandes.

Eso está claro en la vida de Santa Teresa de Ávila, que hoy recordamos. Ella desde pequeña soñaba con hacer cosas grandes por Cristo. Pero en esa época, hace quinientos años, las mujeres no podían destacarse en la sociedad ni en la Iglesia.

A ella la estimulaba mucho la lectura de las vidas de santos y de los libros de caballería. Por eso un día, siendo niña, quiso escapar con su hermano con el deseo de dar la vida por Cristo en tierras paganas.

En 1535 entró al convento de la Encarnación en Ávila. Pero se puede decir que sólo veinte años después ocurrió su gran conversión, la acción más poderosa del Espíritu Santo. Al poco tiempo sintió el llamado de Dios a reformar la vida de los conventos carmelitas, devolviéndoles su espíritu de austeridad y fervor evangélico, donde no debería faltar la alegría. A esta reforma se le unió San Juan de la Cruz. Ambos sufrieron burlas y persecuciones, pero nada podía frenar a esta mujer decidida y segura. A su intensa actividad unió una altísima experiencia mística que quedó plasmada en sus escritos espirituales, por los cuales se la declaró doctora de la Iglesia. Fundó muchos conventos reformados, lo cual le significó numerosos viajes que deterioraron su salud. A causa de esos viajes la llamaban despectivamente "mujer inquieta y andariega".

Pero a pesar de las persecuciones que soportó de parte de las mismas autoridades de la Iglesia, expiró diciendo: "Muero hija de la Iglesia". Porque el Espíritu Santo, que nos invita a vivir cosas grandes, nos lleva también a vivirlas en humildad y en fraternidad, nunca en la vanidad y la división.

Teresa es un hermoso estímulo que nos invita a dejarnos llevar por el Espíritu Santo sin cobardías ni mezquindades, sabiendo que, unidos al Señor, y más allá de lo que nosotros podamos ver, nuestra vida dará mucho fruto.

16 *"Espíritu Santo, tú eres el Amor. Y yo, que soy una pequeña creatura, llevo en mí una inmensa capacidad de ternura y de encuentro. Sin embargo, todavía no he aprendido qué es el verdadero amor.*

Mi corazón es débil y necesitado. Muchas veces deseo un abrazo afectuoso, anhelo una amistad buena y profunda, y mi interior necesita experiencias de amor que me hagan sentir vivo.

Buscando amor, muchas veces me equivoco, y le pido a los seres humanos lo que no pueden darme.

Por eso te ruego, Espíritu Santo: ayúdame a valorar el amor y la amistad que me ofreces, enséñame a ver que en tu presencia está todo el amor que necesito, e infinitamente más. Que tu amor es desbordante y lleno de ternura, que tu amor es fuerte pero íntimamente cercano, que tu amor es la respuesta verdadera para mi corazón necesitado.

Ven Espíritu Santo, pasa por mi interior sediento, y sana mis insatisfacciones más profundas. Calma mi sed con tu agua de vida. Amén."

17 Dar la vida por Jesús no es una cosa de personas tristes, amargadas o resignadas. Es un gozo que no se puede imaginar, porque sólo lo entiende el que es tocado por el Espíritu Santo y llamado a la entrega total. Hoy recordamos a Ignacio de Antioquía, y en él descubrimos de qué manera nos fortalece el Espíritu Santo. Porque él no sólo nos da fuerza; también nos da gozo y pasión.

San Ignacio fue asesinado por su fe en el año 107. Cuando era llevado por los soldados, a ellos les llamaba la atención ver su rostro sereno y alegre. Ignacio explicó lo que sentía, en una de sus cartas: "Hay dentro de mí un manantial que clama y grita: '¡Ven al Padre!'".

La atracción de esa fuente definitiva de vida y de plenitud que es el Padre amado, compensaba infinitamente cualquier sacrificio, justificaba cualquier renuncia y merecía una entrega definitiva. El Espíritu Santo es el que coloca en nuestros corazones esa dulce atracción. Vale la pena recordar algunas frases de las preciosas cartas de Ignacio, donde se manifiesta su apasionado e inquebrantable amor:

"Déjenme que sea pasto para las fieras, por las que podré alcanzar al Señor. Soy trigo de Dios, y quiero ser molido por esos dientes, para convertirme en un limpio pan de Cristo."

Es admirable este misterioso poder de la gracia, que despliega toda su belleza en quienes no oponen resistencia a su acción. La deslumbrante libertad de San Ignacio de Antioquía, capaz de entregarse feliz y extasiado, nos invita a relativizar nuestros sufrimientos y a desterrar tanta tristeza inútil, tantos lamentos innecesarios, tantas quejas infecundas. Nosotros no podemos buscar el martirio, porque es un regalo; pero podemos pedirle al Espíritu Santo que nos ayude a vivir esa entrega total, viviendo con alegría y profunda fe en medio de los sufrimientos y preocupaciones que nos toque vivir cada día, para dar la vida gota a gota.

18 *"Ven Espíritu Santo, porque todavía llevo algunos sueños dentro de mí, algunos proyectos escondidos, algunos deseos interiores. Son esas inquietudes que me mantienen vivo y despierto. Ven Señor, para que no se apaguen esos sue-*

ños, y para que nazcan otros proyectos nue-
vos, más bellos todavía.

Porque dentro de mí está siempre clamando
ese llamado a crecer que tú has colocado en
mi corazón. Y yo sé que si no crezco me debi-
lito, que el agua estancada se echa a perder.
Por eso, ven Espíritu Santo, no permitas que
me detenga, que me encierre, que me limite.
Estoy llamado a más, y quiero ir por más.
Inúndame con ese empuje divino de tu gra-
cia, para que avance decidido hacia nuevos
horizontes. Con serenidad, con mucha paz,
sin obsesiones, pero también con un inconte-
nible entusiasmo.
Ven Señor de la vida, ven. Amén."

19 Cuando sentimos que nuestra vida es algo
mediocre, a veces nos surge el deseo de hacer algo
grande, llamativo, extraordinario. Y envidiamos a
las personas que se destacan.

Pero como no nos sentimos capaces de cambiar completamente de vida o de dar grandes pasos, entonces optamos por quedarnos cómodos en
nuestra mediocridad.

Sin embargo, el Espíritu Santo por lo general
no quiere ninguna de las dos cosas, porque sabe
que nosotros cambiamos dando pequeños pasos,
llegamos poco a poco a las cosas grandes a través

de cambios pequeños que se van sumando y nos van modificando lentamente.

No es o todo o nada. Es poco a poco.

Los seres humanos tenemos la tendencia permanente a clausurarnos en lo que ya hemos conseguido, y a quedarnos cómodos en la normalidad que vivimos. Por eso mismo un pequeño paso siempre es en realidad algo inmenso. Podríamos decir que el Espíritu Santo exulta de gozo infinito cada vez que nosotros damos un pequeño paso: cada vez que nos decidimos a pedir perdón por nuestros pecados, cada vez que damos una limosna, cada vez que visitamos a alguien que nos necesita, cada vez que entramos a una iglesia sólo dos minutos a decirle algo al Señor. Todo eso que a nosotros nos parece demasiado simple o que no vale mucho, sí que vale. No será todo lo que se puede hacer, pero en este momento es todo, porque es lo que puedo hacer.

Dejemos que el Espíritu Santo nos impulse a dar esos pequeños pasos, y no nos resistamos pensando que son pequeños o inútiles.

20 Dirijámonos al Espíritu Santo con las palabras del Veni Creator, un himno que la Iglesia ha rezado durante varios siglos. Unámonos espiritualmente a los hermanos de todo el mundo con estas hermosas palabras:

"Ven Espíritu Santo, Creador,
visita los corazones de los tuyos.
Llena de inmenso amor
estos pechos que creaste.
Espíritu paráclito de Dios,
altísimo don celestial,
fuente de vida, fuego, caridad,
y unción espiritual.
Ven con tus siete dones,
Dedo de la mano del Padre.
Tú, promesa del Padre,
que llenas nuestra boca de sabiduría.
Enciende tu luz en nuestros sentidos,
infunde amor en nuestros corazones,
y con tu potencia poderosa
fortalece nuestra fragilidad.
Rechaza al enemigo que nos domina
y danos la paz verdadera,
para que con tu auxilio divino
evitemos todo mal.
Haznos conocer al Padre eterno
y a Jesucristo nuestro Señor.
Y que en ti, Espíritu Santo,
podamos creer siempre.
Sea la gloria al Padre,
y al Hijo que resucitó de entre los muertos,
y a ti, Paráclito,
por los siglos de los siglos.
Amén."

21 La libertad que nos da el Espíritu Santo nos permite aceptar que la felicidad se realice de maneras muy diversas. El Espíritu nos hace descubrir que no hay una sola manera de ser felices, sino muchas.

Nosotros nos apegamos a una forma de ser felices, porque creemos que es la única. Hemos imaginado que sólo se puede ser felices cuando no tenemos ningún problema, ninguna enfermedad, ningún desafío. Pero eso es un engaño más que nos ata y nos limita.

Es necesario entregarse al Espíritu Santo y aceptar que él nos regale la felicidad como sea. Porque un modo de felicidad no es la felicidad, es sólo un modo. Y el Espíritu Santo quiere hacerme conocer muchas maneras de felicidad.

Es feliz quien en medio de un problema es capaz de unirse a otro que tiene el mismo problema para encontrar juntos una salida. Es feliz quien tiene una enfermedad, y es capaz de descubrir el amor del Señor y descansar en su presencia en medio de esa enfermedad. Es feliz quien es capaz de postergar sus deseos y no pretende vivirlo todo ahora. Es feliz quien no pudo viajar a Europa, pero puede pasar una tarde soleada a la orilla de un pequeño arroyo.

Pidamos al Espíritu Santo que nos regale esa capacidad de adaptación que nos permite aceptar la forma de felicidad que es posible hoy, sin angustiarnos por lo que ahora no es posible.

22 El Espíritu Santo es maestro de las cosas pequeñas. Frecuentemente no somos felices porque no sabemos valorar esa enseñanza.

Muchas veces no disfrutamos de ciertas cosas porque nos parecen pequeñas. Otras veces no hacemos algunas buenas acciones porque nos parecen insignificantes. Como conclusión, nos quedamos sin nada entre las manos. Se trata de una tentación que nos conviene dominar.

Este pequeño momento vale la pena, porque es la simple felicidad que el Señor me está regalando ahora. Si lo acepto, y lo disfruto con sencillez, esto tonifica mi alma, me ayuda a sentirme vivo, y me prepara para otras alegrías más grandes.

Esta pequeña acción vale la pena, dar esta sonrisa vale la pena, regalar este saludo amable vale la pena, ofrecer esa pequeña ayuda, vale la pena. Porque es lo que el Espíritu Santo me está inspirando, y entonces, eso no tiene medida, no es pequeño. La medida y el valor de ese acto están dados porque es una respuesta a las inspiraciones del Espíritu Santo, porque es un acto de amor. Entonces, vale la pena.

23 A veces el Espíritu Santo no puede regalarme su vida y su paz, y no puede obrar en mi existencia, porque yo estoy obsesionado con algo y quiero conseguirlo por un camino equivocado.

Es cierto que necesitamos amor, todos lo necesitamos. Y si alguien dice que no necesita amor está mintiendo, se está engañando a sí mismo, se ha cauterizado para no sufrir.

En el fondo de su corazón hay un niño necesitado que está gritando de frío y abandono.

Pero nunca lograremos el verdadero amor que necesitamos vendiéndonos a los demás, tratando de hacer todo lo que esperan de nosotros para que nos quieran, violentándonos por dentro y tratando de ser lo que no somos.

Si renunciamos a ser nosotros mismos, ellos no amarán nuestro ser real; amarán sólo esa máscara, esa apariencia que hemos fabricado.

No seamos injustos con nosotros mismos y con Dios. Seamos lo que tenemos que ser, nuestro verdadero ser, el que Dios ha creado. Es cierto que tendremos que cultivarnos, pero sin dejar de ser nosotros mismos.

Por eso, es mejor dejarnos amar por el Espíritu Santo. Cualquier amor verdadero no es más que un reflejo del Espíritu, que es amor sin límites. Y es un amor que me quiere como soy, y que sólo espera que sea yo mismo. Cuando él me toca por dentro para embellecerme, lo hace respetando esa identidad que él ama. Pidámosle entonces que destruya nuestra máscara y haga brillar nuestra realidad más bella.

24 *"Ven Espíritu Santo, para enseñarme a quererme como tú me quieres.*

Tú sabes que a veces me obsesiono por mi cuerpo, me angustio cuando descubro el paso de los años en mi piel, cuando percibo que el aspecto físico se va desgastando sin cesar, cuando reconozco que mi belleza es limitada y que algunos detalles de mi cuerpo no me agradan.

Ven Espíritu Santo, y enséñame a amar este cuerpo que has creado. Ayúdame a tratarlo con cariño y delicadeza, porque es obra de tu poder amoroso.

No permitas que me obsesione por la belleza y por la salud, para que pueda amar este cuerpo tal como es, y reconozca que tiene un lugar en el universo, porque es una creatura tuya.

Pasa por mi cuerpo, Espíritu Santo, sánalo, restáuralo, serénalo. Cura todas las enfermedades que se han provocado por falta de amor, por exigirle demasiado, por tratarlo mal, por haberme llenado de tensiones, por todas las angustias que le han hecho daño.

Ven Espíritu Santo, pasa delicadamente por todo mi cuerpo, y llénalo de vida.

Amén."

25 Dice el Evangelio que Jesús estaba lleno del Espíritu Santo, porque el Padre Dios *"le da el Espíritu sin medida"* (Jn 3,34). Sin medida, y eso significa que Jesús está repleto del fuego, la luz y el poder del Espíritu Santo. Todo su ser desborda de vida, de amor y de belleza, porque él posee el Espíritu sin medida.

Imaginemos a Jesús feliz por esa presencia plena y desbordante del Espíritu en su corazón, imaginemos cuánta libertad, cuánta alegría, cuánta fuerza había en él cuando predicaba, cuando hacía milagros, cuando iba por todas partes derramando amor.

Y pidámosle que abra su corazón, para que de esa plenitud también nosotros podamos recibir cada día más el Espíritu Santo. Porque lo necesitamos para vivir mejor.

26 El Espíritu Santo ama mi felicidad. Es un error tremendo creer que sólo podemos ofrecerle nuestros sufrimientos, como si a él no le interesara que disfrutemos de esta vida.

Es cierto que él puede ayudarnos cuando estamos pasando un momento difícil. Pero también espera que lo reconozcamos en medio de nuestras alegrías y placeres.

Algunas personas, cuando están viviendo un buen momento, no saben disfrutarlo, porque piensan que eso no le interesa a Dios. O sienten que no son dignos de disfrutar, o que sólo valen el sacrificio y el trabajo. Olvidan que Dios nos ama, y nos ama con generosidad y con ternura. Es como cualquier amigo que nos quiere en serio, y que se alegra cuando las cosas nos van bien y podemos ser felices.

Por eso, cuando estemos pasando un buen momento, disfrutémoslo y démosle gracias al Espíritu Santo. Si no somos egoístas y somos capaces de compartir con los demás, el Espíritu Santo disfruta con nosotros.

27 Es muy sano descubrir que mi vida es un regalo, que no tengo que comprarla ni fabricarla. Sería una tarea demasiado grande tratar de producir mi propia vida, tratar de *merecerla*. Además, es imposible, porque la vida sólo puede ser creada por el Señor todopoderoso.

Muchas personas se enferman y se llenan de nerviosismos y tensiones porque creen que deben hacer miles de cosas para sentir que están mereciendo la vida. Ese es un tremendo engaño. La vida es puro don, sólo hay que recibirla.

Por eso es bueno ayudarse con la imaginación, para tratar de reconocer que en nuestro interior hay una fuente de la vida, que no somos nosotros, es el Espíritu Santo. Así, poco a poco, vamos tratando de sentir que somos generados, producidos por él, como si fuera una turbina que produce corriente eléctrica sin parar.

Imaginemos que somos como una flor, y dentro de nosotros está esa raíz que nos hace florecer con su sabia. Es el Espíritu que da vida.

Somos un don, puro don, puro regalo. Vivámoslo con permanente gratitud.

28 Muchos, movidos por el Espíritu Santo, han dado la vida por grandes ideales. Algunos han dado la vida por Cristo. Pero si es posible entregar hasta la sangre soportando tormentos terribles, entonces es posible entregar mucho menos por Cristo y por los demás.

Realmente es posible soportar con paciencia, y hasta con el gozo del amor, las contradicciones y angustias de cada día. Es posible tolerar serenamente que nos critiquen, nos rechacen, nos olviden. ¿Por qué no?

Si otros pueden ser asesinados por ser fieles a su opción, y se entregan decididos, ¿por qué yo no puedo recibir burlas, contradicciones y rechazos como los sufrió Jesús? ¿Por qué yo tendré que estar libre de todo sufrimiento, límite o angustia? ¿Quién soy yo para pretender que no se me pida nada?

Ninguno de nosotros es el centro del universo ni tiene derecho a exigir que el mundo esté a su servicio o que su vida esté libre de toda dificultad. Ciertamente, eso es lo que proponen los engaños de la sociedad de consumo, pero no vale la pena vivir de engaños.

Invocando al Espíritu Santo para que nos haga más firmes por dentro, podemos lograr que las contrariedades de la existencia y las molestias de la vida en sociedad no nos derriben ni nos quiten el gozo de ser cristianos.

29 *"Ven Espíritu Santo, ven Dios de amor.*
Porque el amor es lo que más necesito.
Porque sin amor
soy como una planta seca, sin raíces.
Porque el amor es vida, es fuerza y es calor.
Porque sin amor
el corazón se muere de frío.
Ven Espíritu de amor.
Porque el amor del mundo
siempre es imperfecto.
Porque es tu amor lo que más necesito.
Porque tu amor es real,
es verdadero, es sincero.
Ven Espíritu de amor.
Porque todo mi ser está hecho para el amor.
Porque el amor
le da un sentido a todo lo demás.
Porque sin amor, nada podrá hacerme feliz.

> *Ven Amor infinito.*
> *Porque todos los demás amores*
> *son imperfectos,*
> *y me dejan sed del tuyo.*
> *Ven Espíritu Santo. Amén."*

30 El Espíritu Santo nos regala su paz. Pero la paz debe ser buscada de nuevo cada día, porque permanentemente hay cosas que vuelven a perturbarnos: el orgullo herido por una palabra que nos dijeron, el temor de que suceda algo desagradable, una cosa que no nos salió bien, el dolor de haber dicho algo que no debíamos decir, el deseo de algo que no podemos conseguir, etc. Todo eso nos va quitando la paz.

Por eso, no hay que dejar pasar varios días sin volver a rogarle al Espíritu Santo que nos pacifique por dentro con su caricia de amor.

También para esto se puede utilizar la imaginación:

Tomo conciencia de las cosas que me están perturbando por dentro e imagino cada una como una gota que cae y se hunde en un arroyo que la arrastra. Hasta que siento dentro de mi corazón un dulce vacío. No han quedado perturbaciones, y ahora ese hueco se llena de calor, de fuerza, de vida, de fuego que consume todo resto de preocupación: Es el fuego del Espíritu Santo que todo lo invade.

31 En el siglo noveno, el piadoso Rabano Mauro escribió esta oración al Espíritu Santo. Es bueno reconocer que, aunque pasen los siglos, podemos seguir utilizando esas mismas palabras, porque expresan la sed del corazón humano:

"Ven Espíritu de Dios Creador
y visita el hogar de tus fieles.
Haz de su pecho un templo de gracia
con el don de tu presencia santa.
Tú, el amor que consuela a los hijos
como eterno regalo del Padre,
Caridad, fuente viva de gracia,
llama eterna de amor verdadero.
Que tu luz ilumine los ojos
y tu amor se derrame en el alma.
Sé mano vencedora en nuestras luchas,
y sendero que nos guíe los pasos.
Que tus hijos triunfen al mal
y que reine la paz en sus vidas.
Fortalece la fe del creyente
que ha nacido a la vida divina.
Demos gloria por siempre a Dios Padre
y a Jesús triunfador de la muerte,
y al Espíritu, vida del alma,
alabanza y honor para siempre. Amén."

Noviembre

1 La celebración de hoy es un canto al Espíritu Santo. Porque celebrar a todos los santos es motivo de alegría y de consuelo. En ellos se manifiesta el triunfo de la gracia, la eficacia de la acción del Espíritu Santo, porque *"cuando Dios corona los méritos de los santos está coronando sus propios dones"* (San Agustín).

El conjunto de los santos nos hace ver algo precioso: que el Espíritu Santo nos renueva, nos transforma, pero respeta la identidad de cada uno y ama la variedad. Por eso todos los santos son diferentes y cada uno fue santo a su manera. Reconociendo la inmensa variedad de santos, con temperamentos, opciones e historias tan variadas, podemos reconocer cómo la acción de la gracia es siempre personal, respeta la identidad de cada uno, y no condiciona su libertad. También cada uno de nosotros, con sus peculiaridades, pero sanado y liberado, podrá integrar esa maravillosa comunidad celestial e integrarse en la feliz alabanza que no tiene fin.

Hoy recordamos también a miles de personas que no han sido canonizadas en una declaración oficial de la Iglesia, pero que seguramente han alcanzado la santidad de maneras poco llamativas. Se han entregado con amor en la sencillez de lo cotidiano. Otros quizás han vivido la santidad en medio de muchos condicionamientos, o también en medio de la locura. Ellos, en el cielo, brillan liberados de sus límites y angustias, y su belleza es una alabanza al Espíritu Santo, que se lució embelleciendo sus vidas.

2 *"Gloria a ti, Espíritu Santo, mi Dios infinito y bello. Señor deslumbrante, vestido de inmensa luz. Esta pequeña criatura quiere adorarte y reconocer tu grandeza.*

Me postro ante ti Señor, y te pido que toques mi corazón, que abras mis labios y me regales el don de saber adorarte.

No permitas, Dios mío, que me encierre en mis preocupaciones y penas, no dejes que mi boca se llene sólo de lamentos. Ayúdame a salir de mí mismo para alabarte a ti, que eres digno de toda alabanza, mi Dios y mi Señor amado. Santo eres, bendito seas, alabado y glorificado seas por tu hermosura, por tu fuerza, por tu bondad, por tu inmensa paz. A ti sea la gloria por siempre.

Señor, quiero entregarme a la vida, porque también hoy estaremos juntos. Estarás conmigo, Espíritu Santo, y con tu amistad yo puedo enfrentar todo lo que suceda. Podré ver en todo lo que me suceda una oportunidad, un sueño, un desafío.

Escucho tu invitación a la vida, y quiero decirte que sí, Espíritu Santo. Aunque he vivido muchos días grises, llenos de fracaso, hoy quiero intentarlo una vez más; para que _todo lo que me suceda pueda ser transformado por tu amistad. Ven Espíritu Santo. Amén."_

3 _"Ven Espíritu Santo. Tu mirada luminosa todo lo penetra, con paciencia e inmensa compasión. Mis infidelidades no destruyen tu amor, que siempre vuelve a buscarme, para que mi vida espiritual pueda crecer feliz en tu presencia. Quisiera que todas mis acciones te agraden, que mi vida ya no se aparte de tu santo proyecto para mí, que todo lo que hago refleje tu luz, tu alegría y tu amor._

Pero tú conoces mi debilidad. Por eso te ruego una vez más que me toques con tu poder divino. Sin tu auxilio nada puedo. Ven Espíritu Santo.

No dejes que me dominan las malas inclinaciones. Triunfa en mí, Espíritu Santo. Triunfa con la generosidad, con la alegría, con la pureza, con el perdón. Triunfa con la bondad, con la paz, con el servicio. Triunfa con la esperanza, el fervor, los buenos deseos.

Ven Espíritu Santo, para que no me vuelvan a arrastrar las viejas costumbres, para que nos me dominen otra vez las malas inclinaciones, los rencores, la melancolía. Ven Espíritu Santo, para que todo en mí sea luminoso. Amén."

4 Los dones del Espíritu Santo están tomados del texto de Isaías 11,2, donde habla del Mesías, y dice que "reposará sobre él el espíritu de Yahvé: espíritu de sabiduría y de inteligencia, espíritu de consejo y de fortaleza, espíritu de ciencia y de temor de Yahveh". Como en el versículo 3 se repite el temor, algunas traducciones colocan "piedad", y así tenemos los famosos siete dones.

Son los dones que han estado en plenitud en Jesús, porque él tenía *"el Espíritu sin medida"* (Jn 3,34). Y son los dones que el Espíritu Santo derrama también en cada uno de nosotros para impulsarnos a vivir de una manera diferente. Con estos dones, el Espíritu Santo nos sostiene y nos empuja para que podamos practicar con más agilidad las virtudes cristianas y para que lleguemos a la plenitud de la santidad.

Pidámosle al Espíritu Santo que desarrolle cada vez más esos dones en nuestra vida, de manera que podamos parecernos cada vez más a Jesús, para que se nos haga espontáneo actuar como Jesús actuaba. En los próximos días reflexionaremos sobre cada uno de estos dones.

5 El primer don del Espíritu Santo es la sabiduría. Pero tenemos que aclarar que cuando la Biblia habla de sabiduría, no quiere decir los conocimientos o la instrucción intelectual. Los libros sapienciales nos hablan mucho de esta sabiduría, que es sobre todo el arte de vivir, de saber conducirse en la vida. Porque hay personas que saben muchas cosas pero les falta lo más importante: no saben vivir.

Los grandes sabios cristianos han destacado que la mayor sabiduría tiene que ver con el amor, que nos hace saborear las cosas celestiales. Es un conocimiento gustoso, lleno de sabor espiritual.

Pidamos al Espíritu Santo que nos regale esa sabiduría que viene de lo alto.

6 El segundo don del Espíritu Santo es el entendimiento, que ilumina la inteligencia. Es la capacidad de captar algo de las verdades más profundas de la fe, la habilidad para entender el sentido más profundo de la Palabra de Dios. Pero no es un don de los estudiosos, porque el Espíritu Santo puede derramar este don de una manera preciosa en una persona que ni siquiera sepa leer y que no haya recibido ninguna instrucción. Esa persona, aunque no sepa explicar con claridad lo que sabe, puede poseer una gran intuición espiritual que le permite entender las cosas más altas y más sublimes de la fe cristiana.

Cuando uno trata de estudiar, de profundizar su fe, o de comprender la Biblia, tiene que invocar al Espíritu Santo para que derrame este don con mayor intensidad; porque nuestra mente, sin la luz del Espíritu Santo, nada puede comprender de los misterios de la fe.

7   El tercer don del Espíritu Santo es el consejo, que nos permite orientar a los demás y ayudarles a descubrir cuál es la voluntad de Dios para sus vidas. No se refiere tanto a cosas prácticas, sino a las cuestiones más grandes, que tienen que ver con el sentido de la vida.

Esto nos muestra que el Espíritu Santo no se derrama en nosotros sólo para hacer crecer nuestra intimidad, sino también para el servicio de los demás. Porque nadie crece de verdad en la vida espiritual si no se entrega con generosidad a los hermanos. A la persona profundamente espiritual le interesa mucho ayudar a los demás a crecer y a marchar por el buen camino.

Pero tengamos presente que este don del consejo no se refiere a cualquier consejo, sino a las cosas más profundas de la vida. Es ante todo la capacidad de motivar a los demás para ser fieles a Dios en el camino de su existencia.

8   El cuarto don del Espíritu Santo es la fortaleza; pero no se trata de la fortaleza normal, que nos permite soportar las dificultades cotidianas. Este don nos permite ser capaces de una fortaleza superior, que nos hace capaces de dar la vida por el Señor, si esto fuera necesario. Es la fortaleza que nos hace sobrellevar con constancia cosas que en situaciones normales nos parecerían imposibles. Dejarse matar por Cristo parece algo imposible, porque contradice al instinto de supervivencia, que nos lleva a escapar de los peligros. Sin embargo, si Dios nos pidiera eso, seguro el Espíritu Santo nos daría la fuerza para poder soportarlo, y entonces sería realmente posible. Los mártires han podido entregar la sangre porque los sostenía este don maravilloso del Espíritu. Pero este mismo don nos sostiene cuando tenemos que soportar cosas especialmente difíciles, cuando no se trata de dar la vida, pero sí de renunciar a alguna parte importante de la vida. Sin esta fortaleza todo es demasiado duro; pero con esta fortaleza cualquier cosa se puede enfrentar. Pidamos al Espíritu Santo que nos revista con este don poderoso.

9   El don de la ciencia se distingue del don de entendimiento. Porque el entendimiento tiene que ver con las cosas celestiales, y el don de ciencia está más relacionado con las cosas de este mundo. Significa que podemos mirar este mundo con ojos espirituales, con una mirada transformada por el Espíritu Santo. Entonces, podemos descubrir la belleza más perfecta que el Espíritu Santo ha derramado en las cosas. De esa manera, no nos apegamos a cosas de este mundo ni nos dejamos esclavizar por ellas, porque todas ellas nos llevan a Dios.

Con este don, San Francisco de Asís podía alegrarse en cada creatura sin perder por ello su entrega total a Dios.

Tratemos de ejercitar este don, intentando contemplar este mundo con otra mirada, renunciando a la posesividad, a las obsesiones, y dejando que las criaturas nos hablen de Dios.

10 El don de la piedad perfecciona el amor fraterno, y nos permite reconocer al prójimo como imagen de Dios. De esa manera, cuando ayudamos a los demás no lo hacemos sólo por compasión, porque nos duele su miseria y sus problemas. Los ayudamos porque reconocemos la inmensa nobleza que ellos tienen. ¡Son imagen de Dios! ¡No puede ser que vivan mal, que estén sufriendo, que no tengan lo necesario para vivir!

Pidamos al Espíritu Santo que derrame todavía más este don en nuestros corazones, para que podamos valorar de esta manera a los demás. Así, nadie será un enemigo, un competidor o una molestia. Todos nos parecerán realmente sagrados, porque contemplaremos en ellos la imagen santa de Dios. El Espíritu Santo derrama este don para que podamos vivir a fondo nuestra relación con los demás.

11 El último don del Espíritu Santo es el santo temor de Dios. Pero este don no tiene nada que ver con el miedo. Porque en realidad, *"en el amor no hay lugar para el temor; al contrario, el amor perfecto elimina el temor"* (1 Jn 4,18).

El santo temor de Dios es la capacidad de reconocer que Dios siempre es infinitamente más grande, que nos sobrepasa por todas partes, que nunca podemos abarcarlo. El amor nos permite descubrir a Dios muy cercano y lleno de ternura, pero el santo temor nos permite reconocer que nuestro amor nunca puede agotar a Dios ni poseerlo completamente, ya que él es el infinito e inabarcable, que está por encima de todo. Este don nos permite recordar que nunca dejamos de ser sus creaturas, y nos ayuda a ser muy cuidadosos para no ofender a Dios, para no desagradarle con nuestra conducta, porque él es el Santo.

12 _"Ven Espíritu Santo, lleno de la hermosura de tus dones, glorioso y luminoso, con toda la riqueza que derramas por donde pasas._

Ven Espíritu de sabiduría, y dame el gusto por las cosas santas y nobles.

Ven Espíritu de entendimiento, para que pueda comprender los misterios de tu Palabra.

Ven Espíritu de consejo, para que pueda orientar a mis hermanos.

Ven Espíritu de fortaleza, para que pueda enfrentarlo todo.

Ven Espíritu de ciencia, para que llegue a la profundidad de las cosas de este mundo.

Ven Espíritu de piedad, para que reconozca el valor sagrado de cada ser humano.

Ven Espíritu del santo temor, para que pro-
cure cuidadosamente no ofenderte jamás.
Ven Espíritu Santo, con tus siete dones
preciosos.
Amén."

13 No hay nada mejor para nosotros que confiar en el Espíritu Santo; pero de verdad, no de la boca para afuera.

La verdadera confianza es una fuente de libertad, de fuerza y de entusiasmo. No es algo que nos deja quietos, pasivos. Todo lo contrario. Confiar en alguien que nos ama, nos da una gran seguridad para enfrentar las cosas con calma y con eficacia.

Cuando más nos confiamos en el Espíritu Santo, más nos sentimos seguros, protegidos. Es bueno disfrutar de ese sentimiento de protección, y así caminar por el mundo, y enfrentar la vida.

Porque la protección del Espíritu Santo es también una orientación, una guía que nos conduce por el camino, un brazo que nos apoya y suavemente nos empuja para que avancemos. Nosotros buscamos, nos ocupamos, tratamos de discernir, pero no estamos solos, somos guiados por un consejero seguro. Gracias Espíritu Santo.

14 Cuando nos descuidamos, comenzamos a fabricar alguna máscara para evitar los cambios más profundos, o porque no nos atrevemos a ser nosotros mismos.

¿Cuáles son las posibles máscaras que tenemos que entregar al Espíritu Santo para que él las destruya?

Puede ser la máscara de la fuerza, que nosotros creamos para esconder nuestra fragilidad, en lugar de tratar de fortalecernos por dentro con el poder del Espíritu. Esta máscara nos lleva a mostrarnos agresivos, rebeldes, autoritarios, ambiciosos; pero en realidad, de esa manera sólo estamos ocultando nuestros miedos e inseguridades, que siguen haciéndonos daño por dentro.

Otra máscara puede ser la de la bondad, porque nos gusta que digan que somos buenos y humildes, no toleramos que piensen que somos egoístas u orgullosos. Entonces, para aparentar bondad, nunca decimos que no, siempre hacemos lo que los demás nos piden, nunca discutimos. Pero en el fondo del corazón sufrimos una gran violencia, porque todo eso no es auténtico. En cambio, el Espíritu Santo nos fortalece para que nos atrevamos a ser respetuosos y amables, pero auténticos y sinceros, sin pretender dar más de lo que podemos ni esconder nuestras verdaderas convicciones.

Otra máscara muy común es la de la serenidad, como si fuéramos personas imperturbables, que no nos molestamos ni nos enojamos con nada. Pero la procesión va por dentro, y esa ira reprimida termina quemándonos por dentro y enfermándonos. El Espíritu Santo nos enseña a expresar lo que sentimos, sin agredir a los demás ni quejarnos permanentemente, pero sin la vergüenza de manifestar lo que llevamos dentro.

15 El Papa Juan XXIII inició una maravillosa reforma de la Iglesia. Aunque lo eligieron cuando ya tenía una edad avanzada, gracias a él la Iglesia comenzó una gran renovación. Pero él decía que el autor de esa obra era el Espíritu Santo, que quería transformar su Iglesia. Las primeras noches después de ser elegido, no podía dormir pensando en su tremenda responsabilidad. Entonces se preguntó: *"¿Quién guía la Iglesia, yo o el Espíritu Santo?"*. Y se respondió: *"El Espíritu Santo, por supuesto"*. Entonces pudo dormir tranquilo.

Utilicemos sus palabras para invocar al Espíritu Santo, y hagámoslo con la misma confianza que él tenía:

"Espíritu Santo, ven a perfeccionar
la obra que Jesús comenzó en mí.
Que llegue pronto el tiempo
de una vida llena de tu Espíritu.

Derrota toda presunción natural
que encuentres en mí.
Quiero ser sencillo, lleno del amor de Dios,
y constantemente generoso.
Que ninguna fuerza humana
me impida hacer honor
a mi vocación cristiana.
Que ningún interés, por descuido mío,
vaya contra la justicia.
Que ningún egoísmo disminuya en mí
los espacios infinitos de tu amor.
Que todo sea grande en mí.
También el culto a la verdad
y la prontitud en mi deber hasta la muerte.
Que la efusión del Espíritu de amor
venga sobre mí, sobre la Iglesia,
y sobre el mundo entero. Amén."

16 Hoy muchas personas buscan la felicidad en la relajación o en la meditación, pero sin amar de verdad a los hermanos. Entonces a veces se sienten bien, pero se están engañando, porque están atrofiando el llamado al encuentro que hay en lo profundo de su ser.

Las relaciones humanas abiertas y generosas son indispensables para una vida sana. Pero la incapacidad de convivir nos alucina en un mundo de fantasía que nosotros mismos creamos, un mundo donde no hay lugar para los que son diferentes y donde sólo existe nuestro propio yo.

Haciendo algunas prácticas y tomando algunas medicinas y productos, nos sentimos un poco aliviados, pero eso sólo llega a la superficie del alma, no llega a la profundidad de la persona, que sigue enferma por dentro.

De ese encierro sólo nos puede liberar el Espíritu Santo, que siempre busca sacarnos fuera de nosotros mismos, que no tolera que nos engañemos en un mundo interior falso y enfermo. Pidámosle con fe y confianza que nos libere de todo egoísmo con la fuerza de su amor. Roguémosle que derrame en nuestras vidas la fuerza sanadora del amor. Porque cuando logramos amar a los demás, eso indica que lo profundo del corazón comienza a sanarse y a liberarse verdaderamente.

17 *"Ven Espíritu Santo, para que me apasionen los verdaderos valores de la vida y no me deje engañar por los falsos atractivos.*
Ven, para que reconozca que un acto de amor vale oro, y que un acto de puro egoísmo no es más que paja y basura.
Ven, para que vea la luz cada vez que recuerde a Jesús, y reconozca las oscuridades de los falsos modelos, que sólo promueven el placer vacío y egoísta.

*Ven, para que recuerde que vale la pena entregarse generosamente, y que no vale la pena
encerrarse en la melancolía y la vanidad.*

Ven, para que no olvide que mi vida no termina en esta tierra, y que estoy llamado a un Reino celestial, donde la felicidad no tendrá fin.

*Ven Espíritu Santo, para que gaste mis energías en cosas buenas, y no las desgaste en los
falsos valores. Amén."*

18 Cuenta el Evangelio que Jesús *"se dejó llevar
por el Espíritu al desierto"* (Lc 4,1). En el desierto
Dios habla al corazón. Porque en el desierto no
hay nada interesante, nada que pueda distraernos
y atontarnos. Sólo arena movida por el viento. Por
eso, llega un momento en que nos sentimos solos,
desnudos frente a Dios, y entonces le abrimos de
verdad el corazón. El Espíritu Santo quiere llevarnos al desierto.

Si leemos el libro del profeta Oseas, allí vemos
a un enamorado que intenta por todos los medios
seducir a la amada, pero todo es inútil. Finalmente
encuentra una manera: *"La llevaré al desierto y le
hablaré al corazón"* (Os 2,16).

Evidentemente, eso no significa que tengamos que hacer un viaje para buscar a Dios en
un desierto. Se trata de *hacer desierto* en nuestro
interior. Hay que despojarse de todo, darse cuenta

de que no vale la pena aferrarse a nada, que todos los falsos remedios y secretos de felicidad no sirven. Sólo nos distraen. Son fantasías y excusas. Tenemos que entrar en oración, dejar todo a un lado, dejar que todo se caiga. Hacer desierto es entonces encontrarnos cara a cara con el Padre Dios, para conversar con él desnudos, sin ocultar nada, sin aferrarnos a nada. Sólo así podremos descubrir y aceptar que él es el único que vale la pena, que sólo él puede ocupar el centro de nuestra existencia.

Podemos vivir este desierto en medio de la ciudad, dentro de las preocupaciones de un día de trabajo, en cualquier circunstancia. Porque en cualquier cosa que hagamos podemos vaciarnos, desarmarnos, liberarnos de falsas seguridades y quedar pobres, con humildad rendidos y espiritualmente postrados ante Dios.

El Espíritu Santo quiere hacernos vivir ese desierto ahora mismo. Aceptemos esta divina invitación que puede cambiar nuestras vidas.

19 *"Ven Espíritu Santo, sácame del encierro donde me he clausurado, y abre mi vida a los demás.*
Derriba las paredes de mi pequeño yo.
Regálame, Espíritu Santo, el don de la disponibilidad.
Hazme disponible para servir.

Hazme disponible para escuchar.
Hazme disponible para compartir.
Hazme disponible para ayudar.
Hazme disponible para acompañar.
Hazme disponible para consolar.
Hazmè disponible para alentar.
Hazme disponible para celebrar.
Ven Espíritu Santo, abre mi corazón cerrado,
para que no esté siempre pensando sólo en
mis necesidades y proyectos, para que apren-
da a caminar con los demás, como un verda-
dero hermano de todos.
Ven Espíritu Santo. Amén."

20 Es cierto que el Espíritu Santo quiere hacer grandes cosas en nuestras vidas. Pero lo que cuenta no es la notoriedad, la fama o los éxitos llamativos. Cosas grandes significa que hagamos lo que Dios espera de nuestras vidas, aunque nadie descubra el valor que tienen esas cosas. Lo importante es que cada uno sea lo que debe ser, que ocupe el lugar que debe ocupar en el universo. Eso es grande. Veamos cómo lo decía Martin Luther King:

"Si no puedes ser un pino sobre un monte, sé
una hierba, pero sé la mejor hierba pequeña
a la orilla del arroyo.
Si no puedes ser un árbol, sé un arbusto. Si
no puedes ser una autopista, sé un sendero.

Si no puedes ser el sol, sé una estrella.
Sé siempre lo mejor de eso que eres. Trata
de descubrir el proyecto que estás llamado
a realizar y dedícate con pasión a cumplirlo
en la vida."

El Espíritu Santo puede ayudarnos a descubrir eso que debemos ser, y puede darnos la fuerza y la creatividad para que lo logremos de la mejor manera posible.

21 *"Ven Espíritu de fraternidad,*
porque el Padre Dios quiere a sus hijos
unidos como hermanos.
Ven Espíritu de unidad,
Porque detestas la división y la enemistad.
Ven Espíritu de hermandad,
porque fácilmente nos dejamos llevar por
los rencores, las envidias, el egoísmo.
Ven Espíritu de caridad,
porque tu amor nos motiva a construir
puentes, a tender lazos, a estrechar las
manos.
Ven Espíritu de amor sincero,
para que no se mueran mis sueños de un
mundo de hermanos,
de una civilización del amor,
de una tierra unida.
Ven Espíritu Santo. Amén."

22 El Espíritu Santo es el artista interior, el que puede hacernos bellos por dentro.

Esto es muy importante sobre todo hoy, que tenemos una idea tan equivocada de la belleza. Sentimos que las personas valen por la apariencia física. Y la sociedad de consumo nos inunda permanentemente con productos que podemos comprar para mejorar la apariencia exterior. De esa manera, los que quieren vendernos ropa, cosméticos y tratamientos, llegan a convencernos que las personas sólo valen por su atractivo corporal.

Pero nadie está del todo contento con su apariencia, y la mayoría de las personas tiene algún temor a volverse feo, viejo, a perder el atractivo físico, a ser despreciado por su aspecto. ¡Cuántos sufrimientos inútiles!

Pero sabemos que todo eso es mentira. Porque lo más atractivo y fascinante es la belleza interior de las personas, sus virtudes, sus actitudes, su dignidad, su entrega.

El Espíritu Santo no nos hará más altos o más rubios, porque en realidad para él todos somos bellos de una manera diferente, aunque eso no responda a los gustos de la sociedad. Lo que él quiere hacer es darnos esa belleza interior que el mundo no nos puede dar y que nadie nos podrá vender. Dejemos que él haga su obra en nosotros para que alcancemos esa suprema hermosura.

23 *"Ven Espíritu Santo, a despertar mi vida interior. Ven a elevar mi corazón en gratitud. Todo el universo es una alabanza gozosa para el Padre Dios. Lo adoran los pájaros cantando, lo adoran los arroyos corriendo entre los cerros, lo adoran el sol y la luna iluminando. Ayúdame Espíritu Santo, a compartir esa alegría de todo el universo. Enséñame a vivir con la sencillez y el gozo que tienen tus criaturas más simples. Quiero alegrarme con el color de las piedras, con la forma de las nubes, con la sencillez de la hierba y de las flores.*

Espíritu Santo, lleno de vida purísima, vitalidad siempre nueva. Tú has querido derramar vida en el universo, y por eso existe la multitud variada de todas las criaturas.

También yo soy una llama de vida que tú has querido encender con tu poder sin límites. Te doy gracias, Señor, por el milagro de mi vida, porque me sacaste de la nada. Porque yo podría no existir, y sin embargo aquí estoy, sostenido por tu infinito poder.

Concédeme Señor, que pueda valorar y gozar esta vida que me das, que aprenda a disfrutarla con alegría y gratitud. Espíritu Santo, que hoy pueda alegrarme contemplando cada cosa, reconociendo la hermosura que has puesto en todos los seres.

*Lléname de la alegría cósmica que invade to-
das las cosas, tú que eres el sublime Espíritu
que todo lo llena. Amén."*

24 El Espíritu Santo no consiente la mediocridad;
siempre quiere llevarnos a algo más.

El martirio es una muestra de lo que puede llegar a provocar el Espíritu Santo. Por eso la Iglesia nos
propone recordar a los mártires de distintas regiones
de la tierra, para reconocer la acción del Espíritu Santo y para estimular nuestra entrega. Hoy recordamos
a los 117 mártires de Vietnam.

Estos mártires son personas de diversas condiciones y estados de vida: obispos, sacerdotes, cate-
quistas, padres de familia, profesionales, pescadores.
Así vemos que, en cualquier situación que vivamos, es
posible entregarlo todo. Cada uno de nosotros, en la
tarea que le toque realizar, puede dejarse tomar por el
Espíritu Santo, y dar la vida en esa tarea generosa.

Uno de estos mártires, llamado Pablo, decía
con firmeza, en medio de los tormentos espantosos
que le hacían sufrir: *"Estoy lleno de gozo y de alegría. No estoy solo, Cristo está conmigo".*

A pesar de las crueles persecuciones, que
buscaban amedrentar a los pobladores para que no
se hicieran cristianos, hoy la Iglesia en Vietnam ya
tiene unos seis millones de fieles cristianos. Por eso,
ninguna circunstancia adversa debería hacernos

pensar que no vale la pena entregarse, que nada puede ser mejor, que nuestra entrega es inútil. Ninguna lucha, llevada con amor, será infecunda, mas allá de lo que nosotros lleguemos a ver con nuestros ojos. Por eso, cuando nos parece que sufrimos inútilmente, invoquemos al Espíritu Santo, y dejemos que él bendiga ese dolor. De esa manera, nuestro sufrimiento dará frutos preciosos.

Los mártires nos impulsan a entregar la vida, cada día. Es posible, si nos dejamos impulsar y fortalecer por el Espíritu Santo.

25 *"Ven Espíritu Santo, Espíritu de esperanza.*
Cuando me parezca que todo está perdido.
Ven, Espíritu de esperanza.
Cuando crea que todos son egoístas e interesados.
Ven, Espíritu de esperanza.
Cuando sienta que no vale la pena empezar algo nuevo.
Ven, Espíritu de esperanza.
Cuando piense que ya no podré cambiar.
Ven, Espíritu de esperanza.
Cuando crea que ya nada bello se puede esperar de la vida.
Ven, Espíritu de esperanza.
Cuando me parezca que la civilización del amor no es más que una utopía.

Ven, Espíritu de esperanza.
Cuando sienta que yo ya no puedo hacer
nada por la paz y la justicia.
Ven, Espíritu de esperanza.
Cuando me canse de luchar.
Ven Espíritu de esperanza."

26 El Espíritu Santo es un buen consejero. Por eso podemos decirle con el Salmo: _"Bendigo al Señor que me aconseja; aun de noche me instruye en mi intimidad"_ (Sal 16,7). El Evangelio elogia al justo Simeón porque él _"se guiaba por el Espíritu Santo"_ (Lc 2,25).

Si estamos atentos, el Espíritu Santo nos hace escuchar su consejo en lo profundo del corazón, y nos orienta por el camino correcto:

"Recibe el consejo de tu corazón, pues ¿quién te será más fiel que él?... Y después de todo, suplica al señor que dirija tus pasos en la verdad" (Sir 37,13.15).

Cada vez que tenemos que tomar alguna decisión, y estamos confundidos, lo mejor es detenerse a pedirle al Espíritu Santo que nos aclare las ideas, que nos ayude a ver mejor, que nos muestre de alguna manera qué es lo que en realidad nos conviene.

Es cierto que debemos informarnos, consultar, reflexionar; pero lo primero debería ser invocarlo a él, creyendo de verdad que es el mejor consejero.

Cuando lo invocamos de verdad, podemos estar atentos a las respuestas que surgen en lo íntimo del corazón, y allí encontraremos luz.

27 *"Ven Espíritu Santo, y enséñame a seguir tus impulsos de amor.*

Enséñame a intentar cada día reaccionar mejor.

Tú conoces mi debilidad, y sabes cuánto me cuesta cambiar mi forma de vivir;

Sabes cómo me arrastra muchas veces el egoísmo, el orgullo, la comodidad o la tristeza.

Pero enséñame a intentar otra manera de encarar la vida.

Porque sé que bastan esos pequeños intentos para ir cambiando poco a poco mi existencia.

Ven Espíritu Santo, toca mi inteligencia, mi imaginación, mis capacidades, mis gestos, mi sensibilidad.

Tócalo todo con tu gracia, para que me decida a cooperar contigo y así aprenda a vivir mejor.

No quiero conformarme con pedirte una nueva vida. Sé que tengo que entregar algo de mí para alcanzarlo.

Ayúdame Señor. Ven Espíritu Santo.

Amén."

28 El Espíritu Santo no se lleva bien con el pesimismo. Porque a él sólo le interesa lo que pueda ayudarnos a salir adelante, no lo que nos clausure, nos detenga, nos paralice. Las personas movidas por el Espíritu Santo no se dejan vencer ni amedrentar por los fracasos. Tampoco bajan los brazos cuando escuchan opiniones melancólicas, negativas y pesimistas. Siguen adelante buscando nuevos caminos. Pero no son tercos que, cuando fracasan, quieren a toda costa seguir intentando de la misma manera, sin cambiar nada. Las personas verdaderamente tocadas por la luz del Espíritu Santo, cuando tienen un obstáculo, se ponen a buscar nuevas maneras de superarlo, consultan, investigan, aceptan los cambios que haya que hacer, intentan aprender lo que no saben.

De esa manera se desarrollaron algunos genios. Por ejemplo, a Einstein lo consideraban un loco soñador, que inventaba ideas fantasiosas; pero finalmente, con astucia y creatividad, logró hacer ver que su teoría era seria. A Edison, su maestro lo consideraba corto de mente. La primera vez que Elvis Presley se presentó a probar su voz, los especialistas en canto le dijeron que se dedicara a ser camionero. La excelente actriz argentina, Norma Aleandro, fue despreciada por la que ella admiraba como gran artista. Sin embargo, ellos sabían que tenían algo para ofrecer, y aceptaron cambiar muchas cosas y modificar sus proyectos, para ir creciendo poco a poco, para aprender a llegar a los demás, y de esa manera le regalaron al mundo algo que vale la pena. Dejemos que el Espíritu Santo nos enseñe a salir adelante, sin desgastarnos inútilmente en el pesimismo y en los lamentos.

29 Por un momento pidamos al Espíritu Santo que nos impulse a la alabanza, y oremos con estos preciosos Salmos:

"Mi corazón está a punto, Dios mío. Voy a cantar y a tocar... Te alabaré entre los pueblos Señor, te cantaré entre la gente, porque tu amor es grande hasta los cielos" (Sal 108,2.4-5).

"Te ensalzaré Dios mío, mi rey, bendeciré tu nombre por siempre jamás. Todos los días te bendeciré, y alabaré tu nombre por siempre. Grande es el Señor y muy digno de alabanza, su grandeza no tiene medida" (Sal 145,1-3).

"Cantaré al Señor toda mi vida. Mientras yo exista celebraré a mi Dios. Que mi canto le sea agradable. ¡Y yo me alegraré en el Señor!" (Sal 104,33-34).

"Bendice al Señor, alma mía, y nunca olvides sus beneficios" (Sal 103,2).

30 El Espíritu Santo es vida y derrama vida. A veces creemos que él sólo nos lleva a entrar en nuestro interior y a apartarnos del mundo. Pero es al revés, porque el Espíritu Santo llena todo el universo, y él espera que sepamos unirnos a todas las creaturas y a disfrutar del mundo.

En el universo hay mucha alegría, porque la alegría existe cuando uno es lo que debe ser, lo que Dios quiere que sea. Las estrellas, que ocupan su lugar en el cielo y brillan bellamente, cumplen la voluntad divina, y por eso en ellas hay alegría; una planta que crece cumple la voluntad de Dios, y en ella hay alegría; un pájaro que fabrica su nido sigue su instinto, y en él hay mucha alegría. Todo el universo es como una canción de gozo. Pidamos al Espíritu Santo, que está en todas las cosas, que nos ayude a descubrirlo así, y encontremos nuestra propia alegría.

Diciembre

1 *"Espíritu Santo, tú eres vida, tú eres necesa-*
rio para mí como el aire que respiro. Te doy
gracias por el don de la vida, porque es
maravilloso existir. Permíteme respirar con-
tigo, Señor.
Te adoro Espíritu Santo, porque así como el
aire me rodea y penetra en mí, así también
estoy rodeado por ti, me envuelves con tu
presencia, lleno de vida en plenitud y de
pura alegría, me penetras con tu gracia y me
transformas con tu presencia. ¡Gloria a ti,
Señor, Espíritu de vida!
Junto con el aire que sale de mis pulmones,
llévate todo lo que no me hace feliz, arroja
fuera de mí toda impureza, expulsa todas
mis angustias y tristezas, todos mis rencores
y malos recuerdos, todo egoísmo y mala in-
tención. Llévate todo Dios mío, y déjame sólo
tu gracia, tu vida. Quédate tú invadiendo
todo mi ser y reinando en mí con tu gozo en
medio de mis tareas. Amén."

2 *"Ven Espíritu Santo, para que pueda reconoce-*
cer que mi vida vale la pena, que yo no existo
por casualidad o por fatalidad.
Ven y hazte presente en el preciso instante
en que yo fui concebido. Sopla con tu poder y

llena de vida ese instante. Tócame y derrama toda tu potencia en el seno de mi madre. Penetra con tu bendición en el momento en que comencé a existir, lléname de vida, y enséñame a amar mi vida como tú la amas.

Ven Espíritu Santo, y ayúdame a descubrir que yo no existo porque sí; existo porque fui querido, fui amado y llamado a la vida por tu amor. En el momento de mi concepción estabas tú, presente con todo tu poder. Gracias.

Ven Espíritu Santo, y bendice mi vida con tu mirada, ayúdame a sentir la fortaleza de tu presencia.

Amén."

3 El Espíritu Santo nos llama, a cada uno de nosotros, a llevar el Evangelio a los demás. Pero nuestra debilidad siempre nos lleva a poner excusas y a seguir en la comodidad. Por eso es bueno que hoy recordemos a San Francisco Javier, para descubrir hasta qué punto el Espíritu Santo nos puede sacar de la comodidad.

Francisco Javier fue uno de los siete primeros integrantes de la comunidad de San Ignacio de Loyola que luego se llamaría Compañía de Jesús.

Viajó a Venecia con la intención de embarcarse para llegar a Tierra Santa. Allí se dedicó a atender enfermos en el hospital de incurables, donde transmitía el amor y el consuelo de Dios con una deslumbrante piedad. No pudo viajar a Jerusalén debido a la guerra de Venecia con los turcos. Pero realizó su incontenible deseo de evangelizar ofreciéndose al Papa para evangelizar en Asia. El Papa lo nombró legado suyo para todo el extremo Oriente. Se embarcó, y en· el viaje no perdió tiempo. Convirtió a toda la tripulación.

Llegado a la india, comenzó una travesía marcada por permanentes gestos de heroísmo, de arrojo sin medidas y de sacrificada valentía. Cruzó ríos caudalosos, desiertos y ciénagas, miles de kilómetros descalzo y agobiado por el hambre y la sed. Predicaba sin pausa, convencía a los indígenas y los bautizaba. Dejó comunidades cristianas, que todavía hoy existen, en Ceylán, Malaca y las islas Molucas. Llegó al Japón y allí introdujo la fe. Cuando salió de Japón había dos mil cristianos, que posteriormente fueron perseguidos, y varios murieron mártires.

Francisco Javier agonizó rezando por los indígenas y rogando a sus compañeros que no abandonaran las misiones. Se calcula que a lo largo de su tarea misionera convirtió a unas treinta mil personas.

Dejémonos movilizar por su ejemplo, y pidamos al Espíritu Santo que sane nuestras comodidades y cobardías y nos mueva a llevar el Evangelio con fervor incansable.

4 El Espíritu Santo derrama alegría. Varias veces la Biblia habla del *"gozo del Espíritu Santo"* (1 Tes 1,6; Rom 14,17) y nos invita muchas veces a vivir alegres. Es voluntad del Señor que no vivamos tristes:

"No te abandones a la tristeza, ni te atormentes con tus pensamientos. La alegría del corazón es vida para el hombre, y le alarga los días. Distrae tu alma y consuela tu corazón. Aparta de ti la tristeza, porque la tristeza ha perdido a muchos, y de ella no se saca ningún provecho" (Sir 30,21-23).

San Pablo insistía: *"¡Alégrense en el Señor!"* (Flp 4,4). Alegrarse en el Señor es vivir la fe con gozo, reconociendo al Señor resucitado en cada momento. Nuestra existencia cristiana debería ser una fiesta permanente, en medio de nuestros problemas, porque en Cristo hallamos el verdadero sentido de la vida, el camino que nos lleva a buen fin, la verdad que nos ilumina por encima de todas las mentiras de la tierra, la vida más intensa.

Es la alegría que llenaba el corazón de Andrés cuando encontró a Jesús y salió a gritar: *"¡Hemos encontrado al Mesías!"* (Jn 1,41). Es la alegría de los discípulos de Emaús, que sintieron arder su corazón junto a Jesús y corrieron a comunicarlo a los demás (Lc 24,34). Es la alegría de quien encuentra un tesoro y descubre que vale la pena cambiarlo por todo lo demás (Mt 13,44).

Pidamos al Espíritu Santo que sane toda tristeza y nos haga conocer esa dulce alegría.

5 El Espíritu Santo nos enseña a tener cariño por cada creatura de Dios, y sana las crueldades y la indiferencia de nuestro corazón.

Cuando nosotros sabemos tomar contacto con la naturaleza, eso nos contagia de la alegría de las criaturas. Pero cuando nos encerramos en miles de pensamientos de nuestra mente, y dejamos de contemplar el universo inmenso y variado, el interior se nos llena de angustias y perturbaciones.

No es bueno aislarse del mundo. Es muy sano detenerse a mirar los detalles preciosos de los animales, a escuchar el ruido del agua que corre, a percibir los colores y movimientos del cielo, a oler las flores, a sentir el contacto de los pies con la tierra, o a abrazar el tronco de un árbol. Si lo hacemos un instante, sin pensar en nada, sin dejar que la mente nos abrume con pensamientos inútiles, podremos compartir la alegría que Dios ha puesto en el universo.

Así le sucedía a San Francisco de Asís, que era feliz compartiendo la vida con el viento, la luna, el fuego, las aves del cielo. Pidamos al Espíritu Santo que nos regale un poco de esa felicidad llena de ternura.

6 Es cierto que dentro de nosotros mismos hay cosas oscuras, viven rencores, tristezas, desilusiones, cansancios, egoísmos, vanidades, inclinaciones negativas que quieren arrastrarnos. Hay una atracción de la concupiscencia que nunca nos abandona del todo en esta vida.

Sin embargo, esa no es la única verdad. Porque dentro de nosotros también está el Espíritu Santo con sus impulsos, y él es más fuerte que las demás inclinaciones inconscientes que nos atraen. Si no fuera así, seríamos monstruos, sería imposible la vida en sociedad, y la humanidad habría desaparecido hace mucho.

Por eso, si queremos ser agradecidos con el Espíritu Santo, tenemos que detenernos a reconocer, valorar y agradecer las inclinaciones buenas que llevamos dentro.

Así, será posible que le permitamos a esa parte buena que llevamos dentro, que cure a la parte negativa.

Que esos brotes de alegría que tenemos en el corazón, se hagan fuertes, y acaricien la tristeza que nos amenaza, y la debiliten, y la sanen.

Con el Espíritu Santo podemos lograr que esa parte enojada que exige amor, se deje amar por esa otra parte que dentro de nosotros es capaz de dar amor.

Porque el Espíritu Santo también quiere amarnos y sanarnos a través de nosotros mismos; es decir, a través de esas cosas buenas que él mismo suscita en nuestra intimidad y que nosotros podemos aceptar y desarrollar.

7   *"Ven Espíritu Santo, amigo, porque contigo puedo compartir mis cosas más íntimas, todas mis inquietudes más secretas.*

Ven, amigo del alma, porque contigo puedo hablar sobre esas cosas que no me atrevo a decirle a nadie más.

Ven, amigo discreto, porque sé que no divulgarás ningún secreto mío, y todo lo que te diga quedará entre nosotros.

Ven, amigo fiel, porque no hay momentos vacíos, donde no esté tu presencia, porque estás siempre.

Ven amigo generoso, porque siempre tienes algo para ofrecerme.

Ven amigo compasivo, porque eres el que mejor comprende mis debilidades.

Ven, amigo sincero, porque no dejas de decirme lo que más necesito escuchar, aunque a veces me moleste.

Ven, Espíritu Santo.

Amén."

8   Es el mismo Espíritu Santo el que nos lleva a
venerar a María. De hecho, cuenta el Evangelio que
Isabel, llena del Espíritu Santo, se sintió indigna de
estar ante María, y le dijo: *"Bendita tú eres entre
todas las mujeres... ¿Quién soy yo para que la madre de mi Señor venga a visitarme?"* (Lc 1,41-43).

Muchas veces se le llama *Esposa del Espíritu
Santo*, porque él se derramó en María desde el primer
instante de su existencia, la fecundó misteriosamente
para que engendrara a Jesús. Además, ella quiso estar
con los Apóstoles para ayudarlos a esperar Pentecostés, y toda su existencia fue una delicada y madura
docilidad a los impulsos del Espíritu de amor.

Digámosle con amor en nuestro corazón:

"María, acompáñame. Ayúdame Madre, para
que pueda abrir mi corazón al Espíritu Santo; enséñame a invocarlo, a desearlo, a esperarlo, para que
también en mi vida, en mi familia y en mi barrio
haya un nuevo Pentecostés."

9   *"Ven Espíritu Santo, quiero creer que hay
mucho más que lo que ven mis ojos, mucho
más que lo que escucho por la calle, mucho
más que lo que me sugieren mis sentimientos
tan variables.
Quiero creer en ese mundo celestial que habita en medio de nosotros. Quiero creer que*

más allá del dolor está tu consuelo, que más allá de mis fracasos hay una permanente esperanza, que más allá de las caídas estás tú llamándome, invitándome, esperándome.

Ven Espíritu Santo, para que pueda ver eso que es invisible a los ojos, para que más allá de la apariencia de los demás, pueda reconocer que son imágenes de la Trinidad, que son sagrados, que son infinitamente amados por ti.

Ven Espíritu Santo, para que en cada dificultad sepa ver una nueva oportunidad, para que pueda reconocer el misterio de tus proyectos divinos, que superan todos nuestros proyectos humanos.

Ven Espíritu Santo, derrama tu luz sobrenatural para que pueda vivir en otro nivel, cada vez más alto y más profundo. Amén."

10 Respiro profundamente, como si el aire fuera un soplo del Espíritu que viene a regalarme nueva vida.

Expulso el aire viciado, lo saco todo afuera hasta que no quede nada, para que con ese aire se alejen de mí todas las impurezas interiores, la tristeza, el cansancio, las tensiones, los malos recuerdos Me vacío.

Luego aspiro de nuevo con profundidad, recibiendo la vida nueva del Espíritu y la frescura que me alivia.

Poco a poco voy haciendo silencio en mi interior, dejando que se apaguen todos los nerviosismos, que se acallen los pensamientos. Permito que cada parte de mi cuerpo se relaje y se desplome serenamente.

Así, habitado por un profundo silencio, dejo que el Espíritu Santo me diga palabras nuevas, eso que necesito escuchar en este momento de mi vida.

11 *"Espíritu Santo, que trabajas secretamente en nuestros corazones y nos impulsas con delicadeza al amor, ayúdame a descubrir las cosas bellas que haces en los demás. Ayúdame a estar más atento a las cosas positivas que realizas en los hermanos, para que no me detenga tanto a lamentar los defectos ajenos, para que no crea que todo es demasiado negro. Abre mis ojos e ilumíname con tu presencia, para mirar a los demás con bondad y alabarte por todo lo que haces en ellos.*
Te adoro, Espíritu, porque siempre descubro algo de ti en la hermosura de tu obra, en lo que realizas en el mundo, en los sacramentos, en las virtudes, en los dones, en los carismas y en las inspiraciones que vienen de ti.
Te adoro por los momentos de amor sincero que me hiciste vivir, tocándome por dentro. Alabado seas, Espíritu sublime. Te adoro con todo el corazón. Amén."

12 El Espíritu Santo es una eterna novedad.

Cuando no le encontramos variedad y novedades a la vida, el problema no es la vida, sino nuestra incapacidad de descubrir las cosas.

La vida es inagotable, el mundo está lleno de una riqueza inabarcable, existen millones de cosas que podrían captar nuestro interés. El problema es que a veces estamos clausurados en unas pocas cosas, y cuando nos aburrimos de ellas, somos incapaces de ampliar nuestra mente para valorar otras cosas.

De hecho, a veces los cristianos nos aburrimos de Jesús o del Evangelio, porque creemos que ya conocemos todo, que nada nos puede sorprender.

Pero a Jesús jamás podremos terminar de conocerlo, nunca podremos decir que él ya no tiene nada para ofrecernos. Y nadie puede ser tan vanidoso como para pensar que el Evangelio ya no puede enseñarle nada. Porque la Palabra de Dios es viva, y siempre puede producir nuevos frutos.

Por eso, si nos hemos vuelto incapaces de reconocer las infinitas novedades de la vida, mejor acerquémonos humildemente al Espíritu Santo, y pidámosle que cure nuestra ceguera, que nos devuelva la capacidad de sorprendernos.

13 Sabemos que el Espíritu Santo derrama sus carismas por todas partes. San Pablo nos habla de algunos carismas en 1 Cor 12,8-11. Pero esos no son los únicos carismas. Hay miles de carismas diferentes. Sin duda, en tu vida también hay varios de esos carismas.

Un carisma es una capacidad que el Espíritu Santo bendice y utiliza para que hagas el bien a los demás.

No existe sólo el carisma de hacer milagros; también está el carisma de hacer una buena comida para que los demás disfruten. Eso es un regalo del Espíritu Santo.

No existe sólo el carisma de gobernar; también existe el carisma de la simpatía, o la capacidad de decir palabras que alivian a los demás.

No existe sólo el carisma de enseñar; también existe el carisma de cantar, de dibujar, de arreglar una casa, de saber invertir el dinero.

Todos tenemos capacidades que el Espíritu Santo quiere utilizar para que nos ayudemos unos a otros a vivir mejor. Descubrámoslos, valorémoslos y aprovechémoslos. Porque es bello sentirse útil, sobre todo cuando uno acepta ser un instrumento del Espíritu Santo.

14 Los místicos nos recuerdan que el Espíritu Santo quiere hacernos experimentar a fondo las maravillas del amor de Dios. Él quiere llevarnos a las experiencias espirituales más preciosas y más profundas; pero para eso hay que crecer, dejándose llevar por el Espíritu siempre más alto.

Hoy recordamos al místico San Juan de la Cruz. Fue carmelita, amigo de Santa Teresa, que lo consideraba un santo. Ella lo invitó a cooperar en la reforma de su Orden. Sufrió la desconfianza y el resentimiento de sus propios hermanos ante la reforma que él apoyaba. Acusándolo de loco por sus experiencias y enseñanzas espirituales, lo tuvieron prisionero durante nueve meses en condiciones inhumanas. Sabían que Juan era el principal modelo e inspirador entre los varones de la reforma que se proponía, y pensaban que acallarlo a él era obtener el triunfo. Pero en esa situación, donde no faltaron torturas, Juan tuvo sublimes experiencias espirituales y compuso buena parte del Cántico Espiritual. Finalmente, logró huir por la ventana de la celda y se refugió en un convento de las carmelitas.

En sus últimos años vivió las más profundas experiencias místicas, marcadas por la experiencia de la nada del mundo, de la nada de sí mismo y de la unión profunda con el todo de Dios, que todo lo supera. Este doctor de la Iglesia nos ha dejado en sus escritos los testimonios más preciosos de las alturas de la vida mística.

En su Cántico Espiritual enseñaba que Dios es siempre un misterio, y que también es un misterio nuestra relación con él, ese inabarcable y único camino que Dios hace con cada uno de nosotros, los inexplicables trayectos que él realiza en nuestra historia personal. Hay detrás de cada experiencia de este mundo una *inmensidad admirable* que uno no acaba de descubrir, y *"se llama un no sé qué, porque no se sabe decir"* (Cántico, 7,1). Por eso, uno de los grandes pasos en nuestro camino espiritual es el que se produce cuando tomamos verdadera conciencia de lo que no sabemos de Dios y de sus designios; eso que *nadie* puede decirnos. Ignorancia que nos hace sabios porque nos vuelve más receptivos y disponibles

Juan pidió vivir solo y retirado los últimos años de su vida, y murió en Úbeda, con el crucifijo en la mano, repitiendo como Jesús: "En tus manos, Señor, encomiendo mi espíritu". Su testimonio nos estimula a no conformarnos con poca cosa en el camino de nuestra amistad con Dios, y nos mueve a desear las cumbres de la vida mística. Nos invita a aceptar que el Espíritu Santo nos lleve a lo más alto.

15 *"Ven Espíritu Santo.*
Eres llama de fuego que se eleva siempre más alto, que asciende vigorosa hasta los cielos.
Ven, no me dejes postrado en la fría miseria, en

_la mediocre chatura. Ven a elevarme siempre
más, para que me entregue en las pequeñeces de
cada día con un sentido cada vez más sublime.
Ven Espíritu Santo._

_Eres rocío suave y constante, que va pene-
trando lentamente, pero que poco a poco va
llegando a lo más profundo, a lo más secreto,
a lo más escondido, a cada rincón de mi ser.
Ven, y transfórmalo todo, baña, limpia y fecunda con tu agua de vida toda mi existencia, sin
dejar nada fuera de tu acción santificadora.
Ven, Espíritu Santo._

_Eres viento que impulsa, que arrastra con
suavidad, pero con firmeza, que lanza hacia
el futuro desconocido.
Ven, y no permitas que me frustre, anclado
en las cosas de siempre, incapaz de avanzar,
temeroso ante todo lo nuevo, encerrado en mi
comodidad. Te doy permiso, arráncame de mi
mundo pequeño, y llévame donde quieras.
Ven Espíritu Santo, para que aprenda a vivir
una vez más. Amén."_

16 A veces parece fácil hablar de amor a los enemigos, hasta que alguien nos critica, nos quita la
fama, se queda con cosas nuestras, nos roba o nos
trata agresivamente. Entonces sentimos algo que
nos muerde por dentro, y toda la ternura desapa-

rece. Amar a los enemigos no es algo natural, sino algo superior, que sólo es posible si dejamos que el Espíritu Santo nos cambie la vida. Hay testimonios muy bellos de personas que fueron capaces de pasar por alto las ofensas y seguir amando a pesar de todo. El modelo más perfecto es el de Jesús. Pero hoy quisiera recordarte el ejemplo de Martin Luther King, ese gran defensor de los derechos de los negros en Estados Unidos. Cuando algunos amigos suyos querían defenderse utilizando la violencia, él les pedía que reaccionaran con amor y vencieran el mal con el bien. A sus enemigos, que finalmente lo asesinaron, les escribía estas palabras admirables:

"Haz lo que quieras, y seguiremos amándote... Métenos en la cárcel, y aún te amaremos; arroja bombas en nuestras casas, y aún te amaremos; aterroriza a nuestros hijos, y todavía te amaremos. Envía en plena noche a tus bandoleros a nuestras comunidades, para que nos apaleen y nos dejen medio muertos, y todavía te amaremos..."

Ese amor es una obra preciosa del Espíritu Santo, que hace maravillas admirables. Por eso, no todo está perdido.

17 *"Ven Espíritu Santo, porque cuando llueve añoro el sol; cuando hace calor, deseo el aire fresco; cuando estoy solo extraño a los amigos; cuando estoy con ellos desearía la calma* _de la soledad. Nunca estoy del todo conforme con la vida._

Ven a sanar a esta pobre creatura insatisfecha, que no sabe adaptarse, que no sabe valorar lo bueno de cada cosa, la belleza de cada momento.

Ven a darme un corazón abierto y optimista, capaz de recibir lo que tú le regalas, cuando tú lo regalas y como tú quieras regalarlo.

Hoy mismo, Espíritu Santo, enséñame a valorar el bien de este día así como es, sin exigir otra cosa. Enséñame a entregarme en estas circunstancias que me toca vivir, y muéstrame que también de esto que me está sucediendo puedo aprender algo, puedo sacar algo bueno.

Ven Espíritu Santo. Amén."

18 El Padre Dios y su Hijo Jesús viven en nosotros y nos santifican, pero lo hacen regalándonos el Espíritu Santo. Por eso, podemos decir que el Espíritu Santo es el que _toca_ nuestro interior, el que hace la obra más íntima, el que derrama el amor en nuestras fibras interiores.

Es cierto que el Espíritu Santo siempre nos une a Jesús y al Padre Dios; pero es él quien nos transforma íntimamente para que seamos parecidos a Jesús y nos volvamos cada vez más agradables al Padre.

Los santos padres de la Iglesia utilizaban algunos ejemplos para destacar esa obra tan íntima del Espíritu Santo. Le llamaban, por ejemplo, *el dedo de Dios*, porque él toma contacto con nuestro corazón y lo sana, lo libera, lo purifica. También decían que es como la punta de un rayo. Porque el Padre Dios es como la fuente oculta de energía que habita en el cielo, el Hijo es el relámpago que lo manifiesta con su luz, y el Espíritu Santo es como la punta de ese rayo que quema la tierra.

También decían que las tres Personas de la Trinidad son como el agua que sacia nuestra sed. Pero el Padre es el manantial deseado de donde brota el agua, el Hijo son los chorros de agua que lo manifiestan y nos alegran, y el Espíritu Santo es el agua que nosotros bebemos y nos refresca.

19 Para cambiar el mundo es necesario que demos el testimonio de una vida ejemplar, que seamos modelos de entrega, de responsabilidad, de generosidad, de honestidad, de alegría. Pero también, algunas veces, es necesario hablar de Jesús. Con respeto, con delicadeza, con humildad, pero también con convicción, amor y entusiasmo, hablar de él. Normalmente no hacen falta muchas palabras. Hay formas sencillas de hablar de él y de reconocer nuestra fe. Por ejemplo, teniendo una imagen suya en la entrada de nuestra casa, o llevando un rosario en el cuello, o bendiciendo la mesa. Son pequeños testimonios que hacen presente a Jesús en el mundo.

El Espíritu Santo no nos hará completamente perfectos en esta vida, pero nos ayudará a sacar lo mejor de nosotros mismos, para que Jesús se refleje en nuestra forma de vivir.

Ese testimonio, si es auténtico, termina contagiando, y cambiando las cosas. No cambiaremos el mundo entero, pero si nos dejamos llevar por el Espíritu Santo, algo cambiará en nuestro pequeño mundo, y eso en definitiva será bueno para todos.

20 _"Espíritu Santo, ven._

A veces te imagino delicado como una paloma, tibio como un soplo de pura suavidad, sereno y discreto como una caricia. Y eso es verdad.

Pero no quiero olvidar que eres también el Dios todopoderoso, junto con el Padre y el Hijo, lleno de poder ilimitado, capaz de crearlo todo y de destruirlo todo en un instante, Dios altísimo, omnipotente y glorioso. Por eso invoco tu poder divino y te pido que te hagas presente en mí con toda su potencia.

Ven Espíritu divino, a destruir todo mal en mi ser, a aniquilar todo sentimiento de odio o de venganza, todo egoísmo y toda vanidad absurda.

*Ven a reducir a cenizas mi orgullo que me
lleva a sentirme diferente, superior, elegido,
especial. Ven para que reconozca mi tremenda pequeñez y mi oscura debilidad, de
manera que nunca más pretenda confiar en
mi grandeza, y más bien me arroje confiado
a tu voluntad y a tu fuerza.
Ven, todopoderoso, para que nunca más opte
por la mentira, la apariencia o la indiferencia. Ven para que de una vez por todas me
decida a luchar y a morir sólo por el bien, la
verdad y la belleza.
Ven Espíritu Santo.
Amén."*

21 Este día en algunos países comienza el verano, y en otros países comienza el invierno. Esos
cambios en el clima nos recuerdan las etapas de
nuestra vida, y nos ayudan a ver cómo el Espíritu
Santo puede actuar en todas las situaciones.

Él actúa en la primavera, haciendo brotar las
flores que alegran el paisaje y despiertan esperanza.
Junto con esos brotes, suscita el amor de las parejas,
nuevos encuentros llenos de ternura y de deseo.

Actúa también en el verano, cuando las plan-
tas desarrollan todo su follaje, cuando las personas
disfrutan de la naturaleza, sienten brotar el sudor y
experimentan la vida en sus cuerpos.

Pero actúa también en el otoño, cuando todo invita a la reflexión, cuando las hojas que caen nos recuerdan que muchas cosas se terminan, que algunas cosas han cumplido su ciclo, y que hay que dejarlas caer.

Y también actúa en el invierno, cuando el frío a veces molesta, cuando no podemos hacer todo lo que queremos, cuando parece que los árboles están muertos. Sin embargo, se está gestando nueva vida, y muchos frutales necesitan el frío para poder producir frutos más sabrosos. Allí se preparan muchas cosas buenas y hermosas.

Lo mismo hace el Espíritu Santo en nuestras vidas, en las diversas etapas que nos toca vivir. Cuando se haga presente el invierno, podemos tener la certeza que el Espíritu Santo está preparando alguna primavera, y quizás sea necesario *podar* algunas cosas, para que otras ramas nuevas puedan brotar con más fuerza.

22 *"Ven Espíritu Santo, inspírame, porque quiero alabarte. Abre mi corazón y elévalo en tu presencia, para que te adore con sinceridad y gozo.*
Tú eres Dios, infinito, sin límites, sin confines. Te adoro.
Tú eres simple, único, sin mezcla de oscuridad, ni manchas, ni mentiras. Te adoro.

Tú estás en todas partes, penetrándolo todo,
llenándolo todo con tu presencia. Te adoro.
Tú eres belleza pura, y bañas con tu luz todo
lo que tocas. Te adoro.
Tú eres amor, amor sin egoísmo alguno,
amor desinteresado, amor libre. Te adoro.
Ven Espíritu Santo, para que pueda adorarte
cada día, para que no me mire permanen-
temente a mí mismo y sea capaz de recono-
cer tu claridad hermosísima, tu perfección
incomparable, tu esplendor, tu gracia, tu
maravilla, tu encanto eterno. Ven Espíritu
Santo. Amén."

23 El Espíritu Santo no se deleita cuando nos escondemos de las dificultades, cuando queremos ignorar los problemas, cuando escapamos de los desafíos que la vida permanentemente nos presenta.

Al contrario, el Espíritu Santo es viento que empuja. Él nos invita siempre a enfrentar las dificultades, nunca a escapar.

Porque cada dificultad que yo tenga que enfrentar será siempre una nueva posibilidad para crecer.

En cada problema que resuelvo aprendo algo nuevo, después de cada experiencia dura que atravieso, queda siempre algo más de sabiduría en el corazón. Ninguna dificultad es en vano, ningún sufrimiento es inútil.

Siempre, después de una tormenta de la vida, salimos renovados. Se libera algo nuevo que, sin esa tormenta, no habríamos descubierto.

Hay muchas cosas bellas en nuestro interior que tenemos que ejercitar para que se desarrollen, y cada nuevo desafío de la vida es esa oportunidad para desarrollarlas.

Por eso, el Espíritu Santo siempre nos mueve a enfrentar las cosas, y nunca a retraernos como perros miedosos. Dejémonos llevar.

24 El Espíritu Santo engendró a Jesús en el seno de María. Dice el Evangelio que ella "concibió un hijo por obra del Espíritu Santo" (Mt 1,18).

De la misma manera, el Espíritu Santo puede hacer nacer a Jesús en nuestro interior, para que Jesús alegre nuestro corazón.

Pero no basta decir esto, que hoy se repite mucho. Porque la Navidad no es una celebración puramente íntima, no es un encuentro entre mi corazón y Jesús, como si no existiera nada más. El Espíritu Santo quiere hacer renacer a Jesús en toda mi existencia: en mi trabajo, en mis proyectos, en mis relaciones, en mi familia. Y lo más importante es que Jesús nazca entre nosotros, para ayudarnos a crear un mundo mejor, de fraternidad y justicia.

Porque a él no le agradamos sólo por nuestros dulces sentimientos, sino por nuestra docilidad llena de amor que nos lleva a comunicar a los demás lo que hemos recibido. El Espíritu Santo siempre busca crear vida comunitaria, y una vida comunitaria cada vez más generosa y ejemplar. Por eso, a él no le basta con hacer nacer a Jesús en la intimidad de cada uno, sino en la vida compartida de cada familia, de cada grupo, de cada comunidad.

25 *"Ven Espíritu Santo, llena mi corazón y mi boca de alabanzas, para adorar con el coro de los ángeles a Jesús recién nacido. Enséñame a contemplarlo con los ojos sencillos de los pastores, a regalarle ofrendas de amor como los magos.*

Toca mi mente y mi corazón para que pueda admirarme feliz ante Dios encarnado, el que me amó tanto hasta hacerse niño, para salvarme desde la pequeñez humana.

¡Gloria a Dios en las alturas y en la tierra paz! Enséñame a orar, Espíritu Santo, para que pueda adorar a mi Salvador y cantarle a su sencillez divina.

Y obra dentro de mí, Espíritu Santo, para que Jesús pueda nacer también en mi vida, para que pueda nacer en mi casa, para que ilumine todo con su presencia.

Que en esta Navidad puedan renacer muchas cosas buenas en mí. Renuévalo todo con tu gracia, Espíritu de santidad. Toma toda mi existencia. Amén."

26 El agua apaga el fuego, pero el viento lo aviva. ¿Por qué al Espíritu Santo se lo asocia con el fuego, el agua y el viento al mismo tiempo?

El Espíritu Santo es fuego espiritual, porque, cuando se lo permitimos, él quema nuestros males y los reduce a cenizas. Destruye el pecado, el egoísmo, la vanidad, la tristeza.

Pero luego viene como viento, arrastrando esas basuras y cenizas que quedan todavía en el alma.

Y finalmente se derrama como lluvia, que termina de limpiar toda impureza. A veces es agua que cae suavemente; otras veces es un torrente lleno de ímpetu y furor, que arrasa lo malo con toda su potencia de santidad.

Nosotros a veces le exigimos al Espíritu Santo que venga a nuestra vida de determinada manera. Quisiéramos que cayera siempre como lluvia mansa, o preferiríamos siempre el calor del fuego, o desearíamos una brisa suave. Pero él viene siempre de distinto modo, viene como a él le parece. En realidad, viene como más lo necesitamos, aunque a veces no podamos comprenderlo, aunque nos resulte incómodo.

Pero es mejor dejarlo actuar como él quiera, ya que él sabe mejor que nadie lo que realmente nos hace falta para seguir creciendo.

27 El Espíritu Santo vive extasiado con el Padre Dios y con su Hijo Jesús. Por eso él siempre nos mueve a adorar al Padre y a vivir en amistad con Jesús. Su gloria está en que nosotros busquemos la amistad con Jesús cada vez más.

Hoy la Iglesia nos invita a recordar al evangelista San Juan, visto como el discípulo amado (Jn 20,3-8), que pudo hablar de Jesús con gran profundidad porque había vivido muy de cerca los momentos más importantes del Maestro. Se recostaba sobre su pecho y le preguntaba sus dudas, y estuvo al pie de la cruz cuando todos se habían ido. Por eso es el modelo del discípulo fiel hasta las últimas consecuencias, con una fidelidad que brota de un amor invencible. Esa misma amistad quiere producir el Espíritu Santo en nuestras vidas.

Juan es testigo privilegiado de la resurrección del Señor, porque no sólo fue el primer discípulo que vio el sepulcro vacío, sino que al verlo interpretó la Palabra de Dios (Jn 20,9) y creyó en la resurrección de Jesús. Así nos enseña cómo los acontecimientos que aparentemente no dicen nada, si son iluminados por la Palabra de Dios pueden comunicarnos los mensajes más profundos. Todo lo que nos pasa puede enseñarnos algo grande si aprendemos a iluminarlo con la Palabra del Señor que lo aclara y lo explica.

La Iglesia primitiva, sobre todo la comunidad de Juan, valoraba especialmente sus enseñanzas, porque estaban fundadas en su experiencia particular junto a Jesús, como "el discípulo al que Jesús amaba" de un modo especial, el que lo acompañó en todo momento. También nosotros podemos aprender muchas cosas recostados en el pecho de Jesús. Pero para eso necesitamos que el Espíritu Santo nos libere de muchas ataduras del corazón que nos alejan del Señor. Pidámosle que nos llene con su fuego, para que queme todo lo que no nos deja vivir esa hermosa amistad.

28 Cuando está terminando un año, es hora de evaluar cómo lo hemos vivido, y también es el momento de prepararnos para comenzar una nueva etapa de nuestras vidas. Es hora de revisar cómo están nuestros grandes ideales, y de preguntarnos cómo podríamos vivirlos mejor.

Pero cuando nos preparamos para comenzar una nueva etapa, es indispensable detenernos a presentarle al Espíritu Santo nuestros proyectos y nuestros sueños, y también a pedirle que nos ilumine para ver si eso realmente nos conviene.

El Espíritu Santo siempre busca hacernos crecer, hacernos avanzar un poco más. Por eso, él mismo nos inspira para que comencemos nuevas etapas, para que no nos quedemos encerrados en el pasado, para que saquemos lo mejor de nosotros, y sepamos volver a comenzar, una vez más. Él se derrama de un modo especial cuando está por comenzar algo nuevo.

Dejemos que en estos últimos días del año el Espíritu Santo nos inspire sueños buenos, proyectos generosos, perspectivas llenas de esperanza y entusiasmo.

29 *"Ven Espíritu Santo, y ayúdame a poner en tu presencia todo lo que me preocupa, todo lo que me inquieta, todo lo que perturba mi paz.*

Tú sabes cuáles son mis preocupaciones más profundas, pero hoy quiero contártelas, porque es mejor compartirlas contigo que pretender enfrentarlas con mis pocas fuerzas humanas.

Escúchame Señor, porque clamo a ti con toda mi alma, a ti levanto mis brazos y te ruego que me auxilies.

Quiero decirte todo lo que me a veces me preocupa: mi salud, mi trabajo, mis seres queridos, mis necesidades, y todo lo que me perturba y me inquieta. Toma todo eso, y ocúpate también tú conmigo. Ven Espíritu

Santo, porque así no me sentiré solo con el
peso de la vida, y podré caminar y avanzar
con ganas. Ven para que pueda experimen-
tar tu dulzura, tu gozo, tu fuerza. Dame la
gracia de ver que, aunque todo pasa, lo que
nunca se acaba es tu amor, y con ese amor
puedo enfrentarlo todo.
Amén."

30 El Espíritu Santo es luz. Eso significa muchas cosas:

La luz del sol hace posible la vida. Si el sol se apagara, la vida desaparecería en esta tierra. Por eso, la luz también simboliza la vida, y el Espíritu Santo es una fuente permanente de vida. Habitando en lo más íntimo de cada cosa, la hace existir con su poder. Pero de un modo especial, el Espíritu Santo es vida para nuestra intimidad, porque él es amor, y sin el amor no hay vida que valga la pena.

La luz también es necesaria para caminar, para ver el camino, para saber a dónde vamos. Si alguna vez hemos hecho la experiencia de caminar a oscuras, perdidos y desorientados, sabemos lo que significa la luz. Y cuando aparece una pequeña claridad que nos orienta, la amamos y la agradecemos. El Espíritu Santo es luz. Él nos hace descubrir por dónde tenemos que caminar y hacia dónde tenemos que ir. Cuando lo invocamos con sinceridad, él nos ilumina para tomar las decisiones correctas.

La luz también nos permite ver las cosas, descubrir sus colores, su belleza. Cuando dejamos que el Espíritu Santo ilumine cada cosa, podemos ver su hermosura y disfrutarlas mucho más.

Demos gracias al Espíritu Santo porque él derrama su luz en nuestra vida.

31 Al terminar el año es bueno dejarlo todo en la presencia de Dios, decirle que queremos que todo lo bueno que hemos vivido sea para su gloria, y pedirle al Espíritu Santo que purifique todo lo que no ha sido santo, bello y bueno.

En un año el Espíritu Santo ha hecho muchas cosas en nuestra vida, ha trabajado secretamente en nuestro interior y nos ha enseñado secretos de sabiduría. De nuestras angustias, fracasos, errores y sufrimientos, también ha sacado cosas buenas, aunque nosotros no alcancemos a descubrirlas.

Demos gracias al dulce huésped del alma, por su presencia discreta y constante, por su tierna paciencia con nosotros, y sobre todo por su infinito amor, que puede darle sentido a todo lo que hemos vivido.

Y para poder comenzar mañana un año mejor, invoquémoslo con toda el alma: *"¡Ven Espíritu Santo!"*.

Índice

Índice

Este libro se terminó de imprimir en el mes de abril de 2016,
en **Mitre & Salvay**, Heredia 2952 Sarandí,
Provincia de Buenos Aires, República Argentina.